高等职业教育经管类专业平台课精品教材

统计学
基础与实务

韩春艳　余　燕　主　编
武　倩　刘连喜
余海玉　阎黎明　副主编
邵　尉

中国轻工业出版社

图书在版编目（CIP）数据

统计学基础与实务 / 韩春艳，余燕主编. —北京：中国轻工业出版社，2024.2

高等职业教育经管类专业平台课精品教材

ISBN 978-7-5184-4810-4

Ⅰ.①统… Ⅱ.①韩… ②余… Ⅲ.①统计学—高等职业教育—教材 Ⅳ.①C8

中国国家版本馆CIP数据核字（2024）第012331号

责任编辑：张文佳　　责任终审：劳国强　　设计制作：锋尚设计

文字编辑：李金慧　　责任校对：郑佳悦　晋　洁　　责任监印：张　可

出版发行：中国轻工业出版社（北京鲁谷东街5号，邮编：100040）

印　　刷：三河市国英印务有限公司

经　　销：各地新华书店

版　　次：2024年2月第1版第1次印刷

开　　本：787×1092　1/16　印张：15.5

字　　数：400千字

书　　号：ISBN 978-7-5184-4810-4　定价：49.80元

邮购电话：010-85119873

发行电话：010-85119832　010-85119912

网　　址：http://www.chlip.com.cn

Email：club@chlip.com.cn

230578J2X101ZBW

前言

教材是教学过程的重要载体，加强教材建设是深化职业教育教学改革的有效途径，也是推动职业教育协调发展的基础工程。目前，随着产教融合、校企合作的深入推进，对于学生的教材也进一步提出了新的要求。

统计学是一门讲述如何收集、整理和分析统计数据的方法论学科，统计的方法已经被广泛地应用到自然科学和社会科学，各行各业的活动都离不开统计知识。统计学广泛的适用性，使之成为财经商贸类各专业的基础核心课程之一。本教材旨在教授学生关于统计的基本原理和方法，同时考虑企业对技能型人才的需求，通过具体的项目实训，培养学生对统计项目的设计能力、调查能力、整理能力和分析能力。

本教材的特点体现在以下几个方面。

（1）加强理论和实践融合，突出实践性。本教材以统计工作过程为主线构建项目和任务，在教学内容选择上，依据“理论够用、重在实践”的高职技术技能人才培养特点，非常注重培养和提高学生的实践能力。每个项目都根据学生所学的理论知识，依托校内京创超市具体的任务进行实训，使学生提前进入工作情境，尽快把所学知识应用于实际问题的解决中。同时，在统计整理和统计分析的各个项目中增加了Excel软件的应用板块，满足一般统计数据处理和分析的需要。

（2）紧密联系社会现实，融入课程思政。统计学既是方法课，也是应用课。在“为党育人、为国育才”的基本定位下，本教材通过“思政微议”将价值塑造、知识传授和能力培养三者融为一体，使学生树立正确的统计价值观，牢记统计服务于社会的使命，将统计应用与为人民服务的宗旨相结合。

（3）任务引领教学，项目贯穿始终。本教材每个项目开篇都设计了学习目标，通过“实例先导”让学生进入学习情境，了解本项目要讲授的主题内容；通过“任务导入”让学生明确每个任务要解决的实际问题；通过“想一想”“练一练”“思考与练习”检验学生的学习效果；通过“项目实训”，引导学生学以致用。同时，将教学的难点以“重要提示”展现，为方便学生根据自身需要进行深入学习，教材还特意增加了“知识拓展”等内容。

本教材由韩春艳、余燕主编，各章编写分工如下：项目一统计概述（武倩）、项目二统计调查（余燕）、项目三统计整理（刘连喜）、项目四统计指标静态分析（余海玉）、项目五统计指标动态分析（阎黎明）、项目六统计指数分析（韩春艳）、项目七抽样推断分析（韩春艳）、项目八相关与回归分析（邵尉）。教材中的“项目实训”以及部分案例由京东科技集团校企合作总经理杨程组织、协调和审核；在本教材编写过程中，参阅了大量同行的教材和网上资料，在此一并表示最真诚的感谢！

教学改革无止境，精品教材的建设永远在路上。由于编者水平有限，本教材中难免有疏漏和欠缺之处，敬请广大读者指正！

编　者

目录

项目一 统计概述

项目二 统计调查

项目三 统计整理

项目四 统计指标静态分析

项目五 统计指标动态分析

项目六 统计指数分析

项目七 抽样推断分析

项目八 相关与回归分析

项目一　统计概述

• 学习目标 •

【知识目标】

- 理解统计的含义。
- 掌握统计学的研究对象及特点。
- 掌握统计研究的基本方法。
- 熟知统计学中的基本概念。

【能力目标】

- 能联系实际的统计活动说明统计的工作过程和基本职能。
- 能根据统计活动灵活使用统计的研究方法。
- 能根据具体项目确定统计总体、总体单位、标志、指标、变量等内容。

【素质目标】

- 培养学生逐步树立运用统计参与管理活动的意识。
- 牢记统计服务于社会的使命，将统计应用与为人民服务的宗旨相结合。
- 培养学生严谨、求实的作风。

【实例先导】

我国的人口普查

人口普查是世界各国广泛采用的搜集人口资料的一种科学方法，是提供全国基本人口数据的主要来源。人口普查主要调查人口和住户的基本情况，内容包括：性别、年龄、民族、受教育程度、行业、职业、迁移流动、社会保障、婚姻生育、死亡、住房情况等。人口普查是制定未来人口发展政策的依据。

据史料记载，中国最早的人口调查是公元前789年，周宣王三十九年，因与姜戎战于千亩，大败。为了补充兵力，乃进行“料民”——人口调查。现代意义的人口普查是从新中国成立后才开始的，从1949年到2021年，我国分别在1953年、1964年、1982年、1990年、2000年、2010年和2020年进行过七次全国性人口普查。

2021年5月11日，我国第七次全国人口普查结果公布，全国总人口①为1 443 497 378

① 全国总人口包括大陆31个省、自治区、直辖市和现役军人的人口、香港特别行政区人口、澳门特别行政区人口和我国台湾地区人口。

人，其中：普查登记的大陆31个省、自治区、直辖市和现役军人的人口共1 411 778 724人；香港特别行政区人口[①]为7 474 200人；澳门特别行政区人口[②]为683 218人；台湾地区人口[③]为23 561 236人。人口增长方面，全国人口[④]与2010年第六次全国人口普查的1 339 724 852人相比，增加72 053 872人，增长5.38%，年平均增长率为0.53%。户别人口方面，全国共有家庭[⑤]494 157 423户，集体户28 531 842户，家庭户人口为1 292 809 300人，集体户人口为118 969 424人。平均每个家庭户的人口为2.62人，比2010年第六次全国人口普查的3.10人减少0.48人。民族人口方面，全国人口中，汉族人口为1 286 311 334人，占91.11%；各少数民族人口为125 467 390人，占8.89%。与2010年第六次全国人口普查相比，汉族人口增加60 378 693人，增长4.93%；各少数民族人口增加11 675 179人，增长10.26%。从全国人口性别构成来看，全国人口中，男性人口为723 339 956人，占51.24%；女性人口为688 438 768人，占48.76%。总人口性别比（以女性为100，男性对女性的比例）为105.07，与2010年第六次全国人口普查基本持平。全国人口中，0～14岁人口为253 383 938人，占17.95%；15～59岁人口为894 376 020人，占63.35%；60岁及以上人口为264 018 766人，占18.70%，其中65岁及以上人口为190 635 280人，占13.50%。与2010年第六次全国人口普查相比，0～14岁人口的比重上升1.35个百分点，15～59岁人口的比重下降6.79个百分点，60岁及以上人口的比重上升5.44个百分点，65岁及以上人口的比重上升4.63个百分点。

（资料来源：国家统计局　http://www.stats.gov）

任务一　认识统计

任务导入

日常生活中，你能否列举几个统计活动？这些统计活动的成果最终以何种形式呈现？统计人员是通过何种方法得到这些数据的？人们为什么要进行这些统计活动？下面我们就带着这些问题来认识统计。

① 香港特别行政区的人口数为香港特别行政区政府提供的2020年年底的数据。

② 澳门特别行政区的人口数为澳门特别行政区政府提供的2020年年底的数据。

③ 台湾地区的人口数为台湾地区有关主管部门公布的2020年年底的户籍登记人口数据。

④ 全国人口是指大陆31个省、自治区、直辖市和现役军人的人口，不包括居住在31个省、自治区、直辖市的港澳台居民和外籍人员。

⑤ 家庭户是指以家庭成员关系为主、居住一处共同生活的人组成的户。

一、统计的含义

“统计”最基本的含义是人们对客观事物的数量表现、数量关系和数量变化进行描述和分析的一种计量活动。今天“统计”一词在不同的场合、不同的语言环境中已有多种不同的解释。一般而言，统计主要概括为以下三个方面的含义，即统计工作、统计资料和统计学。

（一）统计工作

统计工作是为满足管理或研究需要而进行的搜集、整理和分析相关数据的一系列活动，也称统计实践活动。例如我国进行人口普查时要经过方案设计、入户登记、数据汇总、数据分析和资料公布等一系列过程，这都是统计工作。

一般来说，统计工作要经过统计设计、统计调查、统计整理和统计分析四个阶段的过程。

1. 统计设计

统计设计是统计工作的第一个阶段，是科学、有效地组织统计活动的前提。统计设计是根据研究对象、内容和目的对统计工作实际开展前的各个环节和各个方面所做的通盘考虑和合理安排，一般包括确定调查对象，设计指标体系，编制分类目录，制定调查、整理和分析方案等内容。

2. 统计调查

统计调查是统计工作的第二个阶段，它既是认识客观经济现象的起点，也是统计整理和统计分析的基础环节。统计调查就是根据研究目的和统计设计方案的要求，借助科学的调查方法，有计划、有组织地收集社会经济现象实际资料的过程。

3. 统计整理

统计整理在统计工作过程中处于中间环节，是对调查搜集到的大量统计资料加工整理、汇总、列表的过程。通过统计调查取得的原始资料或搜集到的二手资料只能反映总体单位的个别情况，比较零碎分散，而且真伪混杂，不能揭示出总体的特征。因此，要全面把握总体的情况，需要对这些资料进行去粗取精、去伪存真的加工整理，以便对总体做出正确的说明。

4. 统计分析

统计分析是将整理好的统计资料采用各种科学的方法进行分析，揭示社会经济现象的本质及其发展变化的规律和趋势，并以此对未来的发展前景进行科学的预测。

统计工作的四个阶段，虽然先后有序，内容不同，但是四个阶段并不是孤立存在的，而是一个紧密联系的整体。统计设计是整个统计工作的准备阶段；统计调查是统计整理和统计分析的基础；统计整理是统计调查的继续和发展，也是统计分析的前提，在整个统计工作中起着承上启下的作用；而统计分析是得出最终成果的阶段。任何一个阶段工作的好坏，都会直接影响整个统计工作的质量。

（二）统计资料

统计资料，也称统计数据，是统计工作形成的一系列的数字资料和文字资料（以数字资料为主），用以反映客观事物的规模、水平、发展速度等多方面特征。统计资料是统计工作的直接成果，是统计提供数据信息的基本表现形式，是进行社会经济管理和科学研究的重要依据。统计资料的表现形式有统计表、统计图、统计分析报告、统计公报和统计年鉴等。

（三）统计学

统计学是一门通过搜集、整理、分析统计资料，认识客观现象数量规律性的方法论科学，是人类长期统计实践活动的经验总结和理论概括，是指导统计工作的原理和原则。

统计工作、统计资料和统计学三者之间存在密切的关系，主要表现在以下两个方面。

（1）统计工作和统计资料是过程与结果的关系。没有统计工作，就无法得到统计资料，统计工作的好坏直接影响到统计资料的质量。

（2）统计学与统计工作是理论与实践的关系。一方面，统计理论来源于统计实践，统计学可以说是统计工作实践经验的系统化、条理化；另一方面，统计实践又需要统计理论的指导，统计科学研究大大促进了统计实践工作水平的提高，统计工作的现代化和统计科学的进步是分不开的。

二、统计的基本职能

统计的基本职能是指统计本身所固有的内在功能，是为了满足经济发展和国家管理的需要。作为进行管理和调控的重要工具，统计具备三种基本职能，即信息职能、咨询职能和监督职能。

（一）信息职能

信息职能，指统计具有信息服务的功能，也就是说，统计时通过系统地搜集、整理和分析，得到统计数据，在统计数据的基础上再经过反复提炼筛选，提供大量有价值的、以数量描述为基本特征的社会经济信息。

思政微议

沧桑巨变七十载 民族复兴铸辉煌

2019年，是新中国成立70周年。70年来，在中国共产党的坚强领导下，全国各族人民团结一心，迎难而上，开拓进取，奋力前行，从封闭落后迈向开放进步，从温饱不足迈向全面小康，从积贫积弱迈向繁荣富强，创造了一个又一个人类发展史上的伟大奇迹，中国从一穷二白到世界第二大经济体，综合国力和国际影响力实现历史性跨越，如图1-1-1所示。

	1840年前后	1949年	2018年
原煤	中国少量开采 英国已达0.43亿吨	中国产量0.32亿吨 美国产量4.36亿吨 美国是中国的13.6倍	中国产量36.8亿吨 美国产量6.85亿吨 中国是美国的5.37倍
钢铁	中国生铁产量约2万吨 英国生铁产量约140万吨 英国是中国的70倍	中国钢产量15.8万吨 美国钢产量7 074万吨 美国是中国的447.7倍	中国钢产量9.28亿吨 美国钢产量0.87亿吨 中国是美国的10.7倍
原油	无现代开采 —	中国产量12万吨 美国产量24 892万吨 美国是中国的2 074.3倍	中国产量18 911万吨 美国产量54 805万吨 美国是中国的2.9倍
发电量	尚未使用电能 —	中国发电量43.08亿度 美国发电量3 450.6亿度 美国是中国的80.1倍	中国发电量6.8万亿度 美国发电量4.18万亿度 中国是美国的1.63倍

图1-1-1　从几种工业品产量看我国综合国力沧桑巨变

（资料来源：求是　http://qstheory.cn）

议一议

为什么我国综合国力能够发生沧桑巨变？

（二）咨询职能

咨询职能，指提供统计数据和统计咨询意见，利用已经掌握的丰富的统计信息资源，运用科学的分析方法和先进的技术手段，深入开展综合分析和专题研究，为科学决策和管理提供各种可供选择的咨询建议与对策方案。

（三）监督职能

监督职能，即统计监督，根据统计调查和统计分析，从总体上反映国民经济和社会的运行状态，并按照客观规律的要求对其实行全面、系统的定量检查、监测和预警，以促使经济和社会持续、协调、稳定地发展。统计监督的内容是国民经济和社会的运行状态，其依据一整套能够及时、准确、全面、系统地反映国民经济和社会运行状态的统计信息。

统计的这三大职能是相互作用、相互促进、相辅相成和密切联系的。统计信息职能是保证咨询职能和监督职能有效发挥的基础；统计咨询职能是统计信息职能的延续和深化；统计监督职能则可在信息职能、咨询职能基础上进一步拓展并促进统计信息和咨询职能的优化。

重要提示

在统计的发展历程中，关于统计的含义仁者见仁，智者见智。统计主要表现在统计工作、统计资料和统计学这三个方面。作为进行管理和调控的重要工具，统计具备三种基本职能，即信息职能、咨询职能和监督职能。

任务二 统计的研究对象和研究方法

任务导入

城市化率（也叫城镇化率）是城市化的度量指标，即城镇人口占总人口（包括农业与非农业）的比重。改革开放以来，我国城镇化发展快速推进。1978年，我国城镇人口为17 245万人，城镇化率仅为17.92%；2019年，我国城镇常住人口为84 843万人，常住人口城镇化率为60.60%，四十年来，我国城镇化率提高近43个百分点，城镇人口增加了6亿多人。

（资料来源：国家统计局 http://www.stats.gov.cn）

以上统计资料研究对象是什么？它是采用了哪些统计研究方法得出这些数据的？下面我们就带着这些问题来学习统计的研究对象和研究方法。

一、统计的研究对象及特点

（一）统计的研究对象

统计的研究对象是指统计研究所要认识的客体。一般来说，统计要从复杂多变的客观事物中，挖掘出其蕴涵的客观规律，就必须通过试验或调查来搜集有关数据，并且加以整理、归纳和分析，对客观事物规律性的数量表现做出合理的描述。因此，统计学的研究对象是客观事物的总体数量特征和数量关系，目的是反映其发展过程及规律性。

（二）统计研究对象的特点

1. 数量性

客观现象有着质和量两个方面的表现，根据质和量的辩证统一来研究现象的数量特征，从数量上认识现象的性质和规律性，这是统计研究的基本特点。认识现象的数量表现，是深入研究现象质的表现的前提和基础。现象的数量方面包括数量多少、数量关系、质和量互变的数量界限等。如图1-2-1所示就鲜明地表现了统计研究对象的数量性。

2. 总体性

总体性也称大量性，统计研究的对象总是由大量同类事物构成的总体现象的数量特征。个别和单个事物的数量表现是可以直接获取的，一般不需要运用统计研究方法。例如，要了解某名学生的成绩，查一查系统里该学生的成绩就可以了，可如果要了解全班同学的成绩分布、差异和一般水平等，就要用统计方法来进行计算和分析。个别事物有很大的偶然性，大量事物具有共性，统计学正是要从大量的客观事物中找出其共性，从对个体数量特征的观测入手，运用科学的统计方法获得反映总体一般特征的综合数量，这是统计的又一基本特点。

3. 变异性

变异性是指组成研究对象的各个单位在特征表现上存在差异。例如，要研究某地区大学生的消费情况，每个学生的家庭收入有差异，学生的消费偏好有差异，学生的消费观念也有差异，如果每个大学生不存在这些差异，这时也就不需要做统计了。正是因为研究对象的各单位存在差异性，统计方法才有了用武之地。

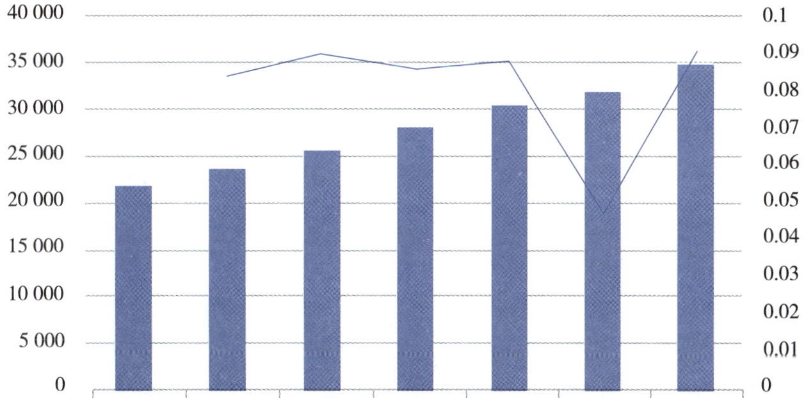

	2015	2016	2017	2018	2019	2020	2021
居民人均可支配收入（元）	21 966	23 821	25 974	28 228	30 733	32 189	35 128
增速		8.4%	9.0%	8.7%	8.9%	4.7%	9.1%

图1-2-1　2015—2021年中国居民人均可支配收入及增速

（资料来源：国家统计局　http://www.stats.gov.cn）

4. 具体性

统计研究对象是自然、社会经济领域中具体现象的数量方面，但它不是纯数量的研究，是具有明确的现实含义的，这一特点是统计学与数学的分水岭。数学是研究事物的抽象空间和抽象数量的科学，而统计学研究的数量是客观存在的、具体实在的数量表现，是现象总体数量特征在一定的时间、地点、条件下的具体反映。如2021年5月11日，我国第七次全国人口普查结果公布，全国总人口为1 443 497 378人，与2010年第六次全国人口普查的1 339 724 852人相比，增加72 053 872人，增长5.38%，年平均增长率为0.53%。显然这些不是抽象的数字，如果抽掉具体的内容，不是在一定时间、地点和条件下进行研究，那就不能说明任何问题，其数字也就不是统计数字了。

二、统计研究的基本方法

统计学作为一门方法论科学，根据研究对象的特点，在长期实践的基础上，总结并形成了一系列特有的方法，具有自己完善的方法体系。统计研究的具体方法有很多，其常见的研究方法有以下五种。

（一）大量观察法

大量观察法是统计的基本研究方法之一，是统计活动过程中搜集数据资料阶段（即统计调查阶段）的基本方法，即对所研究现象总体中的足够多数的个体进行观察和研究，以期认识具有规律性的总体数量特征。在现象总体中，个别单位往往受到偶然因素的影响，如果只对其中之一或很少个体观察，其结果不足以代表总体的特征，只有运用大量观察法观察全部或足够多的个体单位，消除偶然性，才能揭示社会现象的特征和规律性。

（二）统计分组法

统计分组法是根据统计分析的目的要求，把所研究的总体按照一个或者几个标志划分为若干个部分，加以整理，进行观察、分析，以揭示其内在的联系和规律性。由于组成统计总体的各单位具有多种特征，这就使得在同一总体范围内的各单位之间产生了许多差别，统计分析不仅要对总体数量特征和数量关系进行分析，还要深入总体的内部进行分组分析。统计分组法是统计研究的基本方法，是统计资料整理和分析的基础，在统计研究中占有重要的地位。

（三）综合指标法

统计研究的对象具有数量性和总体性的特点，要综合说明大量现象的数量关系，概括地表明其一般特征，必须采用综合指标。所谓综合指标法，是指运用各种综合统计指标，从具体数量方面对现实社会经济总体的规模及特征所进行的概括和分析的方法。综合指标法包括的具体方法有很多，常见的有总量指标、相对指标、平均指标和标志变异指标等。综合指标法在统计学，尤其是社会经济统计学中占有十分重要的地位，是描述统计学的核心内容。在众多的统计分析方法中，综合指标法是统计分析的基本方法，其他各种统计分析方法（如时间数列分析法、统计指数分析法、相关与回归分析法、抽样推断技术等）均离不开综合指标的对比分析。

（四）统计推断法

在统计认识活动中，由于时间、精力、费用等因素的限制，人们所观察的往往只是研究现象总体中的一部分，掌握的只是具有随机性的样本观察数据，而认识总体数量特征是统计研究的目的，这就需要人们根据概率论和样本分布理论，运用参数估计或假设检验的方法，由样本观测数据来推断总体数量特征。这种由样本来推断总体的方法就称为统计推断法。在统计实践活动中，这是一种有效又经济的方法，已成为现代统计学的基本方法之一。

（五）统计模型法

在以统计指标来反映所研究现象的数量特征的同时，人们还经常需要对相关现象之间的数量变动关系进行定量研究，以了解某一（些）现象数量变动与另一（些）现象数量变动之间的关系及变动的影响程度。在研究这种数量变动关系时，需要根据具体的研究对象和一定的假定条件，用合适的数学方程来进行模拟，这种方法就称为统计模型法。统计模型法在抽样推断、假设检验、回归分析和统计预测等方面被广泛运用。

思政微议

如何看待我国仍然是最大的发展中国家

改革开放以来，我国经济取得了举世瞩目的成就，随着经济规模的持续扩大和科学技术的不断进步，国内外都有人对我国目前所处的发展阶段和发展水平产生了误判，认为我国不再是发展中国家了。图1-2-2是2019年我国六省三市对全国财力净贡献。

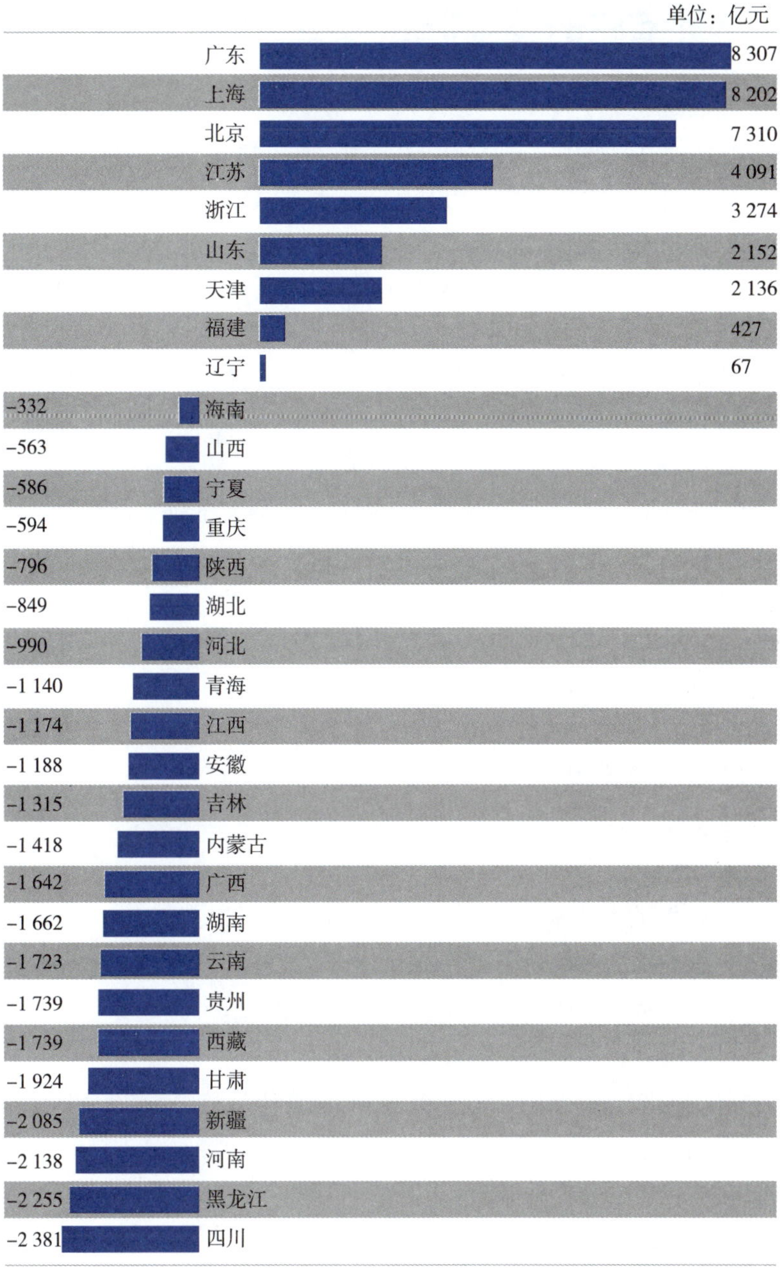

图1-2-2　2019年地方对全国财力净贡献

（资料来源：《中国财政年鉴2020》《中国税务年鉴2020》，粤开证券研究院）

议一议

请你结合统计研究的基本方法，根据图1-2-2的资料，谈谈为什么说我国仍然是最大的发展中国家？

任务三 统计学中的基本概念

任务导入

统计学和其他学科一样，要经常运用一些专业术语。

如在2020年人口普查中，我们普查的对象主要是普查标准时点在中华人民共和国境内的自然人以及在中华人民共和国境外但未定居的中国公民，不包括在中华人民共和国境内短期停留的境外人员；同时，在普查工作中，我们主要调查人口和住户的基本情况，内容包括：姓名、居民身份证号码、性别、年龄、民族、受教育程度、行业、职业、迁移流动、婚姻生育、死亡、住房情况等。这里面就涉及统计学里的总体、总体单位、标志、指标等基本概念。

此外，在现实生活中，我们经常会看到：同一单位的人员级别职称不同，收入也不同；股票市场上的上证股指天天在变化；同一班级每位同学的各门课程考试成绩不同……，这些涉及统计学的变异、变量。

那么什么是统计总体、总体单位、标志、指标、变异、变量？对于某一统计现象或统计活动，你能从专业的角度，用统计语言去描述吗？

一、统计总体与总体单位

（一）统计总体

1. 统计总体的含义

统计总体，是由客观存在的、在同一性质基础上结合起来的许多个别单位所构成的整体，简称总体。统计总体的概念包含三方面内容。

（1）统计总体是根据统计研究目的确定的。

（2）统计总体是客观存在的，具有可验证性。

（3）统计总体中的所有单位至少具有某一种相同性质。

2. 统计总体的特点

（1）大量性。大量性是总体的量的规定性，即指总体的形成要有一个相对规模的量，仅仅由个别单位或极少量的单位不足以构成总体。因为个别单位的数量表现可能是各种各样的，只对少数单位进行观察，其结果难以反映现象总体的一般特征。统计研究的大量观察法表明，只有观察足够多的量，在对大量现象的综合汇总过程中，才能消除偶然因素，使大量社会经济现象的总体呈现出相对稳定的规律和特征，这就要求统计总体必须包含足够多数的单位。

（2）同质性。总体的同质性，是指构成总体的各个单位至少有一种性质是共同的，同质性是将总体各单位结合起来构成总体的基础，也是总体的质的规定性。如果违反同质性，把不同性质的单位结合在一起，对这样的总体进行统计研究，不仅没有实际意义，甚至会产生虚假和歪曲的分析结论。

（3）差异性。总体各个单位除了具有某种或某些共同的性质以外，在其他方面则各不相同，具有质的差别和量的差别，这种差别称为差异。正因为差异是普遍存在的，才有必要进行统计研究，它是统计的前提条件。

3. 统计总体的种类

统计总体按包含个体的多少分为有限总体和无限总体。

（1）有限总体是指统计总体中包含的单位数是有限的，可以计量并且能够穷尽，可以用确切的数值表示。例如，某地区人口总数、资产总量等，不论它们的数量有多大，都是有限的、可计量的，并有一个确切的数值。对于有限总体，可以进行全面调查，也可以进行非全面调查。

（2）无限总体是指统计总体中包含的总体单位数是无限的，可计量但不能穷尽。例如，一个人有多少根头发，宇宙中有多少个天体，其数量虽然可以计量，但是不能穷尽。对于无限总体，不能采用全面调查方法，只能采取非全面调查方法，即选取部分单位进行调查，然后由部分推断出总体。

（二）总体单位

构成总体的个体称为总体单位，简称单位。总体中所包括的单位数目称为总体单位数。统计总体与总体单位，可以是人，可以是物，也可以是事件或现象等。例如，研究对象为一辆汽车上的全体乘客时，车上的每一位乘客就是总体单位；研究对象为一片果园时，果园内的每一棵果树就是总体单位；研究对象为某商场的促销力度时，该商场的每一次促销活动就是总体单位。

（三）统计总体和总体单位的关系

（1）统计总体和总体单位是整体与部分的关系。统计总体是整体，总体单位是个体，统计总体由总体单位构成，要认识统计总体必须从总体单位开始，统计总体的特征是通过对总体单位进行归纳综合体现出来的。

（2）统计总体和总体单位的划分不是绝对的，而是相对统计研究目的而言的。在一次特定范围、特定目的的统计研究中，统计总体与总体单位是不容混淆的，二者的含义是确切的，是包含与被包含的关系。但是，随着统计研究任务、目的及范围的变化，统计总体和总体单位可以相互转化。

（3）统计总体和总体单位互为依存的条件，没有总体单位，就没有统计总体；没有统计总体，总体单位也不复存在。

二、标志与统计指标

（一）标志

1. 标志的含义

每个总体单位都具有许多属性和特征，统计标志是反映总体单位属性或特征的名称。例如，对某地区工业企业这一总体来说，每个工业企业的产值、资产总额、职工人数、行业性质、产品产量、市场占有率等特征，可以说明每个工业企业的具体情况，这些就是标志。标志表现是指每一个总体单位在某一个标志上所表现的具体属性或数量特征，一般用文字或数值来表现。例如，研究某商城员工的信息状况，其中一名员工的性别是男，年龄是30岁，民族是汉族，这里，“性别”“年龄”“民族”是标志，而“男”“30岁”“汉族”就是标志表现。

2. 标志的分类

（1）品质标志和数量标志。按照标志的性质不同可以分为品质标志和数量标志。品质标志只能用文字来表现，是表明总体单位“质”的特征。例如，性别只能用“男”“女”两个文字来表现，性别就是品质标志。而数量标志只能用数字来表现，是表明总体单位“量”的特征，例如，某企业的资产总额只能用数字来表现，资产总额就是数量标志，其具体的数额如“200万元”就是标志值。

（2）不变标志和可变标志。按标志表现是否完全相同分为不变标志和可变标志。不变标志是同一总体的所有单位在某一标志名称下的具体表现完全相同。例如，研究某市商业企业的基本状况，每一个商业企业的所在城市是相同的，则“所在地区”就是一个不变标志。可变标志是同一总体的各个单位在某一标志名称下的具体表现不完全相同。例如，研究某市商业企业的基本状况中，除了“所在地区”这个标志相同外，商业企业的经济类型、所属行业、从业人数、销售额、职工平均工资、利税额等，其具体表现在总体各个单位是不尽相同的，它们属于可变标志。

（二）统计指标

1. 指标的含义

指标是统计指标的简称，又称为综合指标。它反映总体现象数量特征的概念和具体数值。一种理解认为一个完整的统计指标由六个要素构成，即现象所属的时间、空间、指标名称、指标数值、计量单位和计算方法。如某集团2022年四季度净收入2 954亿元，各部分要件如下所示：

2022年四季度	某集团	净收入	2 954	亿元
时间限制	空间范围	指标名称	具体数值	计量单位

另一种理解认为统计指标由指标名称和指标数值两个部分所构成。指标名称是统计所研究的社会经济现象的科学概念，表明社会经济现象的质的规定，反映某一社会现象内容所属的范围；指标数值则是统计所研究现象的具体数量综合的结果，对某一社会经济现象总体特征从数量上加以说明，如职工人数5 000；还有一种理解认为反映总体数量特征的概念也是统计指标，如国内生产总值、人口数、商品销售额等。

2. 指标的种类

（1）指标按其性质不同，可分为数量指标和质量指标两种。数量指标是表明现象总规模、总水平或总数量的指标，又称总量指标，通常用绝对数表示。例如，企业职工人数、固定资产总额、企业销售收入、上缴税金等；质量指标是反映总体各种比例关系和一般水平的统计指标，它反映了事物的内涵，具有抽象性特点。质量指标通常是两个有联系的数量指标对比的结果，如企业职工人均收入、劳动生产率、产品的合格率、资金利税率等。

（2）指标按其表现形式不同，分为总量指标、相对指标和平均指标三种。总量指标属于数量指标，表现为绝对数；相对指标和平均指标属于质量指标，分别表现为相对数和平均数。相对指标反映现象的各种比例关系和对比关系，而平均指标则反映总体或现象的一般水平。由于质量指标能够说明现象的本质和内在的联系，评价事物的好坏优劣，故质量指标在统计分析和研究中被广泛地加以应用。

思政微议

恩格尔系数

恩格尔系数是国际上通用的衡量居民生活水平高低的一项重要指标。采用恩格尔系数对一个国家或地区的居民生活水平进行科学评价具有重要的理论意义和一定的参考价值。

1857年，德国统计学家恩斯特·恩格尔在研究“萨克森王国的生产与消费关系”时发现：在家庭人口构成相同的情况下，食品消费份额与收入或消费水平成反向相关关系，即收入或总消费支出越高，食品消费份额越低，反之亦然。这个规律被称为恩格尔定律，食品消费份额即食品消费支出占总消费支出的比重被称为恩格尔系数，常作为居民生活水平的衡量指标。

我国的恩格尔系数主要结果来源于国家统计局开展的全国住户收支与生活状况调查。该调查是在全国范围内对16万城乡居民家庭开展的一项抽样调查，主要收集居民的收入与支出、劳动力从业情况、住房和耐用消费品拥有情况、家庭经营和生产投资情况、社区基本情况以及其他民生状况等。通过对调查户每天发生的各类消费数据的收集、审核和上报，加权汇总得到全国居民的消费支出和食品消费支出数据，据此计算恩格尔系数。

改革开放以来，随着我国经济社会不断发展，居民收入持续较快增长，居民消费水平不断提高，消费质量稳步提升，居民恩格尔系数持续下降。城镇居民恩格尔系数1978年为57.5%，2013年下降到30.1%，2019年进一步下降到27.6%。农村居民恩格尔系数1978年为67.7%，2013年下降到34.1%，2019年进一步下降到30.0%，如图1-3-1所示。

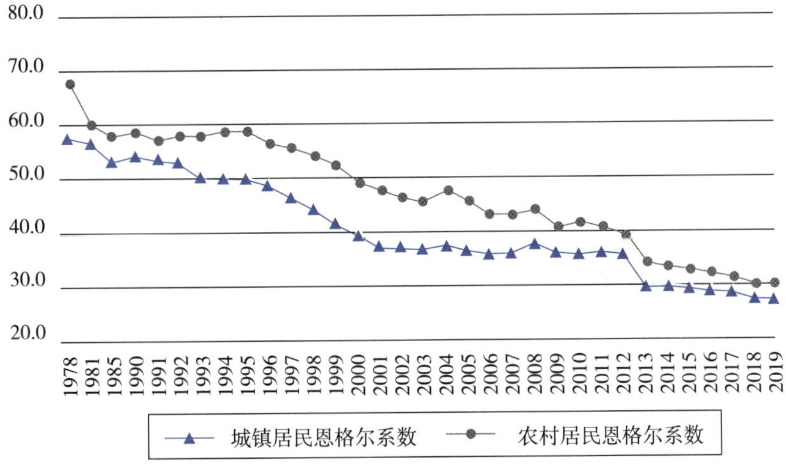

图1-3-1 近年来我国城乡居民恩格尔系数变化图

（资料来源：国家统计局 http://www.stats.gov.cn）

议一议

（1）恩格尔系数是标志还是指标？

（2）联系实际，谈谈我国恩格尔系数的持续下降背后的原因有哪些？

（三）标志和指标的关系

标志和指标是两个既有区别又有联系的概念。

1. 两者的主要区别

（1）标志是说明总体单位特征的，而指标是说明总体数量特征的。

（2）标志有不能用数值表示的品质标志和只能用数值表示的数量标志，而指标在一般情况下必须用数值来表示。

2. 两者的主要联系

（1）数量指标的数值是从总体单位的数量标志值汇总得到的，如全国工业企业的从业人数是由全国各工业企业的从业人数汇总得到的，全国工业企业总产值是所属每个工业企业的总产值的总和等。

（2）指标和数量标志之间存在着变换关系。随着研究目的的改变，原来的总体变为总体单位时，则相应的指标就变为数量标志；反之亦然。

（四）统计指标体系

1. 指标体系的含义

指标体系是指具有内在联系的一系列指标所构成的整体。在统计研究中，一个指标往往只能反映总体某一方面的数量特征。为了全面系统地认识一个复杂现象总体，就必须采用统计指标体系来反映。例如，工业企业的经营活动实际上是人力、物资、资金、生产、供应、销售等相互联系的整体活动，为了反映企业生产经营全貌，就应通过由产量、产值、品种、产品质量、职工人数、劳动生产率、工资总额、原材料、设备、占用的资金、成本、利润等一系列指标构成的指标体系来反映。

2. 指标体系的种类

统计指标体系按其反映对象不同，分为基本统计指标体系和专题统计指标体系两类。基本统计指标体系是反映国民经济和社会发展及其各个组成部分的基本情况的统计指标体系。专题统计指标体系是针对某一个经济或社会问题而制定的统计指标体系，如经济效益统计指标体系，人民物质文化、社会水平统计指标体系等。

统计指标体系按其实施范围不同，可以分为国家统计指标体系、行业（部门）统计指标体系、地方统计指标体系、基层单位的统计指标体系等。

三、变异和变量

（一）变异

变异是指可变标志的属性或特征由一种状态变到另一种状态，即标志的具体表现在总体各单位间的差别，统计上称之为变异。变异在统计学中是一个很重要的概念。正由于总体中某种现象在各单位之间存在着变异，才需要统计，假若所有总体单位之间无差别，也就不需要统计了。

变异分为品质变异和数量变异两种情况。品质变异是指品质上的不同，例如，一个班级，性别有男、女之分，这是属性差异，统计上把它们称为品质变异（差异）；数量变异是指数量上的不同，例如在一个大学中学生的年龄有18岁、20岁、25岁等，这是数量上的差异，统计上把它们称为数量变异。

（二）变量

1. 变量的概念

变量是指可变的数量标志或所有的统计指标的名称，变量的具体数值称为变量值。例如，一个班级所有学生的身高就是一个变量，身高针对不同个体有不同的数值，如“168cm”“173cm”“185cm”，这些数值称为变量值。

2. 变量的种类

（1）按变量值的连续性可把变量区分为连续变量和离散变量两种。

①连续变量。连续变量是指变量值是连续不断的，两个相邻的整数之间可用无数的小数连续起来。例如，人的身高、体重、年龄是连续变量，又如企业的产值、利润、工资等也都是连续变量。

②离散变量。离散变量是指变量值之间都是以整数位断开的，整数位之间不能进行分割。例如，工人人数、企业数、设备台数等都是离散变量。有些性质上属于连续变量的现象也可按整数取值，即可以把它们当作离散变量来看待。例如，年龄、成绩等虽属连续变量，但一般按整数计算，按离散变量来处理。

（2）按变量所受影响因素与结果不同，可把变量区分为确定性变量和随机性变量。

①确定性变量。确定性变量，是指受确定性因素影响的变量，也即影响变量值变化的因素是明确的，可解释或可控制，因而变量的变化方向和变动程度是可确定的。这种变量与影响因素之间在数量上是有因果联系的。例如，“利润=收入−成本−税金”，对于一个企业而言，利润就是收入除去成本和税金后的余额，在收入、成本、税金确定后，利润就是一个确定的数值。

②随机性变量。随机性变量，是指受各种不确定性、偶然性、随机性因素影响的变量。这种变量受多种因素的影响，变量与影响因素之间的数量关系是一对多或者多对多，某个事件发生以后，变量的变化并不是由该事件的发生必然导致的，而是有多种可能。例如，一只骰子有6面，掷一次骰子，骰子朝上的一面可能是1点，也可能是2点、3点、4点、5点、6点，因为掷一次骰子（起因）后出现其中的某一点数是偶然的，没有必然性，所以称得到的点数是随机性变量。

• 思考与练习 •

一、单项选择题

1. “统计”一词的三种含义是（　　）。

　A. 统计调查、统计整理、统计分析　　B. 统计工作、统计资料、统计学

　C. 统计信息、统计咨询、统计监督　　D. 统计理论、统计方法、统计技能

2. 统计工作的过程不包括（ ）。
A. 统计调查　B. 统计分布
C. 统计分析　D. 统计整理
3. 统计总体的特点是（ ）。
A. 同质性、广泛性、社会性　B. 同质性、大量性、差异性
C. 同质性、综合性、大量性　D. 社会性、大量性、差异性
4. 研究A市工业企业生产设备使用状况，那么，统计总体为（ ）。
A. 该市全部工业企业　B. 该市全部工业企业每一台设备
C. 该市工业企业的全部生产设备　D. 该市每一个工业企业
5. 一个统计总体（ ）。
A. 只能有一个标志　B. 只能有一个指标
C. 可以有多个标志　D. 可以有多个指标
6. 构成统计总体的总体单位（ ）。
A. 只能有一个标志　B. 只能有一个指标
C. 可以有多个指标　D. 可以有多个标志
7. 要了解某企业职工的文化水平情况，则总体单位是（ ）。
A. 该企业的全部职工　B. 该企业的每一个职工
C. 该企业每个职工的文化程度　D. 该企业全部职工的文化程度
8. 某同学统计学考试分数为95分，则“考试分数”是（ ）。
A. 数量指标　B. 品质标志　C. 质量指标　D. 数量标志
9. 下列标志中，属于数量标志的是（ ）。
A. 学生的住址　B. 学生的性别　C. 学生的身高　D. 学生的专业
10. 下列标志中，属于品质标志的是（ ）。
A. 教师的课时　B. 教师的教龄　C. 教师的职称　D. 教师的工资
11. 某人的月工资为5 800元，则“工资”是（ ）。
A. 数量指标　B. 品质标志　C. 质量指标　D. 数量标志
12. 某大学2023年全部大学生的平均年龄为23岁，这是（ ）。
A. 数量标志　B. 品质标志　C. 数量指标　D. 质量指标
13. 某市全部商店作为总体，每一个商店为总体单位，则该市全部商品零售额是（ ）。
A. 数量指标　B. 品质标志　C. 质量指标　D. 变量值
14. 下列指标属于质量指标的是（ ）。
A. 企业职工总数　B. 企业总产值
C. 企业利税总额　D. 企业劳动生产率
15. 5位同学的统计学考试成绩分别为64分、75分、83分、87分和96分，则这些成绩是（ ）。
A. 数量标志　B. 品质标志
C. 变量值　D. 数量指标

16. 某企业有150名员工，把他们的工资加起来除以150，这是（　　）。
A. 对150个变量求平均　　B. 对150个标志求平均
C. 对150个变量值求平均　　D. 对150个指标求平均

17. 在全国人口普查中，（　　）。
A. 全国的人口是统计指标　　B. 人的年龄是变量
C. 人口的平均寿命是数量标志　　D. 男性是品质标志

18. 下列变量哪个属于连续变量（　　）。
A. 职工人数　　B. 原煤产量　　C. 汽车产量　　D. 居民户数

19. 下列变量哪个属于离散变量（　　）。
A. 企业数　　B. 总产值　　C. 销售额　　D. 利润额

20. 某旅行社要统计“十一黄金周”该旅行社发送的游客人数和获得的净利润，则游客人数和净利润两个变量（　　）。
A. 均为离散型变量
B. 均为连续型变量
C. 前者为连续型变量，后者为离散型变量
D. 前者为离散型变量，后者为连续型变量

二、多项选择题

1. 以下属于统计学基本的研究方法是（　　）。
A. 大量观察法　　B. 统计分组法
C. 综合指标法　　D. 统计模型法

2. 要研究某集团所属20个企业职工的工资水平，则（　　）。
A. 总体是某集团　　B. 总体是某集团所属20个企业
C. 总体是20个企业全部职工　　D. 总体单位是每一名职工

3. 要了解某地区全部成年人口的就业情况，那么（　　）。
A. 全部成年人是研究的总体　　B. 成年人口总数是统计指标
C. 成年人口就业率是统计标志
D. “职业”是每个人的特征，是数量标志

4. 以某市工业企业为总体，则下列各项中哪些是指标（　　）。
A. 某市某厂职工人数　　B. 全市工业企业总产值
C. 全市工业企业职工平均工资　　D. 全市工业企业数

5. 下列各项中属于统计指标的有（　　）。
A. 2023年全国人均总产值　　B. 某台机床使用年限
C. 某地区原煤生产量　　D. 某市年供水量

6. 下列指标中哪些是质量指标（　　）。
A. 工人劳动生产率　　B. 设备利用率
C. 新产品数量　　D. 单位产品工时消耗量

7. 下列指标属于数量指标的是（　　）。

A．人口数　　B．国内生产总值

C．人均国内生产总值　　D．土地面积

8. 某家庭三位成员的工资分别为8 000元、9 600元、8 000元，则（　　）。

A．这里有三个变量　　B．这里只有一个变量

C．这里有三个变量值　　D．这里只有一个变量值

9. 下列变量中哪些是连续变量（　　）。

A．身高　　B．人数　　C．体重　　D．年龄

10. 下列变量中哪些是离散变量（　　）。

A．机床台数　　B．学生人数　　C．耕地面积　　D．汽车产量

三、判断题

1. 统计一词包含统计工作、统计资料、统计学三种含义。（　　）
2. 在统计调查中采用的大量观察法，是必须对研究对象的所有单位进行调查。（　　）
3. 在全国工业普查中，全国工业企业数是统计总体，每个工业企业是总体单位。（　　）
4. 随着统计研究任务、目的及范围的变化，总体和总体单位是可以变换的。（　　）
5. 总体单位是标志的承担者，标志是依附于总体单位的。（　　）
6. 性别是品质标志。（　　）
7. 因为统计指标都是用数值表示的，所以数量标志就是统计指标。（　　）
8. 变量按其值是否连续出现，可以分为确定性变量和随机性变量。（　　）
9. 人的年龄是离散变量。（　　）
10. 数量指标反映总体的数量特征，用数字表示；质量指标反映总体的质量特征，用文字表示。（　　）

• 项目实训 •

1．实训目的

（1）使学生进一步理解并掌握统计总体、总体单位、标志、指标、变异、变量等基本概念。

（2）掌握哪些标志是品质标志，哪些标志是数量标志，哪些变量是连续变量，哪些变量是离散变量。

（3）培养学生严谨、求实的作风。

（4）培养学生逐步树立运用统计参与管理活动的意识。

2．实训任务

下表是京创超市2023年9月份部分商品销售情况。

行号	商品货号	商品名称	商品规格	商品类别	基本单位	数量	金额	毛利	毛利率
1	000382	美年达橙味	600mL	03.饮料	瓶	14	42	3.3	0.079
2	000383	美年达青苹果味	600mL	03.饮料	瓶	17	51	13.62	0.267
3	000384	美年达百香果菠萝味	600mL	03.饮料	瓶	10	30	8.1	0.27
4	000385	美年达汽水（西瓜味）	600mL	03.饮料	瓶	11	33	8.91	0.27
5	000386	美年达葡萄味	600mL	03.饮料	瓶	18	54	14.56	0.27
6	000387	百事可乐无糖树莓	500mL	03.饮料	瓶	1	3	0.32	0.107
7	000389	百事可乐	600mL	03.饮料	瓶	179	501.2	−17.7	−0.035
8	000390	百事可乐桂花味	600mL	03.饮料	瓶	8	30.4	10.97	0.361
9	000391	百事可乐轻怡	600mL	03.饮料	瓶	18	54	14.54	0.269
10	000392	七喜冰爽柠檬味汽水	600mL	03.饮料	瓶	9	27	5.68	0.21

（资料来源：本项目实训由本校京创超市提供）

请指出：（1）该表的统计总体是什么？统计单位是什么？

（2）哪些标志是品质标志？哪些标志是数量标志？哪些变量是连续变量？哪些变量是离散变量？

（3）通过销售单，可以看出哪种商品卖得最火？可能是什么原因导致的？

3．实训要求

全班学生分组，组内同学共同讨论分析，完成任务。

4．实训成果

每组组长将实训内容答案整理成书面材料并提交，教师在课堂上对各组进行点评及成绩评定。

项目二 统计调查

• 学习目标 •

【知识目标】

- 理解统计调查的概念、作用和分类。
- 掌握统计调查方案设计的方法。
- 掌握实施统计调查的常用方法。
- 掌握设计调查问卷、实施访问调查的方法。

【能力目标】

- 能够针对某个项目进行调查方案设计。
- 能够清晰界定各种统计调查方法的适用范围。
- 能够针对某项目进行调查问卷设计并组织实施调查。
- 能够利用网络信息技术，高效、高质量、低耗费地完成统计调查工作。

【素质目标】

- 培养学生在统计调查过程中实事求是，不弄虚作假；依法统计，严守秘密；公正透明，服务社会的职业道德。
- 培养学生细致、耐心的工作态度，保障调查结论的准确。
- 培养学生的团队合作精神。

【实例先导】

住户收支与生活状况调查方案主要内容

（2022年统计年报和2023年定期统计报表）

一、调查目的

全面、准确、及时了解全国和各地区城乡居民收入、消费及其他生活状况，客观监测居民收入分配格局和不同收入层次居民的生活质量，更好地满足研究制定城乡统筹政策和民生政策的需要，为国民经济核算和居民消费价格指数权重制定提供基础数据。

二、调查对象和范围

住户调查对象为中华人民共和国境内的住户，既包括城镇住户，也包括农村住户；既包括以家庭形式居住的户，也包括以集体形式居住的户。无论户口性质和户口登记地，中国公民均以住户为单位，在常住地参加本调查。

三、调查内容

分省住户调查内容主要包括居民现金和实物收支情况、住户成员及劳动力从业情况、居民家庭食品和能源消费情况、住房和耐用消费品拥有情况、家庭经营和生产投资情况、社区基本情况以及其他民生状况等。

分市县住户调查中的可支配收入和消费支出汇总指标的名称、分类标准、计算方法必须与本方案规定一致，其他记账项目、问卷项目、汇总指标在不影响收支汇总指标的情况下可适当简化，但必须与汇总指标体系的分类标准保持一致。

四、调查方法

住户调查采用日记账和问卷调查相结合的方式采集数据。其中，居民现金收入与支出、实物收入与支出等内容主要使用记账方式采集。住户成员及劳动力从业情况、住房和耐用消费品拥有情况、家庭经营和生产投资情况、社区基本情况及其他民生状况等资料使用问卷调查方式采集。为了提高调查配合度、减轻调查负担、增强抗干扰能力、改进调查效率，国家统计局使用住户调查应用系统，推广电子化数据采集方式。

五、调查组织方式

住户调查由两部分组成：一是分省住户调查，以省、自治区、直辖市（以下简称省）为总体进行抽样。二是分市县住户调查，以市、地、州、盟（以下简称市）及以县、区、县级市、旗（以下简称县）为总体进行抽样。

国家统计局统一领导住户调查，负责制定调查方案，组织调查实施，监督调查过程，审核、处理、汇总调查数据，发布全国和分省城乡居民收入、消费和生活状况数据。

国家统计局各调查总队负责组织分省住户调查工作，牵头负责本地区分市县住户调查工作，省级统计局积极配合做好调查制度布置以及数据发布等相关工作。

各级统计调查部门应按照本方案规定，认真组织实施调查，确保调查数据质量。

六、统计资料的报送和公布

分省调查样本的基础数据由各调查市、县通过住户调查应用系统直接上报各调查总队，经调查总队审核后上报国家统计局。分市县调查中的扩充样本由调查市、县上报调查总队。

按自上而下的顺序依次发布国家、省、市、县数据。全国和分省数据由国家统计局发布。季度资料于季后通过新闻发布会、国家统计局网站公布；年度资料除上述途径外，还在次年通过统计公报、《中国统计年鉴》和《中国住户调查年鉴》公布。

（资料来源：国家统计局　http://www.stats.gov.cn）

任务一 认识统计调查

任务导入

统计调查是统计工作的基础环节，是统计整理和统计分析的前提，没有统计调查的统计工作将成为无源之水、无本之木。因此，学习统计学，我们首先要了解什么是统计调查？进行统计调查工作时有哪些基本要求？现实生活中常见的统计调查有哪些？是如何进行分类的？下面我们就带着这些问题来认识统计调查。

一、统计调查的含义

统计调查是根据统计研究的目的、要求和任务，运用科学的调查方法，有计划、有组织地向社会实际搜集各项资料的过程。统计资料的搜集内容包括两方面：一是直接搜集反映被调查者的个体原始资料（又称为初级资料）；二是根据研究的目的，搜集已经加工、整理出来的，说明现象总体的第二手资料（又称为次级资料）。由于第二手资料来源于原始资料，因此，统计调查的基本任务是搜集社会经济现象的原始资料。

二、统计调查的要求

为了更好地完成统计工作的任务，发挥统计调查的作用，在统计调查过程中必须达到如下基本要求。

（一）端正指导思想

要树立为解决实际问题而进行统计调查研究的思想，牢记“一切结论产生于调查的末尾”。注意防止那些为了某种特殊需要，根据内定的调子，带着事先想出的观点和结论，然后去寻找“合适”的素材来印证的虚假调查。

（二）准确反映情况

搜集的资料要符合客观实际情况，这是保证统计资料质量的首要环节，是统计工作的生命。对统计调查得来的资料，一就是一，二就是二，要坚持讲真话。

（三）资料及时有效

统计资料的时效性非常重要，统计调查要求及时上报各项统计资料以满足各种需要。如果统计资料提供的不及时，即使统计资料准确可靠，也会失去应有的作用。在实际生活中，还要注意统计调查的及时性和准确性是辩证统一的关系，不能顾此失彼。既不能强调及时性而忽视准确性，也不能强调准确性而不顾及时效性，时过境迁的统计资料就失去了统计的意义。

（四）资料系统完整

在规定时间内将调查资料毫无遗漏地搜集起来。如果统计资料残缺不全，就不可能反映研究对象的全貌和正确认识社会经济现象总体的特征，最终也就难以对社会经济现象的规律性做出准确的判断，甚至会得出错误的结论。

（五）讲究经济效益

开展统计调查要以尽量少的投入获得所要求的统计资料，即统计调查也要讲究经济效益。

思政微议

云南省红河哈尼族彝族自治州在全国经济普查中统计数据造假问题

2019年，红河州在第四次全国经济普查登记工作中，州、县相关职能部门和乡镇政府采取出具虚假批文，代填代报，授意、指使、强令普查对象提供虚假资料等方式干预统计工作，建水县、泸西县统计数据严重失实。在上级检查期间，部分单位和领导干部还采取解散QQ工作群、毁弃证明资料、提供虚假情况等方式阻碍监督检查，有的县领导还要求“被查单位自行承担责任，不得指认县委县政府”。红河州在全国经济普查中统计造假，分管统计工作的州政府党组成员、副州长周踊负主要领导责任，受到党内警告处分；建水县县委原书记毛宗晦受到党内严重警告处分，并被免去县委书记职务；建水县原县委副书记、县长冯林春受到党内严重警告、政务降级处分；泸西县委书记王家林受到党内警告处分；泸西县县委原副书记、县长莫伟受到党内严重警告处分。其他相关责任人分别因出具虚假批文、授意企业报送虚假数据、阻碍监督检查等问题受到相应的处理。

（资料来源：中央纪委国家监委　https://www.ccdi.gov.cn）

议一议

云南省红河哈尼族彝族自治州在全国经济普查中违反了统计调查中的哪些要求？

三、统计调查的种类

（一）按被调查者包括的范围不同分类

按被调查者包括的范围不同，统计调查分为全面调查和非全面调查。

全面调查是指对调查对象中的全部单位，都无一例外地进行登记或观察的一种调查方法，如人口普查和全面统计报表。非全面调查是指只对调查对象中的一部分单位进行登记或观察的一种调查方法，如重点调查、典型调查和抽样调查。

（二）按调查的组织形式不同分类

按调查的组织形式不同，统计调查可分为统计报表和专门调查。

统计报表是根据统计法规的规定，按一定的表式和要求（指标、表格形式、计算方法等），自上而下统一部署，自下而上逐级提供统计资料的一种统计调查方法。专门调查是指为了研究某些专门问题而组织的调查，这种调查多属一次性调查，可以是全面调查，如普查；也可以是非全面调查，如重点调查、典型调查、抽样调查等。

（三）按调查登记时间是否连续分类

按调查登记时间是否连续，统计调查可分为经常性调查和一次性调查。

经常性调查是指随着调查对象在时间上的变化而进行不断的登记或观察，以了解事物在一定时期内发生、发展的全过程。这种调查在工业等物质生产活动中应用广泛，如工业产品产量调查、主要原材料、动力、燃料消耗调查等。一次性调查是指对调查对象某一时刻的状况进行一次性登记，以反映事物在一定时点上的发展水平（状态），是不连续的调查，如人口可隔一段时间进行一次普查。

（四）按搜集资料的方法不同分类

按搜集资料的方法不同，统计调查可分为观察调查法、实验调查法、访问调查法、问卷调查法等。

1. 观察调查法

观察调查法是调查员凭借自己的感官和各种记录工具，深入调查现场，在被调查者未察觉的情况下，直接观察和记录被调查者行为，以收集市场信息的方法。观察调查法简称观察法。观察法有直接观察和测量观察两种基本类型。

直接观察就是观察人员直接到商店、家庭、街道等处进行实地观察。一般情况是只看不问，不使被调查者感觉到在接受调查。这样的调查比较自然，容易得到真实情况。这种方法可观察顾客选购商品时的表现，有助于研究购买者行为。测量观察就是运用电子仪器或机械工具进行记录和测量。例如某广告公司想了解电视广告的效果，选择了一些家庭作调查样本，把一种特殊设计的“测录器”装在这些家庭的电视机上，自动记录所收看的节目。经过一段时间，就了解到哪些节目收看的人较多，在以后的工作中根据调查结果合理安排电视广告的播出时间，以便收到更好的效果。

2. 实验调查法

实验调查法是指调查者有目的、有意识地改变一个或几个影响因素，来观察市场现象在这些因素影响下的变动情况，以认识市场现象的本质特征和发展规律。实验调查既是一种实践过程，又是一种认识过程，并将实践与认识统一为调查研究过程。企业的经营活动中经常运用这种方法，如开展一些小规模的包装实验、价格实验、广告实验、新产品销售实验等，来测验这些措施在市场上的反映，以实现对统计总体的推断。

实验调查法按照实验的场所可分为实验室实验和现场实验。实验室实验是指在人造的环境中进行实验，研究人员可以进行严格的实验控制，比较容易操作，时间短，费用低。现场实验是指在实际的环境中进行实验，其实验结果一般具有较大的实用意义。

3. 访问调查法

访问调查法又称访问询问法，就是调查人员采用访谈询问的方式向被调查者了解市场情况的一种方法，它是市场调查中最常用的、最基本的调查方法。

访问调查法按访问方式可分为直接访问和间接访问；按访问内容可分为标准化访问和非标准化访问；按访问内容传递方式可分为面谈调查法、电话调查法、邮寄调查法、留置调查法等，这四种访问调查方法比较如表2-1-1所示。

表2-1-1　四种访问方法比较

项目	访问方式			
	面谈调查法	电话调查法	邮寄调查法	留置调查法
调查范围	较窄	较窄	广	较广
调查对象	可控可选	可控可选	一般	可控可选
影响回答因素	能了解控制和判断	无法了解控制和判断	难以了解控制和判断	能了解控制和判断

续表

项目	访问方式			
	面谈调查法	电话调查法	邮寄调查法	留置调查法
回收率	高	较高	较低	较高
回答速度	可快可慢	最快	慢	较慢
回答质量	高	较高	较低	较高
平均费用	最高	低	较低	一般

4. 问卷调查法

问卷是指为了统计调查所用的、以提问的形式表述问题的表格。问卷调查法就是调查者用问卷的方式对所研究的社会经济现象进行调查，从而搜集到可靠的社会经济资料，深刻认识某一现象的一种方法。

任务二 统计调查方案的设计

任务导入

统计调查需要投入一定的人力、物力、财力，尤其是一些规模比较大的统计调查，整个数据的采集过程就是一项系统工程。因此，在实施统计调查之前必须进行周密设计，拟定好能够统领全局的指导性文件，这个文件就是统计数据的采集方案，或称统计调查方案。那么如何设计统计调查方案呢？

一份完整的调查方案，应具备以下基本内容。

一、确定调查目的

确定调查目的是任何一项统计调查方案首先要解决的问题。不同的调查目的，决定不同的调查对象、调查单位和调查项目。确定调查目的，就是明确在调查中要解决哪些问题，通过调查要取得什么样的资料，取得这些资料有什么用途等。所以，调查目的应该明确清晰、中心突出，这样才能有的放矢地确定调查内容、调查对象和调查范围，用什么调查方式进行调查等一系列问题。

二、确定调查对象和调查单位

调查目的确定后，随之而来的就是确定调查对象和调查单位。确定调查对象和调查单位是为了回答在什么范围内调查、向谁调查，由谁来具体提供统计资料等问题。调查对象是指需要进行调查的现象的总体。确定调查对象就是要明确规定所要采集的统计数据对应的总体范围和界限。例如，对某地区学龄前儿童进行调查，显然只有把“学龄前儿童”界定清楚，才能保证统计数据的准确性。确定调查对象是一个比较复杂的问题，因为社会生活中的许多现象之间既相互联系又相互交错。所以在确定调查对象时，首先要根据调查目的，对研究对象进行认真分析，掌握其特征，科学地规定调查对象的含义；其次要明确调查对象总体的范围，划清它与其他现象的界限。只有调查对象的含义明确、界限清晰，才能避免在调查工作中产生重复和遗漏，保证统计资料的准确性。

在确定调查对象时，还必须确定两种单位，即调查单位和报告单位。调查单位也就是总体单位，它是调查对象的组成要素。报告单位又叫填报单位，也是调查对象的组成要素，是提交调查资料的单位。根据调查目的的不同，调查单位和报告单位在实际调查工作中有时一致，有时不一致。例如，对工业企业进行普查，每个工业企业既是调查单位，又是填报单位，而对工业企业生产设备进行调查，调查单位是每一台生产设备，而填报单位应是每一个工业企业。

三、确定调查项目

在确定了调查目的和调查对象、调查单位后，接下来要确定的就是调查项目了。调查项目是指需要向调查单位进行调查登记的具体内容或标志。确定调查项目所要解决的问题是：向调查单位调查什么，需要搜集什么资料，登记什么特征。简单地说，调查项目就是根据调查目的所罗列的一份在调查过程中应该获得答案的各种问题的清单。例如，在对某地区学龄前儿童的调查中，根据调查的目的需要登记每个学龄前儿童的姓名、性别、年龄、健康状况、居住地、监护人情况等，这些标志就是调查项目。除此之外，还有需要登记的一些具体内容，如请你对未来孩子选择的幼儿园、小学等有什么期望进行描述。这就是我们在问卷调查中提出的问题，也属于调查项目。

调查项目确定的正确与否，决定了整个统计工作的成效。因此，在确定调查项目时要注意这五个问题：一是调查项目只应列出调查目的所需要的项目，可有可无、备而不用的项目不应列入；二是调查项目只应列出能够取得确切实际资料的项目，对于虽然需要但没有条件取得实际资料的项目不应列入；三是调查项目的提法和含义必须明确具体，不能模棱两可，以免调查人员或被调查者按照各自不同的理解进行回答或填写，使调查到的统计数据无法汇总；四是调查项目之间尽可能做到相互联系、彼此衔接，以便相互核对，提高统计数据的质量；五是对于同类统计调查，本次调查的项目与过去的项目之间尽可能一致，以便进行动态对比，研究对象的发展变化。

四、制定调查提纲和设计调查表

确定了调查项目，可将调查项目科学地分类、排列，构成调查提纲或调查表，方便调查登记与汇总。

调查表一般由表头、表体和表脚三个部分组成。

表头包括调查表的名称、调查单位（或填报单位）的名称、性质和隶属关系等。表头上填写的内容一般不作统计分析之用，但它是核实和复查调查单位的依据。

表体包括调查项目、栏号和计量单位等，它是调查表的主要部分。

表脚包括调查者或填报人的签名和调查日期等，其目的是明确责任，一旦发现问题，便于查询。

调查表分单一表和一览表两种。单一表是每张调查表只登记一个调查单位的资料，常在调查项目较多时使用。它的优点是便于分组整理，缺点是每张表都注有调查地点、时间及其他共同事项，造成人力、物力和时间的耗费较大。一览表是一份调查表上可登记多个单位的调查资料，它的优点是当调查项目不多时，应用一览表能使人一目了然，还可将调查表中有关单位的资料相互核对，其缺点是对每个调查单位不能登记较多的项目，如表2-2-1所示。

表2-2-1　某市小学生身体发育情况调查表

填报单位：　　　　制表机关：市教育局

序号	姓名	性别	出生年月	年龄	身高	体重	视力	听力	备注

填表日期：　　　　填表人：

调查表拟定后，为便于正确填表、统一规格，还要附填表说明。内容包括调查表中各个项目的解释，有关计算方法以及填表时应注意的事项等，填表说明应力求准确、简明扼要、通俗易懂。

五、确定调查时间和调查期限

在统计调查方案中，有两个时间需要事先确定：一是调查时间；二是调查期限。

调查时间，即统计数据的所属时间，是指所要调查的统计数据所限定的时间维度。如果所要调查的对象是时期现象，就要规定统计数据所采集的对象从何时起到何时止的现象特征，即调查时期；如果所需调查的是时点现象，则要规定统一的标准调查时点，即调查时点。由于现象不同，统计数据的所属时间有调查时期和调查时点之分。但调查期限则不同于统计数据的所属时间，它是指采集统计数据这一工作过程的起止时限，它包括调查资料和报送资料整个工作过程所需的时间。

明确规定调查时间，是保证调查资料准确性的重要条件，而调查期限的确定则是满足资料的时效性。所以，应在保证资料准确性的前提下尽可能地缩短调查时间。

六、制订调查的组织实施计划

调查方案中，必须有一个经过周密考虑的调查组织实施计划，这是保证统计调查工作顺利进行的重要前提。调查组织实施计划，也就是调查的具体工作计划，其内容一般包括：调查工作的领导机构和办事机构，即准备和进行统计调查并对该项调查工作负责的组织、机关或单位；调查人员的组织、调查的工作步骤；调查前的准备工作，包括宣传教育、人员培训、调查文件的准备、调查资料的报送方法、调查经费的预算和开支办法、提供或公布调查成果的时间等；调查地点和调查方法的确定；其他工作，如调查方案的传达布置、调查工作的检查监督方法、试点调查、调查工作总结等。

随着统计调查工作的现代化，统计调查方案的要求也日趋周密完善，并且运用系统工程的原理和运筹学的方法对各个环节实现质量控制，层层把关，以保证统计数据调查工作的顺利进行，圆满地完成统计调查任务。当然，对于规模较小的统计数据的调查，可以设计较为简略的方案，但是，调查目的、调查对象、调查项目、调查时间、组织实施计划这五项基本内容是必不可少的。

任务三　组织实施统计调查的方法

任务导入

经济普查是一项重大的国情国力调查，与人口普查、农业普查组成三大周期性全国普查项目。根据《全国经济普查条例》规定，经济普查每五年进行一次，分别在逢3、逢8的年份实施。2022年11月，国务院印发《关于开展第五次全国经济普查的通知》，决定于2023年开展第五次全国经济普查，简称“五经普”。开展“五经普”，是为了全面调查我国第二产业和第三产业的发展规模、布局和效益，摸清各类单位的基本情况，掌握国民经济行业间经济联系，客观反映推动高质量发展、构建新发展格局、建设现代化经济体系等方面的新进展。要完成这项调查任务，需要如何组织统计调查，用什么方法搜集统计资料呢？

一、统计调查组织方式

我国统计工作常用的调查组织方式有统计报表和专门调查。

（一）统计报表

1. 统计报表的含义

统计报表制度是基础单位（或下级单位）按照上级部门颁发的统一的表式、统一的调查项目、统一的报送程序和时间，自下而上逐级报告统计资料的制度。这种以表格形式提供统计资料的书面材料，称为统计报表。

统计报表制度是我国对国民经济实行宏观调控和业务指导的重要工具，是全面、及时、准确地获得统计资料的有效方法。国家为了加强宏观调控，制定符合社会和经济发展客观规律的方针、政策，指导和监督各地区、各部门、各企事业单位的经济活动，必须及时掌握和依据全面的统计资料；而各地区、各部门、各企事业单位也需要定期向上级如实报告自己经济活动的基本资料和有关数据，以便于上级部门的指导和监督。这种客观要求，决定了国家必须建立统一的统计报表制度，同时执行统计报表制度也是各地区、各部门、各企事业单位必须履行的一项义务。

2. 统计报表的分类

（1）按报表内容和实施范围不同，分为国家统计报表、部门统计报表和地方统计报表。国家统计报表是国民经济基本统计报表，由国家统计部门统一制发，用以搜集全国性的经济和社会基本情况，包括农业、工业、基建、物资、商业、外贸、劳动工资、财政等方面最基本的统计资料；部门统计报表是为了适应各部门业务管理需要而制定的专业技术报表；地方统计报表是针对地区特点而制定的地区性报表，为本地区的计划和管理服务。

（2）按调查范围不同，统计报表可分为全面统计报表与非全面统计报表。全面统计报表要求调查对象中的每个单位都要填报调查资料；非全面统计报表，只要求调查对象中的一部分单位填报调查资料。

（3）按报送周期长短不同，分为日报、旬报、季报、半年报和年报。周期短的，如日报、旬报要求资料上报迅速，填报的项目比较少；周期长的，如季报、半年报内容要求全面一些；年报具有年末总结的性质，反映当年中央政府的方针、政策和计划贯彻执行情况，内容要求更全面和详尽。

（4）按报送方式不同，分为邮寄报表和电讯报表。邮寄报表就是以邮寄的方式报送；电讯报表目前通常是以传真或者电子邮件的方式报送。随着现代办公设备的不断升级，电讯报表的优势越发明显，因此也越来越普及，通过计算机网络报送已成为统计报表报送的主要方式。但对于一些需要签字、盖章、存档的报表，则还是需要用邮寄报送的方式。

（5）按填报单位的不同，可分为基层报表和综合报表。基层报表是由基层单位根据原始记录和统计台账汇总整理而填报的统计报表；综合报表则是由各级业务主管部门或统计部门根据基层单位报表逐级汇总整理而填报的统计报表。

3. 统计报表的资料来源

统计报表资料来源于基层单位的原始记录，从原始记录到统计报表，中间还要经过统计台账和企业内部报表。

原始记录是基层单位通过一定的表格形式对生产经营活动所做的最初记载，是未经过任何加工整理的第一手记录。原始记录的范围广泛，种类繁多，如员工出勤和工作时长记录、发货票、材料入库验收单、领料单、设备维修单、商品销售记录、现金收支凭证等。原始记录是反映社会经济活动的基本事实根据，是统计核算、会计核算和业务核算的资料基础。

统计台账是基层单位根据统计核算和填制统计报表的需要，为了积累和整理资料而设置的，按时间顺序登记原始记录的一种账册。统计台账是从原始记录到统计报表的中间环节，是对原始记录的初步整理和核算，是一种整理性的记录表册。如工业企业统计台账有产品产量台账、半成品台账、设备利用台账等。统计台账的基本形式有多指标的综合台账、单指标的分组台账两种。多指标的综合台账是在一个表册上，按时间顺序同时登记若干个有关指标数值的发展变化情况。单指标的分组台账是在一个表册上，按时间顺序同时登记各个下属单位某一指标数值的发展变化情况。

企业内部报表是用来反映企业内部各部门在一定时期内生产经营活动情况的报表。企业内部报表是编制上级规定的报表的依据，同时也作为企业内部制订计划、指导生产经营活动的依据。

思政微议

某企业未设置统计台账案

《中华人民共和国统计法》第二十一条第一款规定，国家机关、企业事业单位和其他组织等统计调查对象，应当按照国家有关规定设置原始记录、统计台账，建立健全统计资料的审核、签署、交接、归档等管理制度。

《中华人民共和国统计法》第四十二条规定，作为统计调查对象的国家机关、企业事业单位或者其他组织迟报统计资料，或者未按照国家有关规定设置原始记录、统计台账的，由县级以上人民政府统计机构责令改正，给予警告。

2021年10月，内蒙古自治区统计局执法监督局执法检查人员检查某地住宿餐饮业企业时，发现该企业未能提供2021年1～9月营业额上报数据的原始记录、统计台账等核算依据，无法核算营业额。经询问查实该企业未按照国家有关规定设置原始记录、统计台账，上报《住宿和餐饮业经营情况》报表时，未按照统计制度通过核算依据进行填报，该行为违反了《中华人民共和国统计法》第二十一条第一款规定，构成了未按照国家有关规定设置原始记录、统计台账的统计违法行为。根据《中华人民共和国统计法》第四十二条规定，依法责令该单位改正其违法行为，予以警告并罚款的行政处罚。

（资料来源：内蒙古统计微讯）

议一议

结合上述资料，谈谈企业设置统计台账的重要性。

（二）专门调查

1. 普查

（1）普查的概念。普查是为了某种特定的目的而专门组织的一次性的全面调查。普查是一种重要的调查方法。虽然有些情况可以通过定期统计报表搜集全面的基本统计资料，但它不能代替普查。因为有些社会经济现象，如人口变化、耕地面积、工业设备等情况不可能也不需要组织经常性的全面调查，而在我国经济建设中，又必须掌握这些比较全面详细的资料，这就需要通过普查来解决。

（2）普查的组织方式。普查的组织方式一般有两种：一种是建立专门的普查机构，配备大量的普查人员，自上而下对调查单位进行登记，如人口普查等；另一种是利用调查单位的原始记录和核算资料，分发调查表，由登记单位填报，如物资库存普查等。这种方式比第一种简便，适用于内容比较单一、涉及范围较小的情况，特别是为了满足某种紧迫需要而进行的“快速普查”，就可以采用这种方式，它由登记单位将填报的表格越过中间环节直接报送到最高一级机构集中汇总。

普查还可以根据工作任务的缓急程度，分为一般普查和快速普查。一般普查是采用逐级布置任务和逐级汇总上报的方法，需要花费较长时间，不能满足紧急任务的需要。快速普查强调的是“快”，布置任务和报送资料可越过一切中间环节，由组织调查的最高领导机构直接向基层单位布置普查任务，各基层单位直接向最高领导机构上报数据资料。这样既缩短了传递时间，又能及时汇总整理，可以充分保证统计资料的时效性。

（3）普查的组织原则。普查作为一种特殊的数据搜集方式，必须遵循三个基本原则：

①统一的标准时间。普查的标准时间是指登记调查单位项目所依据的统一时点，所有调查资料必须都是反映在这一时点上的状况，避免在调查时因情况变动而产生重复登记或遗漏的现象。如我国第七次人口普查的标准时点是2020年11月1日零时，凡是在这个时点以前死亡和以后出生的，都不能计入这次调查的人口数内，这样才能避免所登记的资料发生重复和遗漏。

想一想

我国第七次人口普查规定的标准时间是2020年11月1日零时，下列情况不应该计算人口数的有（　　）。

A. 2020年11月2日出生的婴儿

B. 2020年10月29日21时出生，11月1日8时死亡的婴儿

C. 2020年10月29日23时死亡的人

D. 2020年10月29日8时出生，20时死亡的婴儿

②统一的调查项目。普查时，要按照统一规定的项目和指标来进行登记，不允许任意改变或增减，以免影响汇总和综合，降低资料质量。同一种普查，每次调查的项目和指标应力求一致，以便于进行历次调查资料的对比分析和观察社会经济现象发展变化情况。

③统一的调查期限。普查范围内各调查单位应尽可能同时进行登记，并在最短的期限内完成调查工作，以便在方法和步调上保持一致，保证资料的准确性和时效性。

2. 重点调查

（1）重点调查的概念。重点调查是专门组织的一种非全面调查，它是在调查对象中，选择一部分重点单位作为样本进行调查。重点调查主要适用于那些反映基本情况或基本趋势的调查，如为了了解我国钢铁企业生产的基本情况，可对首钢、宝钢、武钢、鞍钢等几个大型钢铁企业进行调查，就属于重点调查。

（2）重点单位的确定。重点调查的重点单位，通常是指在总体中具有举足轻重地位的那些单位，虽然它们在调查对象的全部单位中只是一小部分，但其标志总量在被研究总体的全部标志总量中却占绝大比重。选取重点单位，应遵循两个原则：一是要根据调查任务的要求和调查对象的基本情况而确定选取的重点单位及数量。一般来讲，要求重点单位应尽可能少，而其标志值在总体中所占的比重应尽可能大，以保证有足够的代表性。二是要注意选取那些管理比较健全、业务力量较强、统计工作基础较好的单位作为重点单位。

（3）重点调查的特点。重点调查投入少、调查速度快、所反映的基本情况或基本趋势比较准确，具体表现为以下两个特点。

①由于重点单位的选择着眼于对象的标志总量的比重，因而重点单位的选择不带有主观因素。因此，对于有些单位因为技术先进、管理先进或其他特殊的原因而被列为重点管理的，只要调查的标志总量不占到绝大比重，都不是重点调查的单位。

②重点调查的目的是反映现象总体的基本情况。当调查任务只要求掌握基本情况，而有些单位又能比较集中地反映所分析的项目和指标时，采用重点调查的方法就比较适宜，但是它不可能完整地反映现象总量，也不具备推断总体总量的条件。

想一想

重点调查中的重点单位（　　）。

A. 在总体单位数中占很大比重

B. 某一标志总量在总体中占很大比重

C. 对总体最有代表性

D. 能够推断总体总量

E. 它们的选择不带有主观因素

3. 典型调查

（1）典型调查的概念。典型调查是根据调查目的，在对研究对象总体进行全面分析的基础上，有意识地从中选取若干个总体单位进行系统周密调查研究的一种非全面调查。在统计实际工作中有它特殊的作用：

①能对所研究的问题进行具体深入的调查，并能把调查与研究结合起来。

②能调查研究新情况、新问题。

③将典型调查与全面调查结合起来，可以弥补全面调查的某些不足，验证全面调查数字的真实性。在一定条件下，典型调查资料还可用来估计推算全面数字。

（2）典型调查的种类。一般来说，典型调查有两种类型：一是对个别典型单位进行详细的调查研究，称为解剖麻雀式典型调查。在这种典型调查中，只需在总体中选出少数几个典型单位，通过对这几个典型单位的调查研究，用以说明事物的一般情况或事物发展的一般规律；二是依据调查研究目的与任务的相关标志，把现象总体划分为不同的类型，再从每类中选择若干个典型进行调查，以说明各类的情况，称为划类选典式典型调查。

在开展典型调查的过程中要注意以下4个方面：一是要选好典型单位，要有代表性，不能以偏概全；二是要具体分析典型单位经验产生的环境和客观条件；三是要充分收集和拥有材料，反映典型单位的本来面目，揭示事物的本质和发展变化规律，不能浅尝辄止；四是要根据事业发展、组织管理目标和实际工作的需要，注意典型单位的推广和借鉴价值。

（3）典型调查的特点。

①典型调查主要是定性调查。典型调查主要依靠调查者深入基层对调查对象直接剖析，取得第一手资料，能够透过事物的现象发现事物的本质和发展规律。它是一种定性研究，难以进行定量研究。

②典型调查是根据调查者的主观判断，选择少数具有代表性的单位进行调查。因此，调查者对调查单位的了解情况、思想水平和判断能力对选择典型的代表性起着决定作用。

③典型调查方便、灵活，可以节省时间、人力和经费。典型调查的对象少，调查时间快，反映情况快，调查内容系统周密，了解问题深，使用调查工具不多，运用起来灵活方便，可以节省很大的人力、财力。

想一想

有意识地选择三个农村点调查农民收入情况，这种调查方式属于（　　）。

A. 典型调查　　B. 重点调查　　C. 抽样调查　　D. 普查

4. 抽样调查

抽样调查是实际中应用最广泛的一种调查方法，是根据随机的原则，从总体中抽取部分单位加以调查研究，并以样本的指标数值去推算全体指标数值的一种非全面调查方法。关于抽样调查的理论及应用将在项目七中详细介绍。

以上列举的多种统计调查组织方式都有着各自的特点和适用条件。在实际的调查工作中，并非单用一种方式，而应根据调查对象和人力、财力、物力的具体情况，灵活地结合运用多种不同的调查组织方式。这主要是因为：第一，国民经济和社会发展情况非常复杂，国民经济门类众多，必须应用多种多样的统计调查方式，才能搜集到丰富的统计资料；第二，任何一种统计调查方式方法，都有它的优点和局限性，各有不同的适用条件，只用一种统计调查方式，不能满足多种需要。

重要提示

我国在《中华人民共和国统计法》中有规定：搜集、整理统计资料，应当以周期性普查为基础，以经常性抽样调查为主体，综合运用全面调查、重点调查等方法，充分利用行政记录等资料。重大国情国力普查由国务院统一领导，国务院和地方人民政府组织统计机构和有关部门共同实施。

（资料来源：国家统计局　http://www.stats.gov.cn）

二、统计调查的方法

统计调查的方法就是对统计资料搜集的方法，目前常用的统计调查方法有以下几种。

（一）直接观察法

直接观察法是由调查人员到现场对调查对象亲自进行观察和计量以获取资料的一种方法。比如京创超市为了及时了解在校大学生对于一系列夏季热销饮料的真实需求，调查人员会亲自到超市进行样本抽选、实销实测，如实记录现场各种促销手段对于销量的影响。直接观察法的优点是取得资料的准确性较高，主要表现在以下几个方面。

1. 直接性和可靠性

直接性就是可以实地观察现象的发生，能够获得直接的、具体的、生动的资料。由于观察的直接性，所获得的资料一般具有较高的可靠性。

2. 适用性

观察法基本上是由调查主体一方为主，而不像其他调查方法，要求被调查者配合调查，比如在语言表达上、文字叙述上斟酌更恰当的方式，观察法对于被调查者是没有要求的，这就大大提高了观察法的适用性。

3. 灵活性

观察法简便易行，灵活性大。在观察过程中，观察人员可多可少，观察时间可长可短。只要在现象发生的现场，就能比较准确地观察到现象的表现。

直接观察法的缺点是需要大量的人力、物力、财力，耗费的时间也较长。由于观察活动必须在现象发生的现场，所以直接观察法对于有些现象，如家庭收支情况、消费者消费观念等都无法直接计量，而需要以口头或书面形式来搜集资料；观察法明显受到时空限制，观察法要求必须在现象发生的当时当地进行观察，从空间上它只能观察某些时点的情况，对一些历史性的资料的收集都无法直接点数和计量。此外，观察法有时会由于观察活动对被调查者带来一定程度的干扰，使被调查者不能处于自然状态而导致调查结果带来一定的偏差。

（二）访问法

访问法也被称为访谈法、采访法，是指由调查人员向被调查人员提问，通过被调查者的回答来搜集统计资料的一种方法。根据访问方式的不同，访问法可分为以下几种。

1. 面谈访问法

面谈访问法是由调查者与被调查者见面，通过直接访问来填写调查问卷的方法。面谈访问法可进一步分为入户访问和拦截访问两种情况。入户访问可以直接深入被调查对象的居住地或工作地与被调查者接触，利用访问式问卷逐个询问问题并记录对方的答案；或者是提前将调查问卷交给被调查者，说明填写方法后由被调查者自填的留置调查方式；拦截访问则是指调查者在街上随机拦截调查对象，就所调查的问题进行面谈访问、填写调查问卷的方式。

2. 邮寄访问法

邮寄访问法是通过邮寄问卷的方式对被调查者进行访问的方法。用来邮寄的问卷可以是纸张也可以是磁盘等电子储存设备。调查单位发出的邮寄问卷一般包括信封、封面信、问卷、回邮信封、礼品。被调查者完成问卷后用回邮信封寄回到调查者手中。

3. 电话访问法

电话访问法是通过电话对被调查者进行访问的方法。在电话访问法中，通常可以采用电话号码簿抽样法或是随机拨号法抽取概率样本来确定调查对象。

4. 互联网访问法

互联网访问法是借助于各种网络技术所提供的各种工具，搜集传输有关数据资料。互联网访问法能实现数据传输的即时性、信息形式的多样性、发布范围的广泛性等诸多优越性，而且表现便捷高效的同时还体现经济性。因此，越来越多的访问调查工作，采用互联网访问法来进行。

（三）报告法

报告法又称报表法，是由报告单位根据原始记录和核算资料，依据统计机关颁发的统一的表格和要求，按隶属关系，逐级向有关部门提供统计资料的一种调查方法。如果报告系统健全，原始记录和核算工作完整，采用报告法就可以取得比较精确的资料，为各级政府经常性定期地获得社会与经济发展重要指标体系的数据提供了原始数据上的制度保障。报告法具有统一项目、统一表式、统一要求和统一上报程序等特点，其取得的资料一般比较可靠和准确。目前在我国，只要求规模在规定标准以上的企业执行统计报表制度，对于规模在规定标准以下的企业以及个体经营单位，则采用抽样调查的方法，仅对抽入样本的单位，按照国家统一制定的统计报表制度来搜集原始数据。

（四）实验法

实验法是根据自然科学中实验的原理，从影响调查对象的若干因素中选出一个或几个因素作为实验因素，在其余因素不变的情况下，了解实验因素的变化对调查对象的影响程度的一种方法。实验法的优点在于通过实验获得的数据比较真实客观，调查结果具有较强的说服力；可以探索现象之间是否存在相关关系。实验法也存在局限性，表现为调查时间长、费用耗费大。此外，由于影响调查对象的因素较为复杂，因此对实验因素的控制也比较困难。

任务四 调查问卷设计

任务导入

问卷是社会调查研究中收集资料的一种工具。调查问卷的设计，必须依据调查目的和要求按步骤进行，通常由一系列问题、调查项目、备选答案、说明等内容组成。问卷的设计，尤其是问题的设计，需要注意很多内容。那么，如何设计一份有效、合理的调查问卷呢？

一、调查问卷的定义及类型

（一）调查问卷的定义

调查问卷是“为了调查和统计而使用的一种问题表格”，是向被调查者搜集资料的一种测量工具。问卷调查法也称“书面调查法”，是调查人员根据调查主体和项目，编写并印成问卷，要求调查对象填写的调查方法。

（二）调查问卷的类型

根据调查方式的不同，问卷可分为派访员访问调查问卷、电话调查问卷、邮寄调查问卷、网上调查问卷等。派访员调查问卷一般是指由工作人员现场派送所做的调查问卷，电话调查问卷是指通过电话对被调查者所进行的问卷，邮寄调查问卷是根据确定的样本，将调查问卷邮寄给被调查者的一种方式，网上调查问卷是通过网络进行的问卷调查。

根据填答方式的不同，调查问卷又可以分为开放性调查问卷和封闭性调查问卷，这是比较常用的一种分类方式。开放性调查问卷是指调查者只给出所需要的调查问题，但是不给出问题的答案，让被调查者自己自由作答的一种方式，这种方式的优点是可以让被调查者不受限制地表达自己的观点，而它的不足是会让被调查者感到棘手，有可能不配合填卷；封闭性调查问卷是明确给出可供选择的答案的问卷，这种调查问卷的优点是比较简单、省时，不会让被调查者感到有压力，但是信息量的获得相对比较封闭。

最好的调查问卷应该是开放性和封闭性相结合的，既不会让被调查者感到有压力，又会让被调查者尽兴地发挥。这种形式的调查问卷也是现在调查问卷设计过程中经常使用到的一种调查方式。

二、调查问卷的基本结构

调查问卷一般由标题、前言、正文、结束语四部分组成。

调查问卷的标题一般包括调查对象、调查内容等方面，题目一定要写清楚调查的范围和方向，避免用一些模棱两可的词语。标题是为了点出整个调查问卷的目的和内容。一定要让人一目了然，增加被调查者的兴趣和责任感。例如“新媒体对大学生社会化影响的调查问卷”这个标题，把被调查对象以及调查内容直接表达出来，十分鲜明。

前言一般就是所设计的调查问卷的目的以及意义，因为调查问卷一般是面向大众进行的，所以前言很重要，不仅要向大家介绍一下调查问卷的背景资料，而且还要宣传说服，使受访者认识到调查的意义，从而自愿接受调查，前言一般放在调查问卷的开头，篇幅不要太大，一定要写清楚自己的单位等，这样不仅能体现出调查的正规性，而且能消除被调查者的疑虑。这一说明对引起被调查者的重视与支持，提高问卷回收率与可信度有非常重要的作用。例如：“我们是××学校×年级××班的学生，目前就中学生对校园午餐的看法做一次调查，占用您两分钟时间帮忙填写问卷。本次调查采用无记名方式，请放心填写。”

正文是调查问卷的主体，包括调查的问题和被调查者的基本信息。调查问题又包括开放性问题和封闭性问题，被调查者信息一般不会包括其单位、住址、电话等私人信息，主要指被调查者的性别、年龄、职业、受教育程度等，这些内容可以了解不同年龄阶段、不同性别、不同文化程度的个体对待被调查事物的态度差异，在调查分析时能够提供重要的参考作用。

在调查问卷的最后，一定要写上结束语，结束语一般包括本次调查活动的重要性以及对被调查者的感谢。例如：“您的调查问卷做完了，感谢您在百忙之中抽出时间帮助我们的调查工作，谢谢您的积极参与！您的答案对我们非常重要，祝您学习和生活愉快！”结束语不仅能体现出调查者的礼貌，而且会让被调查者感到温暖。

三、调查问卷的设计步骤

调查问卷的设计应该遵循一定的设计规律和步骤，问卷的设计程序是保证问卷的合理性的关键要素，忽略问卷设计程序会容易导致问卷调查缺乏信度和效度。一般情况下，问卷设计有以下几个步骤。

（一）确定调查问卷的主题

确定调查问卷的主题是设计调查问卷过程中最重要的一项，只有确定了调查问卷的主题才能够进行下面的步骤，所以确定主题是问卷设计的前提条件。在设计调查问卷之前，调查者必须弄清楚调查的主要内容以及调查的目的和意义，要把握一个大的方向，这一步骤的实质是规定了设计问卷所需要的信息。在进行问卷设计的时候，首要工作就是先充分了解所需要调查的目的和主题，在这个基础上研究调查者，再认真地讨论确定调查问卷的目的、主题和理论假设以及所需要的数据资料，然后将所需要的资料化成问题，使问题具体化、条理化。如果主题过于宽泛，就可以适当地查阅一些资料，从较大的主题中选取一个比较合理的主题。例如："高校毕业生择业情况调查"，这个主题就过于宽泛，不容易说明问题，高校的择业情况是和什么性质的高校有直接关系的，所以诸如这样的主题，就一定要缩小范围再确定主题。若调整成：苏北地区（地域限制）高校毕业生择业情况调查、农业类（行业限制）高校毕业生择业情况调查表，主题的范畴缩小，但立意明确具体，显然更合适。

（二）选取调查对象

在确定了调查主题后，就要根据调查主题选取调查对象，不同的调查主题，要选择不同的调查对象。例如"教育部直属六所师范院校师范生择业情况调查"这个主题，根据这个主题，很明显要选取教育部直属的六所师范院校内的师范专业毕业生为调查对象，所以在确定主题后，一定要明确调查对象，不能盲目地对各种各样的人都进行问卷调查，只有选择正确的调查对象，这份调查问卷的数据才是有效的。

（三）确定调查方法

由于不同的调查方法所对应的问卷调查题目和问卷调查类型不同，这就需要选择合适的调查方法。如对某件事情或者事件的满意度调查，一般采用电话调查问卷，例如"对某市路况出行情况调查"，这是针对全市市民进行的，采用电话调查比较合理。在实际应用中，座谈会调查问卷和邮寄调查问卷是最不经常使用的，因为邮寄调查问卷时间周期太长，不易于操作；而通信技术的不断升级，使得网络调查问卷可以涵盖邮寄式调查问卷。

（四）设计问卷题目

问卷调查是通过对问题的回答来进行调查的，所以设计问卷调查的题目是问卷调查设计过程中非常重要的一个环节，一定要保证所设计的问题和调查的主题密切相关，不能偏离主题。问题的设计要突出重点，还要避免可有可无的问题，既要做到能够通过"问题的答案"得到所需要的信息资料，又要减少不必要的问题，影响整个问卷的简洁度。在编制问题的过程中，一定要考虑到被调查对象人群的知识水平，问题切忌过于抽象或者专业，提问方式应符合我国社会民情特点，避免触及对方隐私和忌讳的问题。一份合理的问卷，需要有效回收率的保证。很多被调查者表示生活压力大、节奏快，很多人不乐意去做问卷调查，或者觉得太浪费时间。这就要求在设计调查问卷的过程中，要充分考虑被调查者的心理，主题一定要鲜明，能够吸引被调查者的眼光；其次问题不要设计的太多，过多的问题会使被调查者感到厌烦，从而影响问题的有效性和数据的准确性。

（五）确定整体的格式并制版

问卷题目设计完成，一份调查问卷已见雏形，接下来就要确定问卷的格式。这里所说的问卷格式，不仅仅是对字体、段落的处理，还包括了各个问题相互间的顺序、被调查者个人信息的位置等。大多数的问卷调查既包括封闭性的问题，又包括开放性的问题，这就要求要合理放置这些不同形式的问题。通常情况下，封闭性问题在前面，开放性问题在最后，因为被调查者做完前面的封闭性问题后，对所要调查的内容主体就有了一定的了解，再做开放性问题的时候，就会有更开阔的思路。

四、调查问卷设计过程中应遵循的原则

（一）准确性原则

在设计调查问卷的过程中，一定要注意用词准确，避免出现模棱两可的词语，更要避免容易引起歧义的词语，例如“您对于上班时间交通状况的满意度调查”，在这个问卷调查中，上班时间就是一个不准确词语，每个人上班的时间不同，有的是早上七点半上班，有的是八点上班，所以一定要避免这样的词语，应该给出一个确切的时间段。

（二）客观性原则

在设计问题答案的过程中，一定要注意遵循客观性原则。对于一个问题的答案，不能加入自己的主观思想，要考虑所有人的感受，比如“您对于本市交通状况是否满意？1. 满意 2. 非常满意”，像这样的问题就是非常不合理的，调查问卷面对的是大众，每个人的想法都不一样，也有人对于本市交通是不满意的，所以在设置问题答案时，一定要客观。还要注意备选答案要覆盖到绝大多数被调查者的情况。

（三）简洁性原则

这个原则既包括问卷印刷时候的整个版面的干净整洁，又包括问题的短小精悍，因为很多的问卷调查都是要求被调查者自愿做的，而且没有酬劳。在这样的情况下，就不能设计太多、太烦琐的问题，以防被调查者不配合作答。这就要求在设计问题的过程中，一定要简短扼要，而且在印刷、传递问卷和调查实施过程中，要保证整个过程调查问卷的干净整洁，这样才不会让人感到厌烦。

• 思考与练习 •

一、单项选择题

1. 统计调查主要是对以下（　　）的搜集。

A. 数字资料　　B. 次级资料

C. 文字资料　　D. 原始资料

2. 全面调查与非全面调查是以（　　）。

A. 时间是否连续来划分的

B. 最后取得的资料是否全面来划分的

C. 调查对象所包括的单位是否完全来划分的

D. 调查组织规模的大小来划分的

3. 经常性调查与一次性调查的划分依据是（　　）。

A. 调查的组织形式　　B. 调查登记的时间是否连续

C. 调查单位包括的范围是否全面　　D. 调查资料的来源

4. 下列调查组中属于一次性调查的是（　　）。

A. 每月统计的商品库存额　　B. 每旬统计的产品产量

C. 每月统计的商品销售额　　D. 每季统计的进出口贸易额

5. 调查某校全部教室内的多媒体设备使用情况，调查对象应该是（　　）。
A．校内所有教室　　B．每一间教室
C．校内全部教室的多媒体设备　　D．全部教室多媒体设备的使用情况
6. 下列调查中，调查单位与填报单位一致的是（　　）。
A．工业企业设备调查　　B．中华人民共和国第七次全国人口普查
C．农村宅基地调查　　D．高职院校招生情况调查
7. 调查期限是（　　）。
A．调查工作的时限　　B．调查资料所属时间
C．调查时期　　D．调查时点
8. 统计报表大多属于（　　）。
A．一次性全面调查　　B．经常性全面调查
C．经常性非全面调查　　D．一次性非全面调查
9. 普查是专门组织的（　　）。
A．一次性全面调查　　B．一次性重点调查
C．经常性全面调查　　D．经常性重点调查
10. 普查规定标准时点是为了（　　）。
A．避免登记的重复与遗漏　　B．确定调查对象的范围
C．确定调查单位　　D．确定调查期限
11. 重点调查中的重点单位是指（　　）。
A．其标志总量在总体中占有很大比重的单位
B．具有典型意义或代表性的单位
C．那些具有反映事物属性差异的品质标志的单位
D．能用以推算总体标志总量的单位
12. 对全国各铁路交通枢纽的货运量等进行调查以了解全国铁路货运概况属于（　　）。
A．抽样调查　　B．一次性调查
C．典型调查　　D．经常性调查
13. 对一批商品进行质量检验，最适宜采用的调查方式是（　　）。
A．重点调查　　B．抽样调查
C．典型调查　　D．非全面统计报表
14. 抽样调查与典型调查的根本区别在于（　　）。
A．调查的范围不同　　B．选取调查单位的方法不同
C．组织方式不同　　D．作用不同
15. 对农作物产量进行抽样调查时，调查人员亲自抽取样本、收割、脱粒、扬场、晾晒、称量，这种调查从采集资料的方法上属于（　　）。
A．直接调查　　B．凭证调查
C．派员调查　　D．问卷调查

二、多项选择题

1. 统计资料按来源可分为（　　）。

A. 原始资料　　B. 次级资料

C. 文字资料　　D. 数值资料

2. 以下属于一次性调查的是（　　）。

A. 人口普查

B. 房地产业民用住宅空置情况调查

C. 某制造企业单位产品成本变动调查

D. 全国现有耕地面积调查

3. 下列的表述正确的是（　　）。

A. 经常性调查是指随着调查对象的发展变化而连续不断地进行登记和观察

B. 要想得到一个企业总的投资额需要进行经常性调查

C. 要想得到一个地区人口总量也需要进行经常性调查

D. 一次性调查是每隔一段时间进行一次登记

4. 确定一个周密的调查方案，应确定（　　）。

A. 调查目的与调查对象　　B. 调查单位与填报单位

C. 调查项目与调查表或调查问卷　　D. 调查时间和调查时限

5. 调查单位是（　　）。

A. 需要调查的社会经济现象总体

B. 需要调查的社会经济现象总体中的个体

C. 调查项目的承担者　　D. 负责报告调查资料的单位

6. 下列情况的调查单位和填报单位不一致的是（　　）。

A. 工业企业生产设备调查　　B. 人口普查

C. 农产品产量调查　　D. 城市零售商店销售情况调查

7. 关于调查表，以下（　　）表达是正确的。

A. 单一表只记载一个调查单位

B. 调查项目较多时应采用一览表

C. 一览表可同时填列若干个调查单位

D. 对资料的及时性要求高低，也会影响调查表的设计

8. 组织普查必须遵守的原则有（　　）。

A. 必须统一调查资料所属的标准时点

B. 调查项目一经确定，不能任意改变或增减，以免影响汇总，降低资料质量

C. 正确选择普查时间

D. 在普查范围内的调查单位或调查点尽可能同时进行

9. 抽样调查（　　）。

A. 是一种非全面调查　　B. 按照随机原则选取调查单位

C. 永远存在抽样误差　　D. 目的在于取得样本指标

10. 下列表述中不正确的有（　　）。

A. 重点调查是一种非全面调查，既可以用于经常性调查，也可以用于一次性调查

B. 抽样调查是非全面调查中最有科学依据的方式方法，因此，抽样调查适用于完成任何一种调查任务

C. 在非全面调查中，抽样调查最重要，重点调查次之，典型调查最不重要

D. 如果典型调查的目的在于近似地估计总体的数值，就可以选择若干个中等典型单位展开调查工作

三、判断题

1. 对统计数据的采集就是要收集统计数字。（　　）
2. 统计数据从使用者的角度看，均来源于直接的调查或实验。（　　）
3. 统计调查过程中采用的大量观察法，是指必须对研究对象的所有单位进行调查。（　　）
4. 全面调查与非全面调查是根据调查结果所取得的资料是否全面来划分的。（　　）
5. 调查时间就是进行调查工作所需要的时间。（　　）
6. 调查单位和填报单位在任何情况下都不可能一致。（　　）
7. 在统计调查中，调查标志的承担者是调查单位。（　　）
8. 我国的人口普查每十年进行一次，因此它是一种连续性调查。（　　）
9. 重点调查中的重点单位是根据当前工作的重点来确定的。（　　）
10. 为了解我国职工家庭收支情况可以采用抽样调查。（　　）

• 项目实训 •

1. 实训目的

（1）使学生能运用所学知识设计调查问卷。

（2）使学生进一步理解并掌握统计调查的方法。

（3）培养学生实施调查时细致、耐心，实事求是的工作精神。

2. 实训任务

请你设计一份本校学生消费需求调查问卷，并在校园内实施问卷调查，以便提高超市的采购管理水平。

3. 实训要求

全班学生分组，组内同学合理进行任务分工。

4. 实训成果

每组同学自主讨论设计一份调查问卷，并上交问卷调查资料，教师在课堂上对各组进行点评及成绩评定。

（资料来源：本项目实训由本校京创超市提供）

项目三 统计整理

● 学习目标 ●

【知识目标】

- 掌握统计整理的概念、统计分组的方法。
- 掌握变量数列的编制方法。
- 掌握统计表、统计图的编制方法。
- 掌握运用 Excel 绘制统计表、统计图的方法。

【能力目标】

- 能够对回收的调查问卷进行审核、筛选、问卷编码等。
- 能够根据统计研究目的选取分组标志并进行分组。
- 能够在统计分组基础上对各项统计数据进行汇总，编制次数分布数列。
- 能够利用 Excel 软件编制统计表和统计图。

【素质目标】

- 培养和提高学生利用所学理论解决实际问题的能力。
- 培养学生的团队合作意识和沟通能力。
- 培养学生养成实事求是、认真细致的工作态度。

【实例先导】

对某车间工人生产定额完成情况的整理

某车间有100名工人，分成10个小组，生产定额为每人每天生产零部件500件，每组工人的完成生产定额情况如下（单位：件）：

一组：	520	520	520	520	550	550	580	580	580	580
二组：	540	540	540	540	540	540	540	540	540	540
三组：	540	540	540	540	540	540	540	540	580	580
四组：	520	520	520	520	530	500	500	500	500	500
五组：	510	510	520	520	520	500	510	510	500	500
六组：	530	530	530	540	620	620	620	620	720	720
七组：	720	720	630	630	630	630	620	620	620	620
八组：	650	650	650	650	650	650	650	650	650	650
九组：	580	580	580	580	580	580	580	580	580	580

十组：480　480　480　480　450　450　420　430　430　430

从上面资料中，只能大体看出各组完成生产定额情况有高有低，在400～800件，但很难看出100人任务完成的具体总体情况及差别。下面将资料进行分组并汇总进行观察，见表3-1。

表3-1　某车间工人完成生产定额情况

按完成件数分组/件	工人人数/人	比重/%
500以下	10	10.00
500～550	48	48.00
550～600	16	16.00
600～650	12	12.00
650～700	10	10.00
700以上	4	4.00
合计	100	100.00

假设完成生产定额500件以上为完成任务，根据表3-1的资料，可以对该车间生产情况做出综合评价，指出其特点：①90%的工人完成了生产定额；②在完成生产定额的工人中，略超过生产定额的工人（完成500～550件）占48%，超过生产定额较多的工人占42%。总的结论是该公司工人生产定额完成得比较好，绝大部分能完成或超额完成生产定额。如果不经过上述分组，就难以观察出这些特点。

（资料来源：赵爱威，陈衎．统计学基础［M］．北京：中国轻工业出版社，2022）

任务一　认识统计整理

任务导入

表3-1-1是京创超市6月份的部分商品采购资料，这些数据零散而且杂乱无章，无法揭示该超市采购的特征和规律性。你认为应该如何对这些数据进行整理呢？

表3-1-1　京创超市6月份部分商品采购资料

行号	结算单号	货商编码	货商名称	结算金额/元
1	RP002306260021	0049	伊麟商贸	11 243.38
2	RP002306260020	0024	淇卫贸易	6 782.2

续表

行号	结算单号	货商编码	货商名称	结算金额/元
3	RP002306260018	0043	庭叶汐食品（蒙牛常温）	12 061.02
4	RP002306260016	0048	恒益荣商贸（蒙牛低温）	4 924.9
5	RP002306260015	0036	蒋姐酒业（白象）	2 413.7
6	RP002306260014	0059	思塞粉面	4 044.32
7	RP002306260013	0072	富祥源	5 057.01
8	RP002306260011	0044	诚誉方（百岁山）	3 478.76
9	RP002306260010	0021	美都商贸（黑人牙膏）	2 368.5
10	RP002306260008	0010	康延恒双汇	5 566.05
11	RP002306260003	0060	千家欢商贸	3 106.16
12	RP002306260002	0004	广结商贸	2 826.7
13	RP002306250017	0014	广聚源（伊利常温）	3 591.89
14	RP002306250015	0011	泓逸统一面	9 398.55
15	RP002305250002	0086	金锣火腿肠	6 010.9

（资料来源：本案例由本校京创超市提供）

一、统计整理的意义

统计整理是根据统计研究的任务与要求，对调查得来的各种初始资料，进行科学审核、分组、汇总，使之条理化、系统化，从而得出反映总体特征的综合数据的工作过程。

统计调查取得的原始资料是分散的、杂乱的、不系统的，只能表明各个被调查单位的具体情况，反映事物的表面现象或一个侧面，不能说明事物的全貌、总体情况，更不能从量的方面反映现象发展变化的规律性。统计整理是实现由反映总体单位特征的标志向反映总体综合数量特征的统计指标的转化，是从对个体量的观察到总体量的认识的连接点，是人们对社会经济现象从感性认识到理性认识的过渡阶段。因此，只有对这些资料进行加工整理才能认识事物的总体及其内部联系。

二、统计整理的原则和步骤

（一）统计整理的原则

统计整理必须遵循目的性、联系性和简明性三项原则。

目的性原则是指数据整理一定要按照预定的目的，整理出研究问题所需要的综合指标。

联系性原则是指数据整理所确定的指标要相互联系，有一定逻辑关系。

简明性原则是要求在整理过程中选用最简明的方法，以取得节约和实用的效果。

（二）统计整理的步骤

统计整理既有理论性的问题，又有综合汇总的技术问题，是一项细致的工作，为保证统计整理有计划、有组织地进行，统计整理通常按以下步骤进行。

1. 对调查资料的审核

为了确保统计工作的质量，在统计整理过程中首先要做好原始资料的审核工作。资料的审核是统计整理的前提，主要包括以下几点。

（1）准确性审核。准确性审核主要包括以下两种方法：

①计算检查。计算检查就是审核资料的统计口径和范围、计算方法和计量单位等是否符合要求，计算结果是否准确、是否符合实际情况。

②逻辑检查。逻辑检查就是从理论上或根据常识来判断调查资料内容是否合情合理，各个项目之间是否有矛盾等。如在人口调查表中，“与户主关系”一栏中填“父子”，而在“性别”一栏中却填“女”，这其中必有一栏填错。

（2）完整性审核。完整性审核就是审核调查中应调查的单位是否有遗漏或重复、调查表中应填的项目是否填写齐全等。如果调查单位不全、调查项目缺报，据此整理出的资料就会不正确。

（3）及时性审核。及时性审核就是审核资料是否按规定的时间上报，如果迟报，则需要分析迟报的原因。

2. 统计分组

只有进行统计分组和依据相应的统计指标对统计资料进行加工整理，才能对被研究的社会经济现象进行准确的数量描述和数量分析。因此，统计分组是统计整理的基础，是统计整理的关键环节。统计分组科学与否直接影响到统计整理工作的质量。

3. 统计汇总

统计汇总是选择适当的汇总组织形式和技术方法，按分组要求对原始资料进行汇总，计算各组及总体的单位数和标志总量。统计汇总是统计整理的中心内容。

4. 编制统计表和统计图

编制统计表和统计图是指以简明扼要的表格和图形形式表述统计汇总的结果，反映经济现象在数量方面的具体表现和有关联系。统计表和统计图是统计整理的成果。

三、数据的预处理

数据的预处理是数据整理的先前步骤，是在对数据分类或分组之前所做的必要处理，包括数据的审核、筛选和订正、排序等。

（一）数据的审核

在对统计数据进行整理时，首先要进行审核，以保证数据的质量，为进一步的整理与分析打下基础。从不同渠道取得的统计数据，其审核内容和方法有所不同，不同类型的统计数据在审核内容和方法上也有所差异。

对于通过直接调查取得的原始数据，应主要从完整性和准确性两个方面去审核。完整性审核主要是检查应调查的单位或个体是否有遗漏，所有的调查项目或指标是否填写齐全等。准确性审核主要包括两个方面：一是检查数据资料是否真实地反映了客观实际情况，内容是否符合实际；二是检查数据是否有错误，计算是否正确等。审核数据准确性的方法主要有逻辑检查和计算检查。逻辑检查主要是从定性角度审核数据是否符合逻辑，内容是否合理，各项目或数字之间有无相互矛盾的现象。计算检查是检查调查表中的各项数据在计算结果和计算方法上有无错误。

对于通过其他渠道取得的第二手数据，除了对其完整性和准确性进行审核外，还应着重审核数据的适用性和时效性。对于使用者来说，首先应弄清楚数据的来源、数据的口径以及有关的背景材料，以便确定这些数据是否符合分析研究的需要，是否需要重新加工整理等，不能盲目生搬硬套。其次，还要对数据的时效性进行审核，有些时效性较强的问题，如果所取得的数据过于滞后，就失去了研究的意义。

（二）数据的筛选和订正

调查结束后，当数据中发现的错误不能予以纠正，或者有些数据不符合调查的要求而又无法弥补时，就需要对数据进行筛选。数据筛选包括两方面：一是将某些不符合要求的数据或有明显错误的数据予以剔除；二是将符合某种特定条件的数据筛选出来。同时，对审核过程中发现的错误应尽可能予以纠正；对发现有缺报、缺份和缺项等情况，应及时催报和补报。

（三）数据的排序

数据排序是按一定顺序将数据排列，以便于研究者通过浏览数据发现一些明显的特征或趋势，找到解决问题的线索。除此之外，排序还有助于发现数据中的特殊数值，以便对数据检查纠错，为重新归类或分组等提供依据。

任务二　统计分析组

任务导入

统计分组是基本的统计方法之一，在统计资料的整理和分析中都要广泛地应用分组。分组的好坏直接关系到统计整理的质量，关系到统计分析的结论是否正确。从某种意义上讲，没有科学的统计分组，就没有科学的统计分析。那么什么是统计分组？统计分组的关键是什么？我们如何进行统计分组呢？

一、统计分组的概念及作用

（一）统计分组的概念

统计分组是根据调查目的和要求，按照一定的标志将调查总体分成若干个性质不同的部分的一种统计方法。统计分组有两方面含义：对总体而言是“分”，即将总体区分为性质相异的若干部分；对个体而言是“合”，即将性质相同的个体组合起来。总体的这些组成部分称为“组”。通过统计分组，同组的总体单位之间性质是相同的，不同组的总体单位之间则存在明显的差异，所以，统计分组主要就是在统计总体内部进行的一种定性分类。

（二）统计分组的作用

统计分组在统计分析中具有重要的作用，主要表现在以下几个方面。

1. 划分现象的类型

社会经济现象千差万别，多种多样，其在发展变化过程中所表现出来的特征也是不同的。通过统计分组，就可以对不同类型的现象的特征作比较和研究，揭示它的发展变化规律。

2. 揭示现象的内部结构

利用统计分组，将社会经济现象总体按照某个标志分成若干组成部分，计算出各组数值在总体中所占比重，对社会经济现象的内部结构进行研究，揭示总体内部的构成，可以说明现象总体的基本性质和特征。同时，对现象内部结构的变化进行动态研究，还可以反映现象总体发展变化的过程、趋势和规律，如表3-2-1所示。

表3-2-1 2019年我国产业变动情况分布表

国内生产总值	增加值/亿元	增长率/%
第一产业	70 467	3.1
第二产业	386 165	5.7
第三产业	534 233	6.9

（资料来源：国家统计局 http://www.stats.gov.cn）

3. 揭示现象之间的依存关系

社会经济现象都不是孤立的，而是互相联系、互相依存、互相制约的。例如，在商业企业中，商品销售额与流通费用的关系，如表3-2-2所示。

表3-2-2 某地区100个百货商店的月销售额与流通费用情况

按销售额分组/万元	商店数/个	商品流通费用率/%
50以下	12	13.00
50 ~ 100	21	10.00
100 ~ 200	32	9.00
200 ~ 300	20	8.00
300以上	15	7.00

从表3-2-2的分组资料可以发现，商品流通费用率与商品销售额之间的依存关系为：销售额越大，每百元商品销售额中支付的流通费用越小。

二、统计分组的原则和方法

（一）统计分组的原则

科学的统计分组应该遵循以下原则。

（1）同一性原则。它是指每一次分组后，每组的分组标志只能有一个，不能同时采用两个或多个标志作为划分的依据。这是统计分组的基本原则。

（2）穷尽性原则。它是指所有总体单位都参加分组，每个总体单位都能归到某一组，无一遗漏。

（3）互斥性原则。它是指每一个总体单位只能归属于一个组，不能同时归属于两个或两个以上的组。

（二）统计分组的方法

统计分组的关键是正确选择分组标志和划分各组界限。它们不仅直接影响统计分组的科学性和统计资料整理的准确性，而且也影响统计分组结果的真实性。

1. 正确选择分组标志

分组标志是将现象总体划分为不同类型的组的标准或依据，如学生按照年龄进行分组，则“年龄”就是分组标志；企业按所有制关系进行分组，则“所有制关系”就是分组标志。统计分组的关键是分组标志的选择，因为选择什么样的分组标志就有什么样的分组、什么样的分组体系。分组标志选择得是否正确，关系到能否正确地反映总体的性质特征，能否实现统计研究的目的和任务。

要恰当地选择好分组标志，必须遵循以下原则。

（1）要根据统计研究的目的和任务来选择分组标志。之所以选择一定的标志对总体进行分组，是因为要达到一定的研究目的，完成一定的研究任务。统计研究目的和任务不同，选用的分组标志也有所不同，例如，以某地区全部居民为总体，如果要研究其生活水平情况，则应将户均收入或人均收入等作为分组标志；如果要研究其居住的情况，则用人均居住面积等作为分组标志。根据不同的研究目的，选择合适的分组标志，才能使统计分组的资料更好地满足研究的需要。

（2）要选择现象中最具有本质特征的标志作为分组标志。在一定的统计研究目的下，往往会有若干个与研究目的有关联的标志可供选择。这时，就应该选择与研究目的关系最密切、最能反映现象本质特征的标志作为分组标志。例如，研究职工生活水平情况，可以用职工的总收入作为分组标志，也可以用职工家庭成员人均收入水平作为分组标志。究竟选用哪个分组标志更能充分反映职工的生活水平呢？我们知道，职工的总收入并不能确切反映职工的生活水平，还要看其赡养的家庭人口数以及其家庭成员的收入，因此，选用职工总收入水平作为分组标志不够恰当，而应选用职工家庭成员人均收入水平作为分组标志。

议一议

反映企业规模的标志有很多，如职工人数、固定资产和生产能力等，请问哪个是划分企业规模大小的最具有本质特征的标志呢？

（3）要根据现象的历史条件及经济条件来选择分组标志。历史条件和经济条件的变化，会使一些过去能较好体现现象本质特征的分组标志变得不再适用了，所以，研究同一问题时，应根据历史的发展，视具体情况的变化来选择分组标志。如研究工业企业的生产能力问题，在机械化程度低下的情况下，生产能力的大小主要取决于企业劳动力的数量，所以要反映企业生产能力的大小可以把职工人数作为主要标志。但在现代化工业企业中，随着机械化程度的提高，职工人数的多少不再是决定企业生产能力的最重要因素，而是以企业固定资产代之，因此固定资产成为研究工业企业生产能力的一个重要分组标志。

议一议

对工人总体，如果研究目的是分析工人的文化素质，那么应选择的分组标志是什么？如果研究目的是分析工人的劳动能力状况，又应选择什么作为分组标志呢？

2. 正确划分各组界限

划分各组界限就是要在分组标志的变异范围内，划定各相邻组间的性质界限和数量界限。任何事物的标志下都包含许多变异，都可任意从中划定界限，如果划分不当，就会混淆各组的性质差别。

思政微议

李悝（kuī）——历史上的统计分组

李悝（前455—前395年），战国时政治人物。法家重要代表人物，濮阳人。曾任魏文侯相，主持变法。他汇集当时各国法律编成《法经》，是我国古代第一部比较完整的法典，现已失传，其“重农”与“法治”结合的思想对商鞅、韩非影响极大。

在经济上，为了解决“籴（dí）甚贵伤民；甚贱伤农”的经济问题，李悝根据历年的调查资料，进行了统计分组分析，提出了平籴政策。

据《汉书·食货志》记载：“是故善平籴者，必谨观岁有上、中、下孰。上孰其收自四，余四百石；中孰自三，余三百石；下孰自倍，余百石。小饥则收百石，中饥七十石，大饥三十石，故大孰则上籴三而舍一，中孰则籴二，下孰则籴一，使民适足，贾平则止。小饥则发小孰之所敛、中饥则发中孰之所敛、大饥则发大孰之所敛而粜之。故虽遇饥馑、水旱，籴不贵而民不散，取有余以补不足也。行之魏国，国以富强。”李悝据此编成平籴复合分组表，如表3-2-3所示。

表3-2-3　平籴复合分组表

按年景分组	按收成程度分组	产量	籴
丰年	上	600	300
	中	450	200
	下	300	100
饥（荒）年	大	30	300
	中	70	200
	小	100	100

（资料来源：张文学，齐海鹏．中国财政史［M］．大连：东北财经大学出版社，2015）

议一议

李悝是如何对平籴进行统计分组的？

三、统计分组的种类

（一）根据分组标志反映的事物性质不同分类

根据分组标志反映的事物性质不同，可分为品质标志分组和数量标志分组。

1. 品质标志分组

品质标志分组是指按对象的属性特征进行分组，它又分为简单品质标志分组和复杂品质标志分组两种情况。

简单品质标志分组是指分组标志一经确定，组的名称和组数也就随之确定，而且各单位应分在哪一组也比较明确，不存在组与组之间界限区分困难的分组。例如人口按性别、文化程度、民族、购买态度、购买行为等分组应分多少组，具体到每一个人应该分在哪一组是一目了然的。而有些现象按品质标志分组是比较复杂的，即区分的界限不是很明确，如工业部门分类、人口职业分类等。对这些复杂问题的分组，统计学上称为分类。统计分类不仅涉及复杂的分组技术，而且涉及国家的政策和科学理论。

2. 数量标志分组

数量标志分组是按反映事物数量差异的数量标志进行分组，并在数量标志的变异范围内，将总体划分为若干组成部分。如按人口的年龄、收入、企业的销售额等进行分组。与品质标志不同，数量标志具体表现为许多不等的变量值，这些数值能准确反映现象数量上的差异，却不能明确反映现象性质上的区别。

想一想

指出下列分组哪些是按数量标志分组？（　　）

A. 学生按健康状况分组

B. 工人按日产量分组

C. 职工按工龄分组

D. 企业按所有制分组

（二）根据分组标志的多少分类

根据分组标志的多少，可分为简单分组与复合分组。

1. 简单分组

简单分组是按一个标志进行分组。它只能从一个方面说明总体的构成情况，如表3-2-4某车间职工按性别分组就属于简单分组。

2. 复合分组

复合分组是指对研究的总体按两个或两个以上的分组标志层叠起来进行分组。如要想了解某车间男女职工工资分布状况，就需要采用复合分组，如表3-2-5所示。

表3-2-4　某车间职工构成情况分组表

性别	人数	比例/%
男	34	68.00
女	16	32.00
合计	50	100.00

表3-2-5　某车间职工工资复合分组表

工资	男职工	女职工
1 000元以下	10	4
1 000～3 000元	16	8
3 000～5 000元	10	5
5 000元以上	4	3
合计	40	20

复合分组是先按一个标志分组，在此基础上再按第二个标志层叠分组，然后按第三个标志层叠分成更小的组，依此类推。随着分组标志的增加，分出的组数也成倍数增加，反而不利于分析问题。因此，复合分组的标志不宜过多，一般不超过3个。

任务三　编制分配数列

任务导入

小美是班级的学习委员。一次数学测验后，老师拿着成绩单找到小美，让他帮着把同学们的成绩整理一下。大家的成绩情况如下：（单位：分）

89	88	76	99	74	60	82	60	89	86
92	85	70	93	99	94	82	77	79	97
78	95	84	79	63	72	87	84	79	65
98	67	59	83	66	65	73	81	56	77

老师告诉小美，他想要知道全班同学成绩的整体分布情况，以及每一个分数段的人数和比重。如果你是小美，该怎么编制呢？

一、分配数列的概念及种类

（一）分配数列的概念

在统计分组的基础上，总体中的所有单位按其所属的组别归类整理，并且按照一定的顺序排列，形成总体中各个单位数在各组间的分布，称为频数分布，又称次数分布或分配数列。例如为了了解某市餐饮业运营情况，以营业额为分组标志，就形成了一个分配数列，如表3-3-1所示。

表3-3-1　某市餐饮企业营业情况分布表

营业额/万元	餐饮企业个数/家	比重/%
10万元以下	1350	58.70
10～50	650	28.25
50～100	180	7.83
100～500	85	3.70
500万元以上	35	1.52
合计	2 300	100

在分配数列中，分布在各个组的总体单位数叫次数，又称频数。各组频数之和为总频数。各组频数与总频数之比称为频率。频率有两个数学性质：其一，各组频率均大于0；其二，各组频率之和等于1或者100%。各组频数与频率可以反映各组标志值水平对总体标志值水平的影响程度。频数越大则该组的标志值水平对于总体标志值水平的影响越大；反之，频数越小则该组的标志值水平对于总体标志值水平的影响越小。

可见，分配数列包含两个要素：一是总体按一定标志所分的各个组，其中按数量标志分组表现为各组的变量值（标准值），常用x表示；另一个是各组的次数，即各组所对应的总体单位数，常用f表示。

分配数列在统计研究中具有重要的意义。它是统计整理结果的一种重要表现形式，也是统计分析的一种重要方法。它表明总体所有单位在各组内的分布状态和分布特征，并在这一基础上进一步研究总体的构成、一般水平以及变动的规律性。

（二）分配数列的种类

根据分组标志的性质不同，分配数列可以分为品质数列与变量数列。

1. 品质数列

它是按品质标志分组的数列，用来观察总体单位中不同属性的单位分布情况。例如2022年我国按人口性别分组形成的数列，就是品质数列，如表3-3-2所示。

表3-3-2　2022年我国人口性别构成分布表

人口性别分组	人口数/万人	占人口的比重/%
男	72 206	51.10
女	68 969	48.90
合计	141 175	100.00

（资料来源：国家统计局　http://www.stats.gov.cn）

2. 变量数列

变量数列是将总体按数量标志分组，将分组后形成的各组变量值与该组中所分配的单位次数或频数，按照一定的顺序相对应排列所形成的分配数列。变量数列按形式不同，又分为单项数列和组距数列。

单项数列是指数列中每一组的变量值都只有一个，即一个变量值作为一组，它通常使用于变量值较少的情况，并且只适合于离散型变量，如表3–3–3所示。

表3-3-3 某省发电厂拥有发电机组分布表

拥有发电机组/套	发电厂数/个	比率/%
1	35	28.00
2	48	38.40
3	26	20.80
4	12	9.60
5	4	3.20
合计	125	100.00

组距数列是指把全部变量值划分为几个区间，每一个区间的变量值作为一组。在连续型变量或离散型变量变量值较多的情况下，可以采用组距式分组的形式，如表3–3–4所示。

表3-3-4 某班统计学成绩分布表

考试分数	人数/人	频率/%
60 ~ 70	5	12.50
70 ~ 80	15	37.50
80 ~ 90	12	30.00
90 ~ 100	8	20.00
合计	40	100.00

二、影响变量数列编制的要素

分配数列的编制受多种因素的影响，主要包括以下几个方面。

（一）全距

将原始资料按数值的大小顺序排列，找出最大值和最小值，计算全距。

全距=最大值–最小值

（二）组数

组数即数列分组的数目。针对一个总体，应根据研究的目的及现象本身的特点来确定将其分为多少组，用恰好足够的组来揭示数据分布的特征。如果组数过多，必然会造成总体单位分布分散，同时还有可能把属于同类的单位归到不同的组中，不能真实反映出事物的本质特点和规律性；如果组数过少，又会造成把不同性质的单位归到同一个组内，失去区别事物的界限，达不到正确反映客观事实的目的。一般而言，组数在5~7组为宜，且尽可能取奇数为好。

（三）组距

组距是指每组中最大值与最小值之差。组数和组距之间存在着密切关系，在全距一定的情况下，组距的多少与组数成反比，即组数越多，组距越小；组数越少，组距越大。

组距=上限−下限

组数=全距÷组距

组距数列按各组组距是否相等可分为等距数列与异距数列。

1. 等距数列

组距数列中各组组距相等的数列叫作等距数列。在统计研究中，采用等距进行分组是根据研究的目的和所研究对象的性质来进行的，如果社会经济现象性质差异的变动比较均匀，可以采用等距来进行分组。

2. 异距数列

组距数列中各组组距不相等的数列叫作异距数列，异距数列能比较准确地反映总体内部各组成部分的性质差异。实际工作中，有一些现象性质的变动很大，这时采用等距分组就不能反映事物质的差别，必须进行异距分组。

（四）组限

组距式变量数列中，每组区间两端的极值称组限。每一组的两个组限中，较大者叫上限，较小者叫下限，如果各组的组限都齐全，称为闭口组；组限不齐全，即最小组缺下限或最大组缺上限，称为开口组。

组限如何确定？视离散型变量与连续型变量不同而定。

1. 离散型变量

由于离散型变量各变量值之间以整数断开，变量值之间有明显的界限，上下限都可以用准确的数值表示，组限非常清楚。

如：某校按学生人数分组，其组限为：

100人以下

101~200

201~300

301~400

401人以上

2. 连续型变量

由于连续型变量各变量值之间可做无限分割，有小数存在，上下限不能用两个确定的值表示，只能用前一组的上限与本组的下限为同一数值表示，即相邻的组限必须重叠。如某班的统计学考试按成绩分组，其组限为：

60以下

60~70

70~80

80～90

90～100

统计实际工作中，虽然变量区分连续型变量与离散型变量，但为了计算、绘图等的方便，也可采用连续型变量的形式代替离散型变量。此外，对于连续型变量，在确定组限时，为了使变量分组不至于发生混乱，一般应遵循“上组限不在内”原则。如上述统计学考试中，假如某位同学的成绩是80，则归为80～90这一组。

（五）组中值

在编制组距数列时，往往需要计算组中值。组中值是每组下限与上限之间的中点位置上的数值。它是每组标准值的一般水平，具有平均的性质。

对于闭口组来说，组中值的计算公式比较简单，其公式为：

$$组中值=\frac{上限+下限}{2}$$

对于开口组来说，组中值的计算可以利用如下公式：

$$缺下限的开口组组中值=该组上限-\frac{邻组组距}{2}$$

$$缺上限的开口组组中值=该组下限+\frac{邻组组距}{2}$$

组中值反映了各组实际数据的一般水平，其前提条件是各组内数据的分布是均匀的或呈对称分布。事实上，完全满足这一前提条件的情况是较少的，因此组中值只是各组数据一般水平的近似代表。

练一练

根据某连续变量编制等距数列，最末组为500以上，又知其相邻组的组中值为480，则最末组的组中值为（　　）。

A. 490　　B. 500　　C. 510　　D. 520

三、变量数列的编制

变量数列编制的根本目的在于通过现象的数量差别去描述事物质的区别，即不同的变量组别之间，事物具有质的差别。

（一）单项式变量数列的编制

单项式变量数列的编制可以直接将每一变量值作为一组。单项式变量数列的编制比较明确、容易。

【例3-3-1】 某厂30名工人某日产量资料如下：

21	22	23	22	21	20	23	21	20	24
20	21	21	22	22	23	22	24	21	24
21	22	22	24	22	23	23	23	22	22

要求：根据上述资料编制变量数列。

分析：根据资料，日产量是离散变量，且变量值的具体表现是20、21、22、23、24共5个不同的变量值，所以可以编制单项式变量数列。

【解】

第一步，将变量值的原始资料按从小到大的顺序排列。即

20	20	20	21	21	21	21	21	21	21
22	22	22	22	22	22	22	22	22	22
23	23	23	23	23	23	24	24	24	24

第二步，确定各组的变量值和组数。一个变量值为一组，重复出现的变量值只取一个，则分为20、21、22、23、24共五组。

第三步，整理出变量值出现的次数，编制单项式变量数列，如表3-3-5所示。

表3-3-5　某工厂生产车间工人按日产量分布表

日产量/件	频数	比率/%
20	3	10.00
21	7	23.30
22	10	33.30
23	6	20.10
24	4	13.30
合计	30	100.00

（二）组距式变量数列的编制

组距式变量数列的编制步骤如下：

第一步，将原始资料按数字大小依次进行排列，并计算全距。

第二步，确定组数和组距。

第三步，确定组限。

第四步，汇总各组的次数，编制成组距式变量数列。

【例3-3-2】 对某企业30名工人完成劳动定额（%）的情况进行调查，其原始资料如下：

98	81	95	84	93	86	91	102	100	103
105	100	104	108	107	108	106	109	112	114
109	117	125	115	120	119	118	116	129	113

【解】

第一步，排序并计算全距。

将各变量值由小到大排序，确定其最大值，最小值，并计算全距。

81	84	86	91	93	95	98	100	100	102
103	104	105	106	107	108	108	109	109	112
113	114	115	116	117	118	119	120	125	129

变量的最大值是129%，最小值是81%。

第二步，确定组数和组距。

本例中根据一般将劳动定额情况分成优、良、中、及格和不及格的五档评分习惯，可以先确定组数为5。在等距分组时，计算组距如下：

$$组距=\frac{全距}{组数}=\frac{48\%}{5}=9.6\%$$

为了符合习惯和计算方便，组距近似地取10%。

第三步，确定组限。

关于组限的确定，应注意如下几点：

（1）最小组的下限（起点值）应低于最小变量值，最大组的上限（终点值）应高于最大变量值。

（2）组限的确定应有利于表现出总体分布的特点，应反映出事物质的变化。

（3）为了方便计算组限应尽可能取整数，最好是5或10的整倍数。

因此，本例中5个组的组限可确定为80 ~ 90、90 ~ 100、100 ~ 110、110 ~ 120、120 ~ 130。

第四步，计算各组次数，编制组距式变量数列。

根据“上组限不在内”的原则，编制组距式变量数列如表3-3-6所示。

表3-3-6　某企业工人劳动定额完成情况分布表

劳动定额完成程度/%	频数/人	频率/%
80 ~ 90	3	10.00
90 ~ 100	4	13.30
100 ~ 110	12	40.00
110 ~ 120	8	26.70
120 ~ 130	3	10.00
合计	30	100.00

（三）累计次数分布

通过单项式变量数列可以看出某个变量值出现的次数，通过组距式变量数列可以看出某个变量组所包含的次数，但如果要知道截止到某一组变量值以下或以上所对应的分配频数和频率是多少，则需要将有关组的分配频数和频率进行累加后才能说明问题。所以，要全面深入地分析分配数列，还应研究累计次数分布。

要取得累计次数分布需要计算累计次数和累计频数。一般有向上累计频数（频率）和向下累计频数（频率）两种计算方法。

1. 向上累计频数（频率）

以变量值大小为依据，由变量值小的组向变量值大的组累计频数或频率，称为向上累计频数或向上累计频率。向上累计频数和频率的意义是：小于该组上限的各组的频数或频率之和，当所关注的是标志值较小的现象的次数分配情况时，通常采用向上累计，以说明这些数值以下的单位数在总体中所占的比重。

2. 向下累计频数（频率）

由变量值大的组向变量值小的组累计各组的频数或频率，称为向下累计频数或向下累计频率。向下累计频数或频率的意义是：大于该组下限的各组的频数或频率之和，当所关注的是标志值较大的现象的次数分配情况时，通常采用向下累计，以说明这些数值以上的单位数在总体中所占的比重。

如上例根据某企业工人完成劳动定额的资料编制的向上累计频数（频率）和向下累计频数（频率）分布情况如表3-3-7所示。

表3-3-7　某企业工人完成劳动定额累计分布表

劳动定额完成情况/%	频数/人	频率/%	向上累计		向下累计	
			频数/人	频率/%	频数/人	频率/%
80～90	3	10.00	3	10.00	30	100.00
90～100	4	13.30	7	23.30	27	90.00
100～110	12	40.00	19	63.30	23	76.70
110～120	8	26.70	27	90.00	11	36.70
120～130	3	10.00	30	100.00	3	10.00
合计	30	100.00	—	—	—	—

四、次数分布的主要类型

不同的社会经济现象会呈现出不同的次数分布，主要有以下三种类型。

（一）钟形分布

钟形分布的特征是“两头小、中间大”，即靠近中间的变量值分布的次数多，靠近两端的变量值分布的次数少，如果将变量值与其对应的频数在直角坐标系中对应的点连接起来绘制成曲线图，宛如一口钟，所以称钟形分布。

在自然或社会经济现象中，有许多次数分布是属于钟形分布的。例如，人体的体重、身高，学生的成绩，居民货币收入，单位面积的农产品产量，市场价格等现象都呈现钟形分布。虽然大多数情况下数据是正态分布的，但是也有不是正态分布的情况，这个时候就是偏态分布了，偏态分布有两种，左偏和右偏。长尾在哪边就是哪偏，如图3-3-1所示的正态分布和图3-3-2所示的偏态分布。

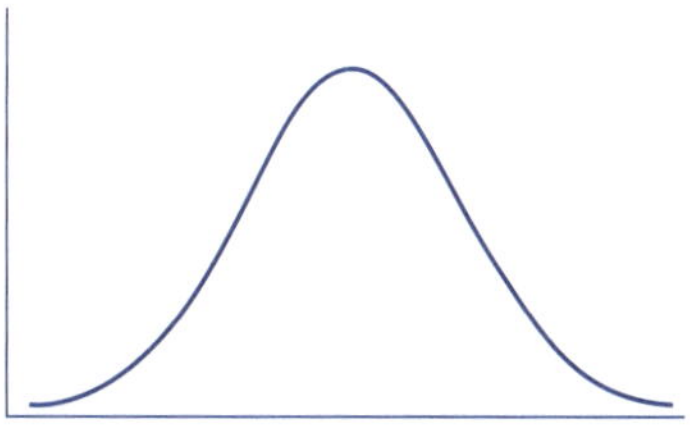

图3-3-1　正态分布

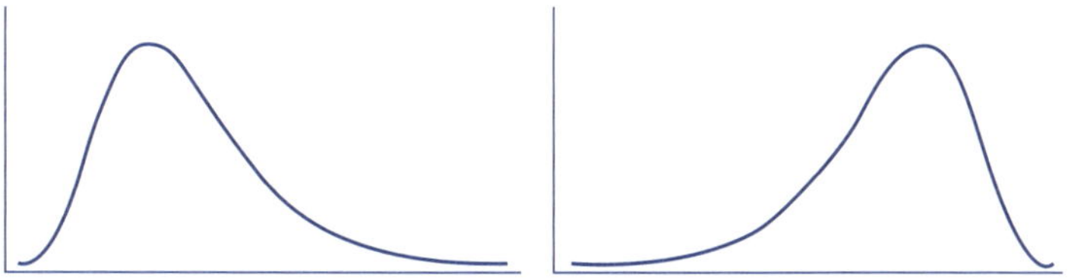

图3-3-2　偏态分布

（二）U形分布

U形分布的特征是靠近中间的变量值分布的次数少，靠近两端的变量值分布的次数多，形成“两头大、中间小”的分布特征。将这种分布绘成曲线，像英文字母“U”的形状，故称U形分布。例如，人口死亡率的分布，一般是婴幼儿死亡率和老年人死亡率均较高，而中年人死亡率较低，所以人口年龄分组的死亡率是呈U形分布的。另外，失业人口按年龄的分布等均呈U形分布，其分布图如图3–3–3所示。

（三）J形分布

J 形分布的特征是“一边小，一边大”，即大部分变量值集中在某一端分布，有两种类型，如图3–3–4所示。

（1）正 J 形分布。它的次数随着变量值的增大而增多，如投资额按利润率大小分布，一般是正 J 形分布。

（2）反 J 形分布。它的次数随着变量值的增大而减小，如成年人数量按年龄大小分组，表现出年龄越高，人数越少。

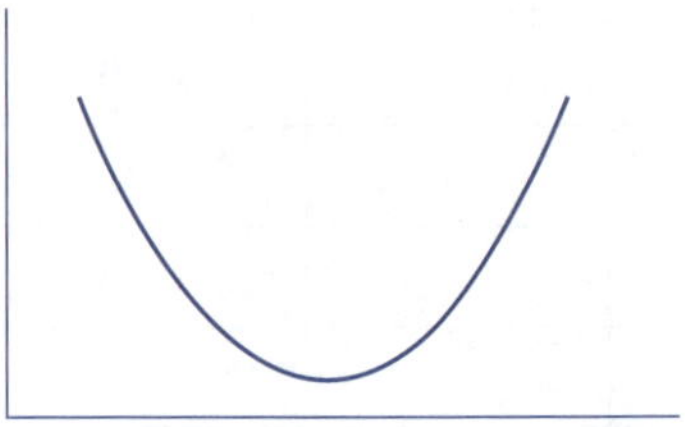

图3–3–3　U形分布

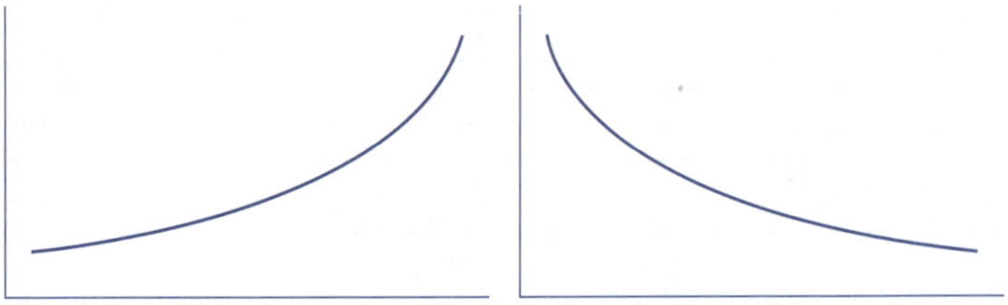

图3–3–4　J形分布

任务四　编制统计表和绘制统计图

任务导入

根据国家统计局数据，2016年全年出生人口为1 786万人，2017年为1 723万人，2018年为1 523万人，2019年为1 465万人，连续四年下跌；2020年我国出生人口为1 200万人，2021出生人口为1 062万人，2022年出生人口为956万人，这是1950年以来，年出生人口首次跌破1 000万人。以上资料用什么形式表达出来较为直观、清晰？

一、统计表

（一）统计表的概念

统计表就是由纵横交叉的线条所组成的，用于显示统计数据的表格，它具有系统、完整、简明、集中的特点，而且便于计算、查找和进行对比研究。

（二）统计表的构成

从形式上看，包括总标题、横行标题、纵栏标题和指标数值，如表3–4–1所示。

表3-4-1　考试成绩统计表

考分	人数/人	比率/%
50～60	2	5.0
60～70	7	17.5
70～80	11	27.5
80～90	12	30.0
90～100	8	20.0
合计	40	100

总标题　纵栏标题　横行标题　指标数值　主词栏　宾词栏

（三）统计表的种类

统计表按照主词的结构，可分为简单表、分组表和复合表三种。

1. 简单表

简单表即主词未按任何标志对总体进行分组的统计表。它是一种常用的统计表，但由于它未按任何标志对总体进行分组，因此，它一般不能反映事物的内部联系，如表3-4-2所示就是一个简单表。

表3-4-2　2022年中国部分省级行政区GDP

序号	省份	2022年GDP/亿元	同比增长
1	广东	129 118.58	1.9%
2	江苏	122 875.6	2.8%
3	山东	87 435	3.9%
4	浙江	77 715	3.1%
5	河南	61 345.05	3.1%
6	四川	56 749.8	2.9%
7	湖北	53 734.92	4.3%
8	福建	53 109.85	4.7%
9	湖南	48 670.37	4.5%

（资料来源：各地省级统计局）

2. 分组表

分组表是主词按一个标志进行分组或按两个及两个以上标志进行平行分组。分组表可以揭示不同类型现象的数量特征、研究调查对象总体内部的结构、分析现象之间的相互关系，如表3-4-3所示就是分组表的一个例子。

表3-4-3　2022年年末人口数及其构成

指标	年末数/万人	比重/%
全国人口	141 175	100.0
其中：城镇	92 071	65.2
乡村	49 104	34.8
其中：男性	72 206	51.1
女性	68 969	48.9
其中：0～15岁（含不满16周岁）	25 615	18.1
16～59岁（含不满60周岁）	87 556	62.0
60周岁及以上	28 004	19.9
其中：65周岁及以上	20 978	14.9

（资料来源：《中华人民共和国2022年国民经济和社会发展公报》）

3. 复合表

复合表是指主词按两个或两个以上标志进行层叠分组的统计表。复合表可以把多种标志结合起来，从不同角度反映社会现象的不同数量特征，如表3-4-4所示。

表3-4-4　某企业职工收入复合分组表

按职工收入分组/元		人数/人
2 500以下	男	30
	女	36
2 500～3 500	男	42
	女	50
3 500～4 500	男	33
	女	26
4 500以上	男	25
	女	10
合计	—	252

重要提示

统计表在设计的时候应注意：

1. 统计表的各种标题，应简明，确切，概括地反映出表的内容；材料的类别、项目也要简明，重要的项目列在前面，次要的项目列在后面；如果项目分为大小，那么大的项目在前，小的项目在后。统计表中必须注明数字资料的计量单位。

2. 表的上下两端划粗线，表内纵横线条以细线绘制，表格的左右两端一般不划线，即采用“开口”式。

3. 如果统计表的栏数较多，通常要加以编号，如：主词栏部分编以“甲”、“乙”……，宾词栏部分编以（1）、（2）、（3）……。各栏存在相互关系的，也可用代码标出。例如：（5）=（4）/（3）表明第五栏是由第四栏除以第三栏求得。表内各栏的内容和数字绝对不能重复，否则在合计或总计栏内就会出现差错。

4. 表中的合计栏可前可后，但居后较多，若只列部分项目则必须排前。

5. 表中数字应填写整齐，对准位数，不要求填写或无数字的空格用短横线“—”表示，缺数字的空格用“…”表示，当数字为0或数字很小，达不到规定的小数点要求时，用0表示。当所需数字要在未来发生时，则空着不填。相同数字应如数写出，不可用“同上”或“同左”字眼。

6. 如果不是一张表，每张表要标明编号，并把编号写在总标题的一边。

7. 统计资料来源及其他说明可在表下说明。

二、统计图

统计图是利用几何图形和具体事物的形象来表现统计数据的一种形式。统计图是表现数字资料的一种重要形式，具有形象、生动、直观、易懂等特点，可以使读者一目了然，具有较大的吸引力和说服力。下面介绍常见的几种图形。

（一）条形图

条形图是用宽度相同的直条的高度或长度来表示数据变动的图形，可以用来描述各种计量尺度。它可以横置和纵置，横置时，称水平条形图；纵置时，称垂直条形图，也叫柱形图。例如，图3-4-1表明了某企业工人劳动定额完成情况分布。

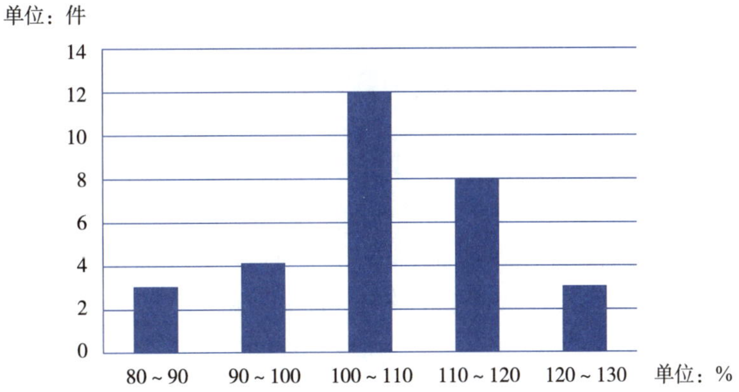

图3-4-1　某企业工人劳动定额完成情况分布图

（二）折线图

折线图是以线条的连续升降来表示现象动态及现象间的依存关系的统计图形。它是统计图中最简单的也是最常见的图形，尤其适用于变量值在不同时间上的差异，运用它可以表明事物的发展规律、总体单位的分配情况、揭示事物间的依存关系或表明计划执行的进度。例如，图3-4-2所示直观地反映出商品销售额分布的特征，即销售额在35～40万元的天数最多，高于40万元和低于35万元的销售额的天数逐渐下降。

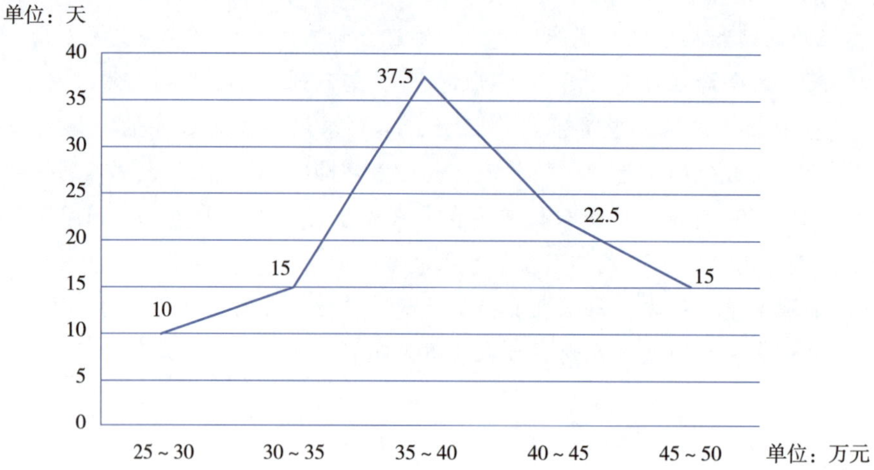

图3-4-2 某百货公司商品销售额折线图

（三）饼图

饼图是以圆形面积或以圆内各扇形面积的大小来表示数值大小的图形，适用于表示总体中各组成部分所占的比例，主要用于研究结构性问题。例如，图3-4-3展示了某公司男女职工分布情况。

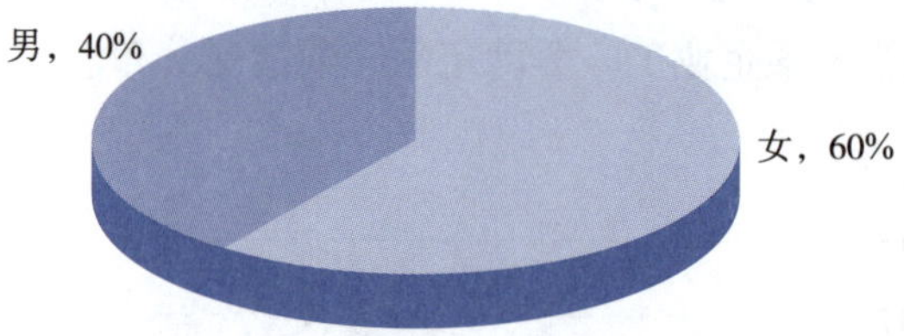

图3-4-3 某公司男女职工分布图

（四）环形图

环形图也称为圆环图，其与圆形图类似，但又有区别。环形图中间有一个“空洞”，总体或样本中的每一部分数据用环中的一段表示。圆形图只能显示一个总体和样本各部分所占的比例，而环形图则可以同时绘制多个总体或样本的数据系列，每一个总体或样本的数据系列为一个环。例如，图3-4-4手机电量剩余情况为环形图。

统计图除了上述几种外，较常用者还有面积图、散点图及各式各样的三维立体图等，通用的一些统计软件、电子表格软件和文字编辑软件等都具有统计作图功能。

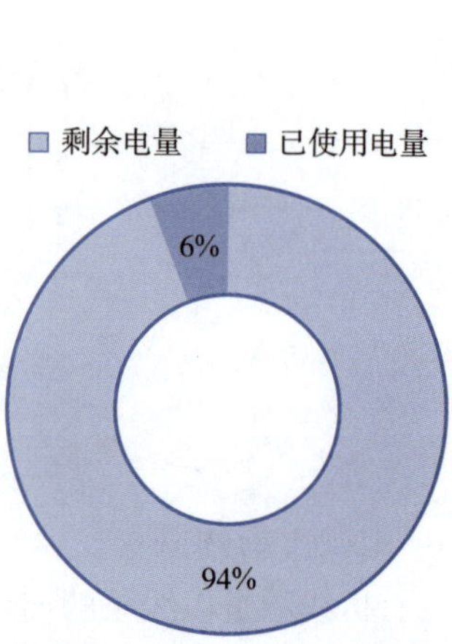

图3-4-4 手电电量剩余情况图

任务五　运用 Excel 进行数据整理工作

任务导入

运用Excel进行数据整理工作，本节仅以用Excel进行统计分组和用Excel制作统计图为例。

（一）用Excel进行统计分组

用Excel进行统计分组有两种方法：一种是利用频数分布函数（FREQUENCY）函数；另一种是利用数据分析中的“直方图”工具。下面分别介绍这两种操作方法。

1. 利用频数分布函数（FREQUENCY）分组

Excel提供了一个频数分布函数（FREQUENCY），利用它可以对数据进行分组，建立频数分布，从而描述数据分布状态。

【例3-5-1】 某生产班组有10名工人的月生产量分别为：85，95，87，96，89，78，65，87，55，76，要求利用频数分布函数进行分组。操作步骤如下。

（1）将10个工人的月生产量资料以一垂直数组形式输入单元格B2:B11中，如图3-5-1所示。

	A	B	C	D	E	F	G	H	I
1	工人编号	月产量							
2	1	85							
3	2	95							
4	3	87							
5	4	96							
6	5	89							
7	6	78							
8	7	65							
9	8	87							
10	9	55							
11	10	76							
12									
13									
14									

图3-5-1　输入月生产量

（2）在单元格C1中输入“分组”字样，并在单元格C2:C6中分别输入各组上限值：60，70，80，90，100，如图3-5-2所示。

（3）在单元格D1中输入“频数”字样，选定单元格D2:D6，单击编辑栏左边的【插入函数】按钮，打开【插入函数】对话框，在【函数分类】列表中选择【统计】，在函数名列表中选择【FREQUENCY】，单击【确定】按钮，打开【函数参数】对话框。

工人编号	月产量	分组
1	85	60
2	95	70
3	87	80
4	96	90
5	89	100
6	78	
7	65	
8	87	
9	55	
10	76	

图3-5-2 输入各组上限值

（4）在数据区域“data-array”中输入“B2:B11”，在数据接受区域“bins-array”中输入“C2:C6”。由于频数分布是数组操作，所以不能直接单击【确定】按钮，而应按“Ctrl+Shift”组合键，同时按Enter键，得到频数分布结果，如图3-5-3所示。

工人编号	月产量	分组	频数
1	85	60	1
2	95	70	1
3	87	80	2
4	96	90	4
5	89	100	2
6	78		
7	65		
8	87		
9	55		
10	76		

图3-5-3 频数分布结果

2. 利用数据分析的直方图进行统计分组

【例3-5-2】 某生产班组50名工人的月产量资料如图3-5-4所示，请利用数据分析的直方图进行统计分组。

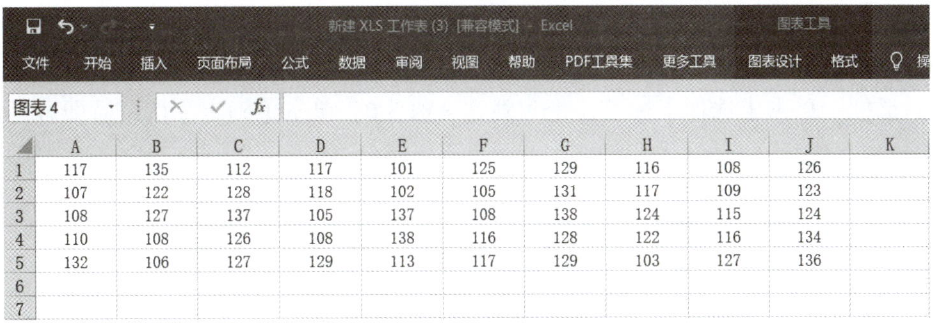

	A	B	C	D	E	F	G	H	I	J	K
1	117	135	112	117	101	125	129	116	108	126	
2	107	122	128	118	102	105	131	117	109	123	
3	108	127	137	105	137	108	138	124	115	124	
4	110	108	126	108	138	116	128	122	116	134	
5	132	106	127	129	113	117	129	103	127	136	
6											
7											

图3-5-4　工人月产量资料

【操作步骤】

（1）在【工具】菜单栏中单击【数据分析】选项，从其对话框的分析工具列表中选择直方图，打开【直方图】对话框，如图3-5-5所示。

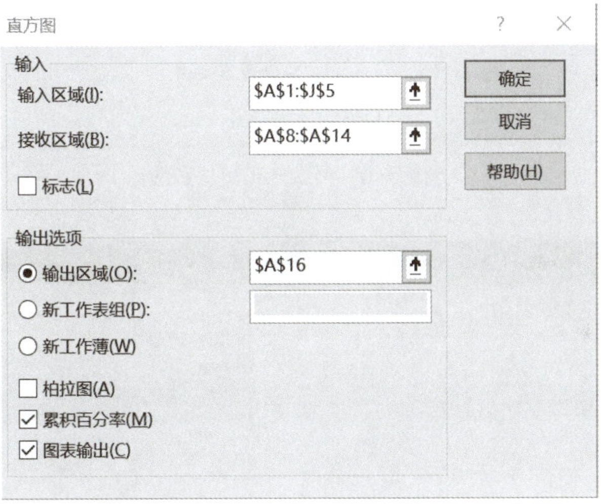

图3-5-5　【直方图】对话框

（2）在【输入区域】输入“$A$1:$J$5”，在【接收区域】输入“$A$8:$A$14”。接收区域指的是分组标志所在的区域，假定把分组标志输入到A8:A14单元格，注意这里只能输入每一组的上限值，即110，115，120，125，130，135，140。

（3）在【输出选项】选项区域选择“输出区域”，可以直接选择一个区域，也可以直接输入一个单元格（代表输出区域的左上角），这里推荐只输入一个单元格（本例为$A$16），因为往往事先并不知道具体的输出区域有多大。

（4）选择“图表输出”，可以得到直方图；选择“累计百分率”，系统将在直方图上添加累积频率折线；选择“柏拉图”，可得到按降序排列的直方图。

（5）单击【确定】按钮，可得输出结果如图3-5-6所示。

应当注意，图3-5-6实际上是一个条形图，而不是直方图，若要把它变成直方图，可按如下操作：

用鼠标左键单击任一直条，然后右键点击鼠标，在弹出的快捷菜单中选择【数据系列格式】，打开【设置数据系列格式】对话框，如图3-5-7所示。

在对话框中单击【选项】标签，把间隙宽度改为0，单击【确定】按钮后即可得到直方图，如图3-5-8所示。

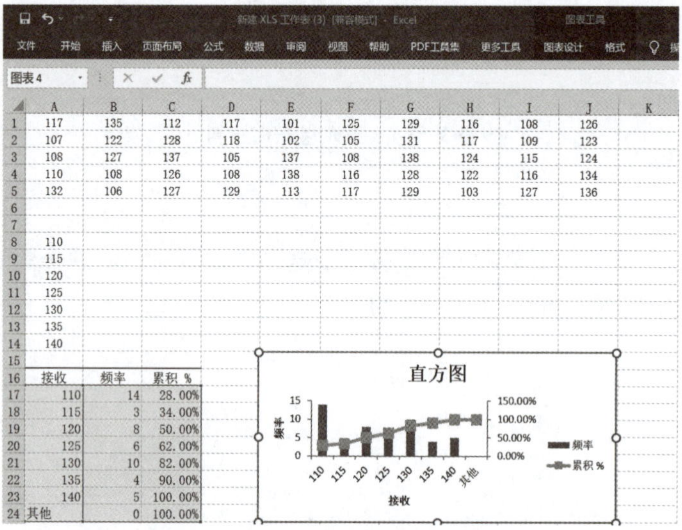

图3-5-6　频数分布和直方图

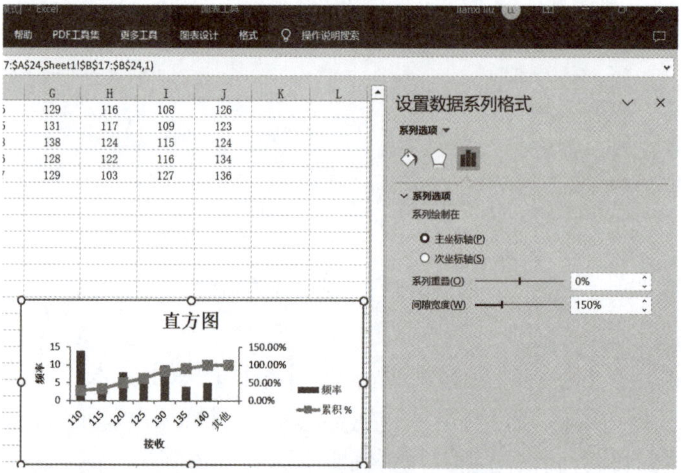

图3-5-7 【数据系列格式】对话框

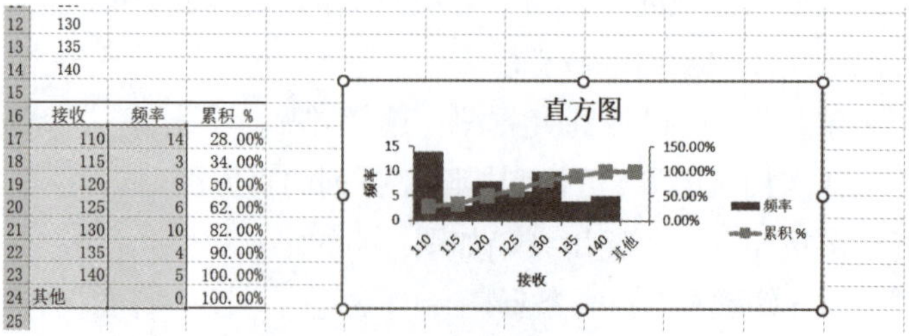

图3-5-8　调整后的直方图

（二）用Excel制作统计图

【例3-5-3】 某班学生统计基础考试成绩分布表如表3-5-1所示，请用统计图描述学生成绩。

表3-5-1　某班学生统计基础考试成绩分布表

考分	人数/人	比率/%
50～60	2	5
60～70	7	17.5
70～80	11	27.5
80～90	12	30
90～100	8	20
合　计	40	100

（1）打开Excel，输入原始数据，如图3-5-9所示。

图3-5-9　输入原始数据

（2）选中需要绘制柱状图或条形图的数据所在单元格，即A3:B7，点击“插入”，点击“插入柱状图或条形图”，选择合适的柱状图或条形图并点击，即可出现柱状图或条形图，如图3-5-10所示。

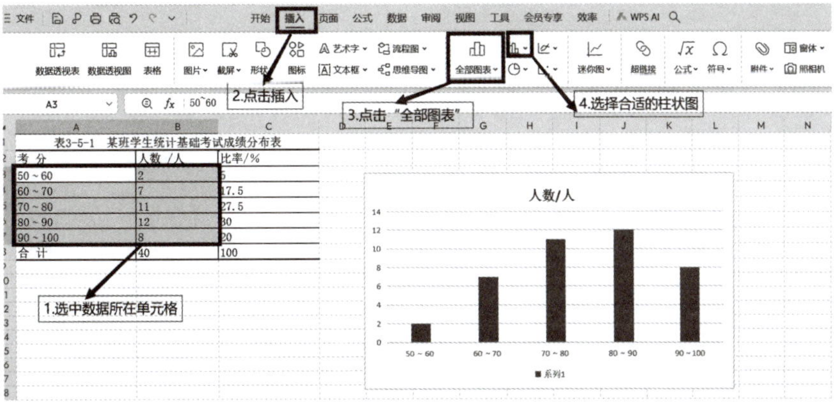

图3-5-10　选择插入图表类型

（3）在出现的柱状图或条形图上，任选一个柱体，单击鼠标右键，在弹出的菜单中，选择“添加数据标签”，在子菜单中点击“添加数据标签”，如图3-5-11所示。

（4）对绘制好的图形，根据需要进行调整，使其符合自己的需要，如图3-5-12所示。

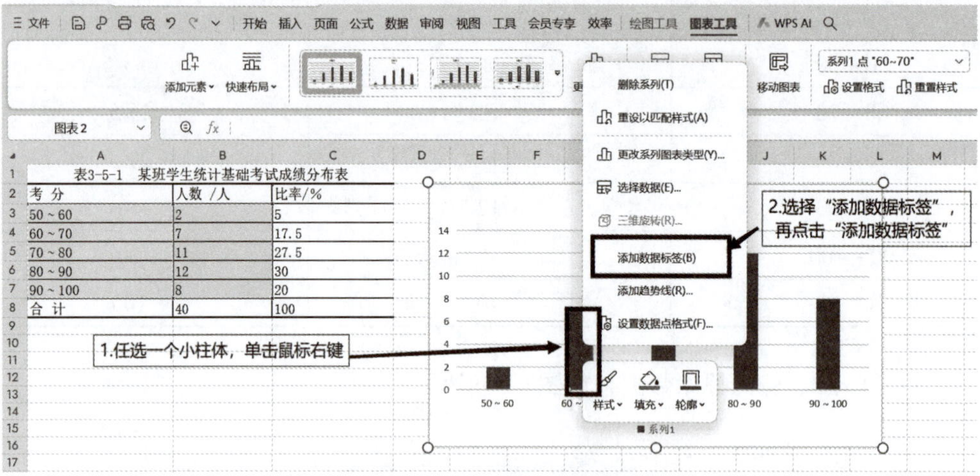

图3-5-11 添加数据标签

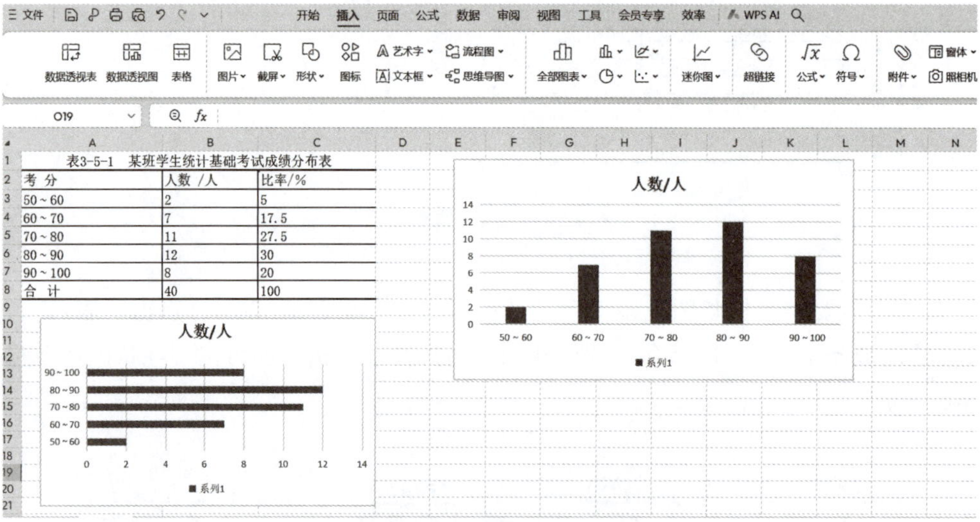

图3-5-12 绘制好的柱状图和条形图

• 思考与练习 •

一、单项选择题

1. 统计分组的关键在于确定（　　）。

A．组中值　　B．组距

C．组数　　D．分组标志和分组界限

2. 全国总人口按年龄分为5组，这种分组方法属于（　　）。

A．简单分组　　B．复合分组

C．按品质标志分组　　D．以上都不对

3. 对某校学生先按年级分组，在此基础上再按年龄分组，这种分组方法是（　　）。

A．简单分组　　B．复合分组

C．再分组　　D．平行分组

4. 组距和组数是组距数列中的一对基本要素，当变量的全距一定时，组距和组数（　　）。

A．没有关系　　B．关系不确定　　C．有正向关系　　D．有反向关系

5. 等距数列和异距数列是组距数列的两种形式，其中等距数列是指（　　）。

A．各组次数相等的数列　　B．各组次数不等的数列

C．各组组距相等的数列　　D．各组组距不等的数列

6. 某企业职工月工资收入最高者为4 260元，最低者为2 700元，据此分为六个组，形成闭口式等距数列，则组距应为（　　）。

A．710　　B．260　　C．1 560　　D．3 480

7. 在组距数列中，用组中值代表组内变量值的一般水平，是因为（　　）。

A．组内各变量值是相等的　　B．组中值比组平均数更具有代表性

C．组中值和组平均数是一致的　　D．不可能得到组平均数

8. 在分组时，如遇到某单位的标志值刚好等于相邻两组上下限数值时，一般是（　　）。

A．将此标志值单列一组　　B．将此值归入作为上限的那一组

C．将此值归入作为下限的那一组

D．将此值归入作为上限的组或下限的组均可

9. 企业按资产总额分组，（　　）。

A．只能使用单项式分组　　B．只能使用组距式分组

C．可以单项式分组，也可以组距式分组　D．无法分组

10. 某连续变量数列，其末组为开口组，下限为200，又知其邻组的组中值为170，则末组组中值为（　　）。

A．260　　B．215　　C．230　　D．285

11. 统计表的主词是统计表所要说明的对象，一般排在统计表的（　　）。

A．左方　　B．上端中部　　C．右方　　D．下方

12. 用组中值与次数求坐标点连接而成的统计图是（　　）。

A. 直方图　　B. 条形图　　C. 曲线图　　D. 折线图

13. 统计表中某栏如有数字但数字很小，达不到规定的小数点时，通常应填的符号是（　　）。

A. 0　　B. ……　　C. —　　D. ×

14. 记录一个病人体温变化情况，应采用的统计图为（　　）。

A. 扇形统计图　　B. 条形统计图　　C. 折线统计图　　D. 无法确定

15. 在频数分布直方图中，每个小长方形的面积表示（　　）。

A. 组距　　B. 组数　　C. 每个组频数　　D. 每个组频率

二、多项选择题

1. 统计数据整理的内容一般有（　　）。

A. 对原始数据进行预处理　　B. 对统计数据进行分组

C. 对统计数据进行汇总　　D. 编制统计表、绘制统计图

2. 统计表从内容上看由（　　）组成。

A. 总标题　　B. 横行标题　　C. 纵栏标题　　D. 主词

E. 宾词

3. 统计表从形式上看由（　　）组成。

A. 总标题　　B. 横行标题　　C. 纵栏标题　　D. 主词

E. 宾词

4. 统计资料的表达形式有（　　）。

A. 统计表　　B. 统计分组

C. 统计图　　D. 统计分析报告

5. 统计分组是将统计总体按一定标志区分为若干部分的统计方法，它（　　）。

A. 是统计研究中的基本方法　　B. 是在统计总体内部进行的

C. 是在统计总体之间进行的　　D. 对总体而言是分

E. 对个体而言是合

6. 下列分组中，按数量标志分组的有（　　）。

A. 企业按所有制分组　　B. 企业按产值分组

C. 企业按工人数分组　　D. 企业按计划完成程度分组

E. 企业按隶属关系分组

7. 在次数分配数列中，（　　）。

A. 总次数一定，频数和频率成反比　　B. 各组的频数之和等于100

C. 各组频率大于0，频率之和等于1

D. 频数越小，则该组的标志值所起的作用越小

E. 频率又称为次数

8．下面按品质标志分组的有（　　）。

A．工厂按产值计划完成程度分组　　B．学生按健康状况分组

C．企业按所有制分组　　D．职工按工龄分组

E．职工按文化程度分组

9．将某班学生的统计学考试成绩分为60分以下、60～70分、70～80分、80～90分、90～100分共5个组，下列说法正确的是（　　）。

A．某学生的成绩如果是80分，他应归入70～80分这一组

B．第一组的假定下限是50　　C．相邻组组限是重叠的

D．第三组组中值为75　　E．它属于等距分组

三、判断题

1．统计整理仅指对原始资料的整理。（　　）

2．各组次数占总体次数的比值通常称为频数。（　　）

3．用组中值可近似地表示一组中各个体变量值的一般水平。（　　）

4．统计分组实际是通过分组保持组内统计资料同质性和组间统计资料差异性。（　　）

5．简单分组就是选择两个或两个以上的分组标志对同一总体进行的并列分组。（　　）

6．统计分组的关键是选择分组标志和划分各组界限。（　　）

7．将同一总体选择两个或两个以上的标志重叠起来进行分组，就是复合分组。（　　）

8．连续变量数列，既可以编制成单项变量数列，也可以编制成组距变量数列。（　　）

9．划分组限时，相邻组上下限如果重叠，则与上限相等的标志值应该计入上一组。（　　）

10．变量分布中，各组的频率均大于0小于1。（　　）

四、综合应用题

1．某企业工人日产量资料如下：

日产量分组/件	工人数
50～60	6
60～70	12
70～80	12
80～90	14
90～100	15
100～110	18
110～120	22
120～130	8
合计	107

（1）上述数列属于（　　）。

A．变量数列　　B．品质数列

C．异距数列　　D．等距数列

（2）上列数列中的变量是（　　）。

A．日产量　　B．工人数

C．日产量的具体数值　　D．工人数的具体数值

（3）上述数列中工人数是（　　）。

A．变量　　B．频数

C．变量值　　D．分组标志

（4）各组的频率分别为（　　）。

A．6　12　12　14　15　18　22　8

B．55　65　75　85　95　105　115　125

C．6　11　11　13　14　17　21　7

D．60　70　80　90　100　110　120　130

2．某地区40个商店的商品销售额（单位：万元）资料如下：

340	720	970	1 000	1 300	1 260	1 450	1 130	1 170	1 390
1 240	1 420	1 490	1 500	1 890	1 940	1 630	1 600	1 620	470
640	1 850	1 580	1 530	1 980	210	2 000	2 300	510	870
2 190	2 250	2 310	2 420	2 490	2 590	1 900	1 740	2 620	2 840

要求：编制组距为500的变量数列，并计算累计次数和累计频率。

3．某厂有两个车间，甲车间有职工150人，其中男性100人，女性50人。男性职工，高级职称的有10人，中级职称的有45人，其余为初级职称及无职称的职工，女性职工中，高级职称的有4人，中级职称的有17人。乙车间有职工200人，其中男性145人，女性55人。男性职工中，高级职称的有19人，中级职称的有56人，其余为初级职称及无职称的职工，女性职工中，高级职称的有10人，中级职称的有15人。

问题：以上是用文字来描述数字的，是否还有更好的表达方式？如果有，请用适当的方式表达出来。

• 项目实训 •

1．实训目的

（1）培养学生对数值型数据分组与汇总的应用能力。

（2）培养学生应用Excel进行变量数列编制的能力。

（3）培养学生设计统计表格和绘制统计图的能力。

（4）培养学生养成实事求是、认真细致的工作态度。

2．实训任务

根据项目二统计调查问卷的搜集材料，进行统计分组，整理出本校学生采购最多的十大

商品（样本数不少于200），并用Excel编制统计表，绘制统计图。

3. 实训要求

全班学生分组以项目二分组人员为准，组内同学合理进行任务分工。

4. 实训成果

每组同学提供一份整理过的统计表和统计图，教师在课堂上对各组进行点评及成绩评定。

（资料来源：本项目实训由本校京创超市提供）

项目四　统计指标静态分析

学习目标

【知识目标】

- 理解总量指标与相对指标的含义。
- 掌握相对指标的计算方法。
- 理解平均指标与变异指标的意义。
- 掌握各种平均指标与变异指标的计算方法。

【能力目标】

- 能够计算总量指标与相对指标。
- 能够计算平均指标与变异指标。
- 运用 Excel 进行统计指标静态分析的计算。

【素质目标】

- 培养和提高学生利用所学理论解决实际问题的能力。
- 培养和提高学生的逻辑思维分析能力。
- 培养学生的团队合作精神。

【实例先导】

如何评价员工的培训效果?

某企业目前正在对本公司年龄在30岁以下的员工进行专业理论培训，在公司本部工作的32人组成A班，在公司分部工作的42人组成B班。如图4-1所示，在公司统一组织

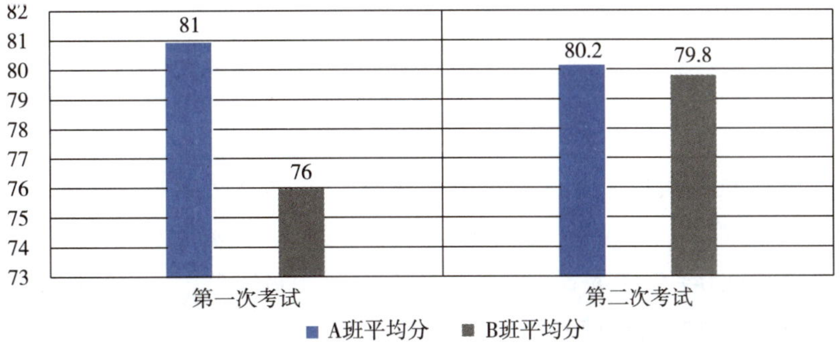

图4-1　某企业员工理论考试结果

的第一次考试中，A班平均81分，B班平均76分。在刚刚结束的第二次考试中，A班平均80.2分，B班平均79.8分。同时，A班不及格人数为5人，B班不及格人数为6人。

请思考：如果你是分管此项工作的管理人员，你应如何据此信息评价A、B两班的学习效果？

（资料来源：本案例由本校京创超市提供）

任务一 总量指标分析

任务导入

要了解一个学校的办学条件，通常会从教师总数、实验室数量及面积、图书馆藏书数量、科研项目数量、教育经费总额等方面进行描述；要了解一个国家的基本情况，首先会考虑：国土总面积、人口总数、国内生产总值等。以上指标属于什么指标？有何作用？有哪些分类？指标数值是如何获得的？

一、总量指标的含义及作用

（一）总量指标的含义

总量指标是用来反映社会经济现象在一定条件下的总规模、总水平或工作总量的统计指标。总量指标用绝对数表示，也就是用一个绝对数来反映特定现象在一定时间上的总量状况，它是一种最基本的统计指标。由于总量指标的表现形式为绝对数，因此，总量指标又叫绝对指标。

（二）总量指标的作用

总量指标在社会经济统计中具有重要的作用。

1. 总量指标是认识社会经济现象的起点

人们要想了解一个国家或一个地区的国民经济和社会发展状况，首先就要准确地掌握客观现象在一定时间、地点条件下的发展规模或水平，然后才能更深入地认识社会。

思政微议

我国GDP的变化

以国内生产总值（GDP）为例，在国家统计局有记录之初的1952年，我国GDP仅有679.1亿元，可谓是“一穷二白”的境地；即使在改革之初的1978年，我国GDP也只有3 678.7亿元，但到2020年已突破百万亿，增长至1 015 986亿元，40多年增长了约275倍。图4-1-1展示了我国从2012—2020年GDP的发展变化。

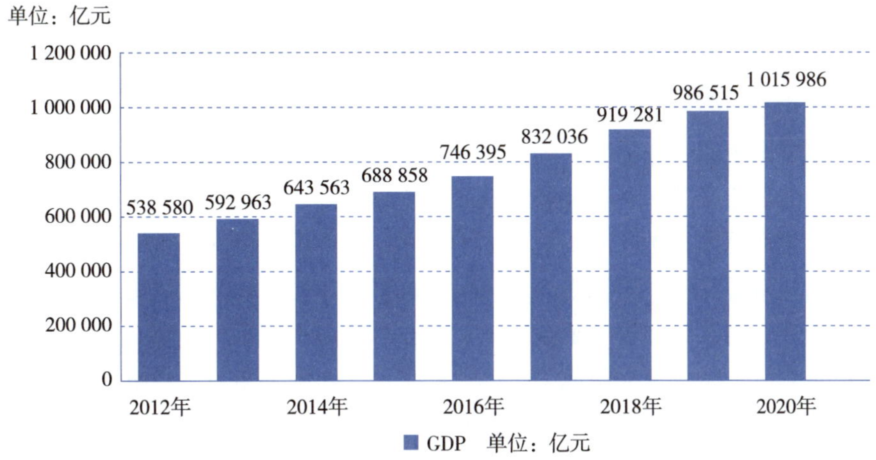

图4-1-1　近年来我国国内生产总值情况

（资料来源：国家统计局　http://www.stats.gov.cn）

议一议

为什么我国GDP的变化会这么大？

2. 总量指标是实行社会经济管理的依据之一

一个国家或地区要想更有效地指导经济建设，保持国民经济协调发展，就必须了解和分析各部门之间的经济关系。它虽然可以用相对数、平均数来反映，但归根结底还是需要掌握各部门在各个不同时间的总量指标。

3. 总量指标是计算相对指标和平均指标的基础

总量指标是统计整理汇总后，首先得到的能说明具体社会经济总量的综合性数字，是最基本的统计指标。相对指标和平均指标一般都是由两个有联系的总量指标相对比而计算出来的，它们是总量指标的派生指标。总量指标计算是否科学、合理、准确，将会直接影响相对指标和平均指标的准确性。

想一想

（1）举例说明你经常见到的总量指标，并分析其具备的特点。

（2）判断下列指标哪些是总量指标？为什么？

国内生产总值、我国总人口数、人均国内生产总值、出生人口数、我国国土面积、出勤率、合格率、计划完成指标、我国人口密度

二、总量指标的分类

（一）根据总量指标所反映的内容不同划分

1. 总体单位总量

总体单位总量（即总体单位数）是反映总体或总体各组单位的总量指标。它是总体内所有单位的合计数，主要用来说明总体本身规模的大小。

2. 总体标志总量

总体标志总量是反映总体或总体各组标志值总和的总量指标。它是总体各单位某一标志值的总和，主要用来说明总体各单位某一标志值总量的大小。

如调查了解全国工业企业的生产经营状况，全国工业企业数就是总体单位总量，全国工业企业的职工人数、工资总额、工业增加值和利税总额等，都是总体标志总量。

总体单位总量和总体标志总量不是固定不变的，随着研究目的和被研究对象的变化而变化。一个总量指标常常在一种情况下为总体标志总量，在另一种情况下则表现为总体单位总量。如上例的调查目的改为调查了解全国工业企业职工的工资水平，那么全国工业企业的职工人数就不再是总体标志总量，而成了总体单位总量。明确总体单位总量和总体标志总量之间的差别，对计算和区分相对指标和平均指标具有重要的意义。

想一想

如果把某一企业作为总体，想想总体单位总量有哪些？总体标志总量有哪些？

（二）根据总量指标所反映的时间状况不同划分

1. 时期指标

时期指标是反映现象在一定时期内发展过程的总量指标，如人口出生数、商品销售额、产品产量、产品产值等。

2. 时点指标

时点指标是反映现象在某一时点（瞬间）上所处状况的总量指标，如年末人口数、季末设备台数、月末商品库存数等。

为了正确区分时期指标与时点指标，还须弄清它们各自的特点。

（1）时期指标可以累加，说明较长时期内现象发生的总量，如年产值是月产值的累计数，表示年内各月产值的总和；而时点指标一般累加无实际意义，如月末人口数之和不等于年末人口数。

（2）时期指标数值的大小与时期长短有直接关系。在一般情况下时期越长数值越大，如年产值必定大于年内某月产值，但有些现象如利润等若出现负数，则可能出现时期越长数值越小的情况；时点指标数值与时点间隔长短没有直接关系，如年末设备台数并不一定比年内某月月末设备台数多。

（3）时期指标的数值一般通过连续登记取得；时点指标的数值则通过间断登记取得。

想一想

请判断以下哪些属于时期指标，哪些属于时点指标？

产品产量、工资总额、人口的出生数、人口的死亡数、普查人口数、年末银行存款余额、在校生人数、毕业生人数、牲畜存栏头数

（三）根据总量指标所采用计量单位不同划分

1. 实物指标

实物指标是用实物单位计量的总量指标。实物单位是根据事物的属性和特点而采用的计量单位，主要有自然单位、度量衡单位、双重单位、复合单位和标准实物单位。

（1）自然单位。自然单位是按照被研究现象的自然状况来度量数量的一种计量单位，如人口以“人”为单位，汽车以“辆”为单位，牲畜以“头”为单位等。

（2）度量衡单位。度量衡单位是按照统一的度量衡制度的规定来度量其数量的一种计量单位，如煤炭以“吨”为单位，棉布以“尺”或“米”为单位，运输里程以“千米”为单位等。度量衡单位的采用主要是由于有些现象无法采用自然单位来表明其数量，如粮食、钢铁等；另外有些实物如鸡蛋等，虽然也可以采用自然单位，但不如用度量衡单位准确方便。

（3）双重单位。双重单位同时采用两种或两种以上的单位结合起来进行计量，如起重机的计量单位是“台/吨”；货轮用“艘/马力/吨位”计量。

（4）复合单位。复合单位是两个单位的乘积，如货物周转量用“吨公里”计量；电的度数用“千瓦时”计量等。

（5）标准实物单位。标准实物单位是按照统一的折算标准来计量事物数量的一种实物单位。如将各种不同含量的化肥，用折纯法折合成含量100%来计算其总量；将各种不同发热量的能源统一折合成29.3千焦/千克的标准煤单位计算其总量等。

2. 价值指标

价值指标是用货币单位计量的总量指标。货币单位是用货币“元”来度量社会劳动成果或劳动消耗的计量单位，如国内生产总值、社会商品零售额、产品成本等，都是以“元”或扩大为“万元”“亿元”来计量的。

价值指标具有广泛的综合性和概括性，它能将不能直接相加的产品数量过渡到能够相加，用以综合说明具有不同使用价值的产品总量或商品销售量等的总规模或总水平。价值指标广泛应用于统计研究、计划管理和经济核算之中。但价值指标也有其局限性，综合的价值量容易掩盖具体的物质内容，比较抽象。因此，在实际工作中，应注意把价值指标与实物指标结合起来使用，以便全面认识客观事物。

3. 劳动量指标

劳动量指标是用劳动量单位计量的总量指标，它是用生产工业产品所必需的劳动时间来计量生产工人的劳动成果，如“工日”“工时”等。工时是指一个职工做一个小时的工作，工日通常指一个职工做八小时的工作。

这种统计指标虽然不多，但常遇到。如工厂考核职工出勤情况，每天要登记出勤人数，把一个月的出勤人数汇总就不能用“人”来计量而应用“工日”来计算。

三、总量指标的计算方法

（一）直接计算法

它是对研究对象用直接的计数、点数和测量等方法，登记各单位的具体数值加以汇总，得到总量指标。如统计报表或普查中的总量资料，基本上都是用直接计算法计算出来的。

（二）间接推算法

间接推算法是一种估计方法，它是根据事物之间的相互联系，采用一定的数字方法间接推算总体总量。具体来说，主要有以下几种方法。

1. 平衡关系推算法

平衡关系推算法是根据社会经济现象之间的平衡关系，利用已知指标推算未知的总量指标。如“资产=负债+所有者权益”，根据上述关系式可以对式中某一指标进行推算。

2. 因素关系推算法

因素关系推算法是根据社会经济现象的因果关系利用已知的因素资料估算未知的有关资料。例如“工业总产值=工人人数×工人劳动生产率”，已知该等式中的任意两个因素就可以推算出另一未知因素。

3. 比例关系推算法

比例关系推算法是根据已知的某一时期、某一地区或某一单位的某种指标与其相关指标的比例关系，推算另一时期、另一地区或另一单位的指标；或者根据总体组成部分的比例关系，推算总体资料。如某商业企业的流通费用率为7%，该商业企业的商品销售额为1 000万元，则该企业的流通费用额就是70万元（即1 000万元×7%）。

四、总量指标统计注意的问题

（一）明确规定每项指标的含义和范围

正确统计总量指标的首要问题就是要明确规定每项总量指标的含义和范围。例如要计算国内生产总值、工业增加值等总量指标，首先应弄清楚这些指标的含义、性质，才能据以确定统计范围、统计方法。

（二）注意现象的同质性

在计算实物指标的总量时，只有同质现象才能计算。同质性是由事物的性质或用途决定的。例如，可以把各种煤炭，如无烟煤、烟煤、褐煤等看作一类产品来计算它们的总量，但不能把煤炭与钢铁混合起来计算。

（三）正确确定每项指标的计量单位

具体核算总量指标时，究竟采用哪一种计量单位，要根据被研究现象的性质、特点以及统计研究的目的而定，同时要注意与国家统一规定的计量单位一致，以便于汇总并保证统计资料的准确性。

任务二 相对指标分析

任务导入

要分析一种社会经济现象，仅仅利用总量指标是远远不够的。如果要对事物做深入的了解，就需要对总体的组成和其各部分之间的数量关系进行分析、比较，这就必须计算相对指标，如表4-2-1所示。

表4-2-1　我国近几次人口普查男女数据资料

单位：万人

普查年份	全国人口		
	总计	男	女
1990	113 368	58 495	54 873
2000	126 583	65 355	61 228
2010	133 972	68 685	65 287
2020	141 178	72 334	68 844

上述资料中，有哪些可能计算的相对指标，并分析属于哪类相对指标。

一、相对指标的含义及作用

（一）相对指标的含义

相对指标又称“相对数”，是用两个有联系的指标进行对比的比值来反映社会经济现象数量特征和数量关系的综合指标，其数值有两种表现形式：无名数和复名数。无名数是一种抽象化的数值，多以系数、倍数、成数、百分数或千分数表示。复名数主要用来表示强度的相对指标，以表明事物的密度、强度和普遍程度等。例如，人均粮食产量用“千克/人”表示，人口密度用“人/平方千米”表示等。

（二）相对指标的作用

（1）相对指标通过数量之间的对比，可以表明事物的相关程度、发展程度，它可以弥补总量指标的不足，使人们清楚了解现象的相对水平和普遍程度。如图4-2-1所示，通过我国2018—2022年国内生产总值及其增长速度，更能了解这段时间内我国经济发展水平动态变化情况。

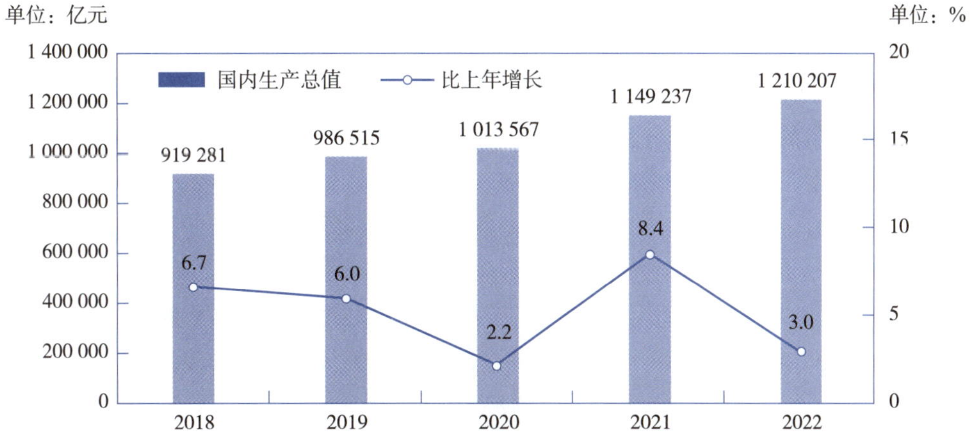

图4-2-1　2018—2022年国内生产总值及其增长速度

（资料来源：国家统计局　http://www.stats.gov.cn）

（2）把现象的绝对差异抽象化，使原来无法直接对比的指标变为可比。不同的企业由于生产规模条件不同，直接用总产值、利润比较评价意义不大，但如果采用一些相对指标，如资金利润率、资金产值率等进行比较，便可对企业生产经营成果做出合理评价。

（3）说明总体内在的结构特征，为深入分析事物的性质提供依据。例如计算一个地区的第一、二、三产业的比例，可以说明该地区的社会经济现代化程度等。

二、相对指标的种类

随着统计分析目的的不同，两个相互联系的指标数值对比，可以采取不同的比较标准（即对比的基础），而对比所起的作用也有所不同，从而形成不同的相对指标。相对指标一般有六种形式，即计划完成程度相对指标、结构相对指标、比例相对指标、比较相对指标、强度相对指标和动态相对指标。

（一）计划完成程度相对指标

1. 概念

计划完成程度相对指标是社会经济现象在某时期内实际完成数值与计划任务数值对比的结果，一般用百分数来表示，用来检查、监督计划的执行情况。

2. 计算公式

$$\text{计划完成程度相对指标}=\frac{\text{实际完成数}}{\text{计划任务数}}\times 100\%$$

由于所下达或自行制订的计划任务数可以是绝对数，也可以是相对数或平均数，因此，计划完成情况相对指标在计算形式上有所不同。

（1）计划数为绝对数时，计划完成情况相对指标的计算公式为：

$$\text{计划完成程度相对指标}=\frac{\text{实际完成数}}{\text{计划任务数}}\times 100\%$$

【例4-2-1】 光明超市2022年第一季度计划销售总额为200万元，实际情况是第一季度销售总额为220万元，则该超市2022年第一季度销售总额的计划完成程度是多少?

【解】

$$\text{计划完成程度}=\frac{220}{200}\times 100\%=110\%$$

（2）计划数为相对数时，计算计划完成情况相对指标就需要用实际完成百分数与计划规定百分数对比求得，其计算公式为：

$$\text{计划完成程度相对指标}=\frac{\text{实际完成百分数}}{\text{计划规定百分数}}\times 100\%$$

【例4-2-2】 光明超市2022年计划规定产品销售额比2021年提高10%，实际执行结果是产品销售额比2021年提高了15%。求该企业产品销售额的计划完成程度。

【解】

$$\text{计划完成程度相对指标}=\frac{1+15\%}{1+10\%}=104.55\%$$

上述结果表明，该超市2022年实际产品销售额比计划提高了4.55%，超额完成了计划。

重要提示

实际完成百分数和计划规定百分数的计算，一定要加上原来的基数。

（3）计划数为平均数时，计划完成情况相对指标的计算公式为：

$$计划完成程度相对指标=\frac{实际完成数}{计划任务数}\times 100\%$$

【例4-2-3】 某企业的劳动生产率计划达到8 000元/人，某种产品的计划单位成本为100元，该企业实际的劳动生产率达到9 200元/人，该产品的实际单位成本为90元，其劳动生产率和单位成本的计划完成程度相对指标分别是多少？

【解】

$$劳动生产率的计划完成程度相对指标=\frac{9\ 200}{8\ 000}\times 100\%=115\%$$

$$单位成本的计划完成程度相对指标=\frac{90}{100}\times 100\%=90\%$$

重要提示

在评价计划完成程度时，首先要判断指标的性质，对于收入、成果类指标，如产品产量、商品销售额、财政收入等，计划完成相对指标大于100%表示超额完成计划任务，计划完成相对指标小于100%表示没有完成计划任务；而对于成本、消耗类指标，如产品生产成本、商品通用费用额等，计划完成相对指标小于100%表示超额完成任务，计划完成相对指标大于100%表示没有完成任务。

3. 长期计划完成情况的检查

根据计划指标制定的方法不同，可分别用水平法和累计法检查长期计划完成情况。

（1）水平法。在长期计划中，只规定计划期最末一年应达到的水平，如国内生产总值、社会商品零售总额、粮食总产量等计划指标。采用水平法检查长期计划完成情况的计算公式为：

$$长期计划完成程度相对指标=\frac{长期计划末期实际达到水平}{长期计划规定的计划末期水平}\times 100\%$$

（2）累计法。指在长期计划中，规定整个计划期内累计应达到的水平，如固定资产投资、造林面积、地质勘探工作量等计划。采用累计法检查长期计划完成情况的计算公式为：

$$长期计划完成程度相对指标=\frac{长期计划期间内实际完成累计数}{长期计划规定的累计数}\times 100\%$$

【例4-2-4】 假定某产品按5年计划规定，最末一年产量应达到50万吨，累计到第五年应达到200万吨，实际产量如表4-2-2所示。试用水平法和累计法分别计算其计划完成情况如何？

表4-2-2 某产品5年实际产量表

时间	第一年	第二年	第三年		第四年				第五年			
			上	下	一	二	三	四	一	二	三	四
产量	44	45	22	24	11	12	12.5	13	13.5	12.5	12.5	13

【解】

（1）水平法：

$$长期计划完成程度相对指标=\frac{13.5+12.5+12.5+13}{50}\times 100\%=\frac{51.5}{50}=103\%$$

该计算结果表明，该产品超额3%完成了计划。

（2）累计法：

$$长期计划完成程度相对指标=\frac{44+45+22+24+11+12+12.5+13+13.5+12.5+12.5+13}{200}\times 100\%$$

$$=\frac{235}{200}\times 100\%=117.5\%$$

该计算结果表明，该产品超额17.5%完成了计划。

4. 计划执行进度

对于长期计划的完成情况，需要考虑的不只是整个时期计划的完成情况，有时也要考虑整个时期中包含的若干时间段计划的完成情况，以便随时调整生产计划，尽可能完成计划。因此对长期计划的执行情况进行考核是必要的。

$$计划执行进度=\frac{计划期期初至某时间止累计完成数}{整个计划期计划任务数}\times 100\%$$

【例4-2-5】 光明超市2023年计划完成商品销售额1 500万元，1~5月份累计实际完成850万元，则1~5月的计划执行进度是多少？

【解】

$$计划执行进度=\frac{850}{1\ 500}\times 100\%\approx 56.67\%$$

（二）结构相对指标

研究社会经济现象总体时，不仅要掌握其总量，而且要揭示总体内部的组成数量表现，即要对总体内部的结构进行数量分析，这就需要计算结构相对指标。

结构相对指标就是在分组的基础上，以各组（或部分）的单位数与总体单位总数对比，或以各组（或部分）的标志总量与总体的标志总量对比求得的比重，借以反映总体内部结构的一种综合指标。一般用百分数、成数或系数表示，可以用公式表述如下：

$$结构相对数=\frac{总体某部分或组的数值}{总体全部数值}\times 100\%$$

概括地说，结构相对数就是部分与全体对比得出的比重或比率。由于对比的基础是同一总体的总数值，所以各部分（或组）所占比重之和应当等于100%或1，如图4-2-2所示，就是用结构相对数反映2022年全国居民人均消费支出构成情况。

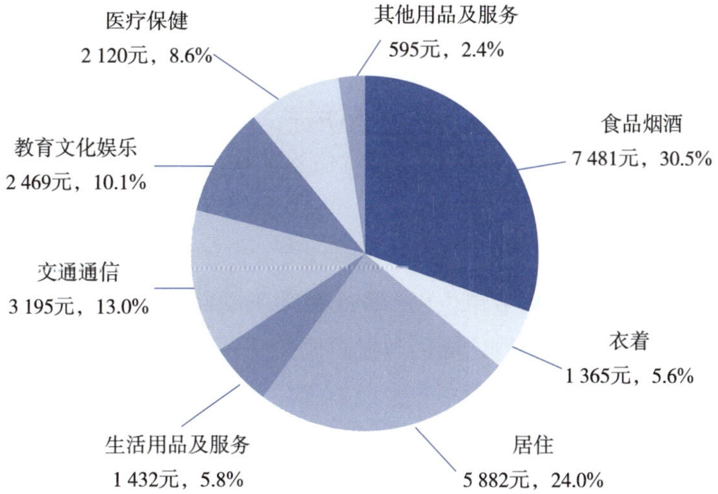

图4-2-2　2022年全国居民人均消费支出构成情况

（资料来源：国家统计局　http://www.stats.gov.cn）

（三）比例相对指标

比例相对指标是总体内部不同部分数量对比的相对指标，用以分析总体范围内各个局部、各个分组之间的比例关系和协调平衡状态。它是同一总体中某一部分数值与另一部分数值静态对比的结果，其计算公式如下：

$$比例相对指标=\frac{总体中某一部分数值}{总体中另一部分数值}\times 100\%$$

比例相对指标计算结果通常以百分比来表示，还有以比较基数单位为1、100、1 000时被比较单位数是多少的形式来表示，如表4-2-3所示。

表4-2-3　2020年人口性别构成情况

人口性别构成	年末数/万人	比重/%
男性	72 334	51.2
女性	68 844	48.8
合计	141 178	100.0

（资料来源：国家统计局　http://www.stats.gov.cn）

根据上面资料，

$$我国2020年男女比例相对指标=\frac{72\ 334}{68\ 844}\times 100\%\approx 105\%$$

（四）比较相对指标

比较相对指标就是将不同地区、单位或企业之间的同类指标数值作静态对比而得出的综合指标，表明同类事物在不同空间条件下的差异程度或相对状态。比较相对指标可以用百分数、倍数和系数表示。计算公式可以概括如下：

$$比较相对指标=\frac{某空间范围指标数值}{另一空间范围指标数值}\times 100\%$$

如2023年第一季度，甲企业的销售额为120万元，乙企业的销售额为100万元，则甲企业的销售额是乙企业的1.2倍，乙企业的销售额是甲企业的83.33%，这说明甲企业的销售额高于乙企业。

（五）强度相对指标

强度相对指标是在同一地区或单位内，两个性质不同而有一定联系的总量指标数值对比得出的相对数，用来分析不同事物之间的数量对比关系，表明现象的强度、密度和普遍程度的综合指标，其计算公式可以概括为：

$$强度相对指标=\frac{某一总量指标数值}{另一个有联系而性质不同的总量指标数值}$$

【例4-2-6】 我国2022年度国内生产总值1 210 207亿元，全年粮食产量68 653万吨，全国人口141 175万人，则人均国内生产总值、人均粮食产量是多少？

【解】

$$人均国内生产总值=\frac{121\ 020\ 700\ 000\ 000}{1\ 411\ 750\ 000}\approx 85\ 723.8（元/人）$$

$$人均粮食产量=\frac{686\ 530\ 000}{1\ 411\ 750\ 000}\approx 0.49（吨/人）$$

重要提示

强度相对数的数值表示有两种方法：一是，一般用复名数表示，如“人/平方千米”“部/百人”；二是，少数用百分数或千分数表示，如流通费用率用百分数表示，产值利润率、人口自然增长率则用千分数表示。

强度相对数是两个有联系的不同事物的总量指标数值的对比，因此，分子与分母可以互换，这就产生了有些强度相对数有正指标和逆指标两种，如

$$某地商业网点密度（正指标）=\frac{某地零售商业机构数}{某地人口数}（个/千人）$$

$$某地商业网点密度（逆指标）=\frac{某地人口数}{某地零售商业机构数}（千人/个）$$

正指标的数值越大，表示零售商业网点密度越大；逆指标的数值越大，表示零售商业网点密度越小。前者是从正方向说明现象的密度，后者是从反方向说明现象的密度。

（六）动态相对指标

动态相对指标就是将同一现象在不同时期的两个数值进行动态对比而得出的相对数，借以表明现象在时间上发展变动的程度。通常以百分数（%）或倍数表示，也称为发展速度，其计算公式如下：

$$动态相对指标=\frac{报告期指标数值}{基期指标数值}\times 100\%$$

【例4-2-7】某连锁超市2023年第一季度销售总额为220万元，2022年第一季度销售总额为200万元，则动态相对指标是多少？

【解】

$$动态相对指标=\frac{220}{200}\times 100\%=110\%$$

该结果表明，该超市第一季度销售总额2023年与2022年相比的发展速度为110%，销售总额增长了10%。

知识拓展

各种相对指标综合运用

在实际应用中，有时各种指标要综合运用才能说明事物的本质。例如，要检查某个企业的生产发展情况，除了要计算计划完成相对指标，用来评价该企业的计划完成情况外，还需要将本期的实际水平同前一时期的实际水平加以对比，以分析企业的生产发展状况，同时，还应考察企业内部的各种比例关系，以保证生产能够稳定协调地发展。另外，还可以将企业生产的实际水平与同行业的平均水平或先进水平相对比，考察本企业在同行业中所处的位置等。总之，只有把各种相对指标结合起来运用，才能对客观事物做出全面、客观、综合的评价。

任务三　平均指标分析

任务导入

在研究目的、研究对象相同的条件下，采用不同的平均数的计算方法，所得出的结果各异，代表性程度和本质意义也不相同，如表4-3-1所示。

表4-3-1　2023年某社区工人年收入增加情况的资料

年收入增加额/千元	人数/人
0	3 000
1	2 100

续表

年收入增加额/千元	人数/人
2	1 800
3	1 100
4	1 000
5	800
100	200
合计	10 000

根据以上资料，如果用算术平均数、众数、中位数分别分析工人年收入的增加情况，结果会是怎样呢？

一、平均指标的含义及作用

（一）平均指标的含义

平均指标是同类社会经济现象总体内各单位某一数量标志在一定时间、地点和条件下所达到的一般水平，其数值表现为平均数，所以平均指标也称为平均数。平均指标是社会经济统计中常用的综合指标之一，它的显著特点主要有以下几个。

（1）平均指标是一个代表值，代表现象数量方面的一般水平。

（2）平均指标将总体单位之间的数量差异抽象了。

（3）平均指标反映了总体分布的集中趋势。

（二）平均指标的作用

平均指标由于能综合反映所研究对象在具体条件下的一般水平，因此，在统计研究中，在各项经济管理和分析中被广泛应用，其作用概括起来主要有以下几个。

（1）平均指标可以作为判断事物的一种标准或参考。

（2）通过对比某一现象在不同时间下的平均指标，揭示现象发展变化的趋势和规律。

（3）通过平均指标来分析现象间的依存关系。

（4）利用平均指标可以进行推算和估计。在统计抽样中，往往通过计算样本平均数来推断或估计总体平均数。

思政微议

如何理性看待人均国内生产总值

党的十九届五中全会确定，我国2035年远景目标中，人均国内生产总值（GDP）达到中等发达国家水平，是唯一一个相对比较明确的数量化发展指标，科学认识这一发展目标的内涵和要求，对于到2035年基本实现社会主义现代化远景目标具有重要意义。

人均国内（地区）生产总值指一个国家（地区）一定时期内按常住人口平均的国内（地

区）生产总值，也称作“人均GDP”。人均GDP虽然不能直接等同于居民的人均收入和生活水平，但构成了一国居民人均收入和生活水平的主要物质基础，是提高居民人均收入水平、生活水平的重要参照指标，人均GDP在某种程度上比GDP总量更能反映一国或一个地区的富裕程度和经济发展水平。2001年，中国人均GDP达到1 000美元。不到20年时间，中国人均GDP实现10倍增长。2023年2月28日，国家统计局发布《中华人民共和国2022年国民经济和社会发展统计公报》。初步核算，2022年人均国内生产总值85 698元，比2021年增长3.0%。

值得注意的是，在国内外知名的发展理论研究者中，即使最推崇人均GDP指标的人，也只是把人均GDP作为某种发展水平、状况的重要参照指标之一，并没有谁把人均GDP简单等同于一个国家的国际地位和国际影响力；更重要的是，我们要看到，中国学界内外在中国GDP总量超越日本后，主流意识都强调人均GDP的重要性，是一种必要的戒骄戒躁、理性清醒和自觉。

议一议

我们为什么要理性看待人均国内生产总值？

二、平均指标的种类

平均指标按计算和确定的方法不同，分为算术平均数、调和平均数、几何平均数、众数和中位数。前三种平均数是根据总体各单位的标志值计算得到的平均值，称作数值平均数。众数和中位数是根据标志值在分配数列中的位置确定的，称为位置平均数。

（一）数值平均数

1. 算术平均数

算术平均数也称均值，是最常用的平均指标。

$$算术平均数=\frac{总体标志总量}{总体单位总量}$$

在实际工作中，由于资料的不同，算术平均数有两种计算形式：简单算术平均数和加权算术平均数。

（1）简单算术平均数。简单算术平均数适用于未分组的统计资料，如果已知各单位标志值和总体单位数，可采用简单算术平均数方法计算。

$$\bar{x}=\frac{x_1+x_2+\cdots x_n}{n}=\frac{1}{n}\sum_{i=1}^{n}x_i=\frac{\sum x}{n}$$

式中，　$\bar{x}$——算术平均数；

$x_1+x_2+\cdots x_n$——各单位变量值；

n——总体单位数。

【例4-3-1】 某班10名同学的成绩分别为：58、65、72、55、89、95、85、78、90、88，则这10名同学的平均成绩是多少？

【解】

$$\bar{x}=\frac{\sum x}{n}=\frac{58+65+\cdots+90+88}{10}=77.5$$

（2）加权算术平均数。加权算术平均数适用于分组的统计资料，如果已知各组的变量值和变量值出现的次数，则可采用加权算术平均数计算。

$$\bar{x}=\frac{x_1f_1+x_2f_2+\cdots+x_nf_n}{f_1+f_2+\cdots f_n}=\frac{\sum xf}{\sum f}$$

式中，f——次数，也称频数；

$\sum xf$——总体标志总量；

$\sum f$——总体单位总量，也称总权数。

【例4-3-2】 某班50个学生按成绩分组如表4-3-2所示。

表4-3-2　某班学生成绩分组表

按考分分组/分	人数/f_i
60以下	5
60 ~ 70	10
70 ~ 80	20
80 ~ 90	10
90以上	5
合计	50

试计算该班学生的平均成绩是多少？

【解】

计算过程如表4-3-3所示。

表4-3-3　某班学生成绩分组计算表

按考分分组/分	人数/f_i	组中值/x_i	x_if_i
60以下	5	55	275
60 ~ 70	10	65	650
70 ~ 80	20	75	1 500
80 ~ 90	10	85	850
90以上	5	95	475
合计	50	—	3 750

$$\bar{x}=\frac{\sum xf}{\sum f}=\frac{3\ 750}{50}=75$$

加权算术平均数的大小受两个因素的影响：其一是受变量值大小的影响；其二是受各组次数占总次数比重的影响。在计算平均数时，由于出现次数多的标志值对平均数影响大些，出现次数少的标志值对平均数的影响小些，因此就把次数称为权数。在分组数列的条件下，当各组标志值出现的次数或各组次数所占比重均相等时，权数就失去了权衡轻重的作用，这时用加权算术平均数计算的结果与用简单算术平均数计算的结果相同。

值得注意的是，权数既可以用绝对数（f）来表示，也可以用各组单位数（f）占总体单位数（$\sum f$）的比重来表示，其计算结果一致，即

$$\bar{x}=\frac{\sum xf}{\sum f}=\sum x\frac{f}{\sum f}=x_1\frac{f_1}{\sum f}+x_2\frac{f_2}{\sum f}+x_3\frac{f_3}{\sum f}+\cdots+x_n\frac{f_n}{\sum f}$$

练一练

以表4-3-3所给的资料为例，以权数为相对数（$\frac{f}{\sum f}$），计算该班学生的平均成绩。

2. 调和平均数

调和平均数是总体各单位标志值倒数的算术平均数的倒数，又称为倒数平均数，有简单调和平均数和加权调和平均数。

（1）简单调和平均数。

$$\bar{x}_H=\frac{n}{\frac{1}{x_1}+\frac{1}{x_2}+\cdots+\frac{1}{x_n}}=\frac{n}{\sum\frac{1}{x}}$$

式中，$\bar{x}_H$——调和平均数；

n——样本单位数；

x_i——各样本观察值（i=1，2，…，n）。

【例4-3-3】 某市场有4种苹果，单价分别为2.5元/斤，4元/斤，5元/斤，10元/斤。若某人想4种苹果各买1斤，则购得的苹果平均每斤是多少钱？

【解】

$$\bar{x}_H=\frac{n}{\frac{1}{x_1}+\frac{1}{x_2}+\cdots+\frac{1}{x_n}}=\frac{4}{\frac{1}{2.5}+\frac{1}{4}+\frac{1}{5}+\frac{1}{10}}\approx 4.21\text{（元/斤）}$$

（2）加权调和平均数。加权调和平均数是各个标志值倒数的加权算术平均数的倒数。它实际上是加权算术平均数的变形。

$$\bar{x}_H=\frac{m_1+m_2+\cdots m_n}{\frac{1}{x_1}m_1+\frac{1}{x_2}m_2+\cdots+\frac{1}{x_n}m_n}=\frac{\sum m}{\sum\frac{1}{x}m}$$

式中，m——总体各组标志总量；

x——总体各组标志值；

$\sum m$——总体标志总量；

$\sum\frac{1}{x}m$——总体单位总量。

【例4-3-4】 某超市门店进购水果：购买苹果用去420元，单价为4元/斤；购买香蕉用去225元，单价为5元/斤；购买车厘子用去320元，单价为16元/斤，则进购水果平均每斤多少钱?

【解】

$$\bar{x}_H = \frac{\sum m}{\sum \frac{1}{x} m} = \frac{420+225+320}{\frac{420}{4}+\frac{225}{5}+\frac{320}{16}} \approx 5.68（元/斤）$$

式中，m为销售金额，即权数，价格x为变量值，分子是销售总金额，即总体标志总量；分母为销售量之和，即总体单位总数，所以调和平均数仍然是以总体标志总量除以总体单位总量计算的，它在经济内容和计算结果上与算术平均数一致，只是由于计算时依据的资料不同。

重要提示

在社会经济统计中，经常会遇到当所掌握的资料中缺乏各组总体单位数资料，而只有各组某个标志值总和的资料时，则应用加权调和平均数。

3. 几何平均数

几何平均数是n个变量值乘积的n次方根。在统计中，几何平均数常用于计算平均速度和平均比率。几何平均数也有简单平均和加权平均两种形式。这个问题我们将在项目五统计指标的动态分析中具体讲解。

（二）位置平均数

1. 众数

众数是指总体中出现次数最多的标志值。众数也是一种位置平均数。在实际工作中往往可以代表现象的一般水平，如市场上某种商品大多数的成交价格，多数人的服装和鞋帽尺寸等都是众数，但只有在总体单位数多且有明显的集中趋势时才可计算众数。

（1）单项式数列的众数。单项式数列的众数的确定是比较容易的，通过观察找出出现次数最多的那个标志值即为众数，如表4-3-4所示。

表4-3-4　某班学生奖学金分组表

奖学金金额/（元/人）	人数/人
300	1
500	2
800	5
1 000	1
1 500	1
合计	10

通过观察，第三组出现的次数最多，那么该组标志值800就是众数。

（2）组距数列的众数。根据组距数列确定众数时，首先确定出现次数最多的众数所在组，然后再用比例插值法计算众数的近似值。

$$下限公式：M_0 = L + \frac{f_b}{f_a + f_b} \times i$$

$$上限公式：M_0 = U - \frac{f_b}{f_a + f_b} \times i$$

式中，L——众数所在组的精确下限；

U——众数所在组的精确上限；

f_a——与众数组下限相邻的频数；

f_b——与众数组上限相邻的频数；

i——组距。

【例4-3-5】 某班40名学生某次成绩分布如表4-3-5所示。

表4-3-5　某班学生成绩分布情况

成绩/分	人数/人
50～60	1
60～70	7
70～80	18
80～90	12
90～100	2
合计	40

试计算该班40名学生成绩的众数。

【解】

从表中可以直接看出，70～80组人数最多，为18人，因此该组最有可能是众数组。

$$M_0 = L + \frac{f_b}{f_a + f_b} \times i = 70 + \frac{18-7}{(18-7)+(18-12)} \times (80-70) \approx 76.47$$

$$M_0 = U - \frac{f_b}{f_a + f_b} \times i = 80 - \frac{6}{11+6} \times 10 \approx 76.47$$

从计算结果可以看出，下限公式和上限公式的计算结果是一致的，实际统计工作中，用哪一个公式都可以。

2. 中位数

将总体各单位的标志按大小顺序排列，处于中间位置的标志值就是中位数。由于中位数是位置平均数，不受极端值的影响，在总体标志值差异很大的情况下，中位数具有很强的代表性。

（1）未分组资料的中位数。确定未分组资料的中位数相对来说较为容易，首先将所有标志值按大小顺序排列，处于中间位置的标准值（变量值）就是中位数。具体做法是先算出中位数位置，然后找出中位数位置所对应的变量值，这个变量值就是中位数。

$$中位数位置=\frac{n+1}{2}$$

如果n是奇数，则$\frac{n+1}{2}$项的标准值为中位数；如果n是偶数，则居中间的两个变量值的算术平均数为中位数。

【例4-3-6】 某公司有5名工人的工资额分别为3 800元、3 880元、3 970元、4 190元、4 198元，求中位数。

【解】

中点位置为$\frac{5+1}{2}$=3，即中位数为第三个工人的工资额3 970元。

（2）已分组资料的中位数。已分组资料有单项式数列和组距式数列两种，它们的中位数确定方法各异。

①单项式数列的中位数。

确定单项式数列的中位数，首先用公式$\frac{n+1}{2}$确定中位数位置，然后计算各组累计次数并确定中位数位置及中位数。

【例4-3-7】 某班学生奖学金金额统计情况如表4-3-6所示，求这个班级奖学金金额的中位数。

表4-3-6 某班学生奖学金金额统计情况

奖学金金额/（元/人）	人数/人	人数累计	
		向上累计	向下累计
300	1	1	10
500	2	3	9
800	5	8	7
1 000	1	9	2
1 500	1	10	1
合计	10	—	—

【解】

因为n为偶数，则中点位置为（n+1）/2=（10+1）/2=5.5，即中位数的位置在第5个、第6个学生之间，通过累计次数可以看出，第5位和第6位均在第三组，所以中位数为800元。

②组距式数列的中位数。

组距式数列与单项式数列中位数组的确定方法完全相同。不同的是，确定出组距式数列中位数组以后，需要运用中位数的上限公式或下限公式进行近似计算。

下限公式：$$M_e = L + \frac{\frac{\sum f}{2} - s_{m-1}}{f_m} \times d$$

上限公式：$$M_e = U - \frac{\frac{\sum f}{2} - s_{m+1}}{f_m} \times d$$

式中，M_e——中位数；

L——中位数的下限；

U——中位数的上限；

f_m——中位数的次数；

s_{m-1}——中位数组以前各组的累计次数；

s_{m+1}——中位数组以后各组的累计次数；

$\sum f$——总次数；

d——中位数组的组距。

【例4-3-8】 某班40名学生某次统计学成绩分布如表4-3-7所示，求该班统计学成绩的中位数。

表4-3-7　某班40名学生某次统计学成绩分布

成绩/分	人数/人	向上累计人数	向下累计人数
50～60	1	1	40
60～70	7	8	39
70～80	18	26	32
80～90	12	38	14
90～100	2	40	2
合计	40	—	—

【解】

由表中资料可得

中点位置为$\frac{n+1}{2} = \frac{40+1}{2} = 20.5$

因为n为偶数，中位数位置应该在第20个人、第21个人之间，由向上累计次数可以看出，前两组累计人数为8人，而前三组累计人数为26人，所以中位数肯定在第三组，也就是说第三组为中位数组。

运用下限公式计算：$M_e = 70 + \frac{\frac{40}{2} - 8}{18} \times (80-70) \approx 76.67$（分）

运用上限公式计算：$M_e=80-\dfrac{\dfrac{40}{2}-14}{18}\times(80-70)\approx 76.67$（分）

重要提示

平均数、中位数和众数都是用来衡量数据的集中趋势的方法。平均数是对所有数据的总体情况进行描述，中位数是描述数据位置分布的情况，众数则是描述数据中出现次数最多的值。在实际应用中，应当根据数据的特点和要求选择适合的衡量方法，同时也可以将平均数、中位数和众数结合使用，从而更全面地描述数据。

任务四 标志变异指标分析

任务导入

现实生活中，如果一位老师同时教授两个班的统计学课程，假设两个班的平均分数都是80分，你能说这两个班的统计学课程的整体学习成绩一样好吗？

一、标志变异指标的含义及作用

（一）标志变异指标的含义

标志变异指标又称标志变动度，是综合反映总体各单位标志值之间差异程度的一种统计指标。标志变异指标与平均指标是一个问题的两个方面，是相辅相成的。平均指标将总体各单位标志值之间的差异抽象化，反映了这些标志值的一般水平，说明了变量数列中变量值的集中点或集中趋势；而标志变异指标可以反映变量值的离散趋势，说明总体各单位标志值之间的差异大小或变异程度。

（二）标志变异指标的作用

1. 可以说明平均数的代表程度

平均数是数据分布中心和一般水平的代表值，其代表性强弱取决于变量的变异程度大小。数据分布越分散、离散程度越大，平均数的代表性就越差；反之，数据分布越集中、离散程度越小，平均数的代表性就越好。

2. 可以测定现象变动的均衡性和稳定性

数据之间差异越大，说明变量的稳定性或均衡性越差；反之，数据之间的差异越小，说明变量的稳定性或均衡性越好。在社会经济活动分析中，不仅经常需要从静态上分析不同个体之间的数量差异是否过大，而且还要从动态上研究现象变化过程是否稳定、波动是否剧烈。

二、标志变异指标的种类及计算

（一）全距

全距又称为极差，是总体单位中变量的最大值与最小值之差，一般用R表示。

$$全距（R）=标志最大值-标志最小值$$

【例4-4-1】 有两个学习小组的统计学原理成绩分别如下：

甲组：65　72　80　90　95

乙组：78　79　80　81　82

试求这两组的全距。

【解】

$$R_{甲}=95-65=30（分）$$

$$R_{乙}=82-78=4（分）$$

说明甲组的波动趋势远大于乙组的波动趋势。

重要提示

全距计算方便，也易于理解。在工业生产过程中，全距常被用来检查产品质量的稳定性和进行质量控制。利用全距指标可以及时发现生产中存在的问题，采取相应措施，保证产品的质量。

但全距这个指标很粗略，它只考虑数列两端的数值差异，而不管中间数值的差异情况，测定的结果往往不能充分反映现象的实际离散程度。

（二）平均差

平均差是总体各单位的标志值与其平均数的离差绝对值的算术平均数。它能反映总体各单位标志值的变动程度，其计算有两种形式：简单平均差和加权平均差。

1. 简单平均差

$$A.D=\frac{\sum|x-\bar{x}|}{n}$$

【例4-4-2】 某班有20名学生，分成两组，同时该班统计学的期中测验成绩如表4-4-1所示，已知该班该门课程平均分数为80分，求平均差。

表4-4-1　某班学生统计学成绩情况

甲组		乙组	
成绩（x）	$\lvert x-\bar{x}\rvert$	成绩（x）	$\lvert x-\bar{x}\rvert$
68	12	60	20
70	10	62	18
72	8	63	17

续表

甲组		乙组	
成绩（x）	$\|x-\bar{x}\|$	成绩（x）	$\|x-\bar{x}\|$
76	4	65	15
80	0	76	4
82	2	88	8
85	5	95	15
88	8	96	16
89	9	97	17
90	10	98	18
合计	68	合计	148

【解】

$$甲组：A.D=\frac{\sum|x-\bar{x}|}{n}=\frac{68}{10}=6.8$$

$$乙组：A.D=\frac{\sum|x-\bar{x}|}{n}=\frac{148}{10}=14.8$$

乙组的平均差明显大于甲组的平均差，说明甲组平均成绩的代表性要大于乙组平均成绩的代表性。

2. 加权平均差

$$A.D=\frac{\sum|x-\bar{x}|f}{\sum f}$$

【例4-4-3】 A企业50个工人的日产量如表4-4-2所示，求其平均差。

表4-4-2 A企业工人日产量情况

日产量分组/件	组中值x	人数f	xf	$\|x-\bar{x}\|$	$\|x-\bar{x}\|f$
20～30	25	5	125	19	95
30～40	35	10	350	9	90
40～50	45	20	900	1	20
50～60	55	15	825	11	165
合计	—	50	2 200	—	370

【解】

$$\bar{x}=\frac{\sum xf}{\sum f}=\frac{2\,200}{50}=44（件）$$

$$A.D=\frac{\sum|x-\overline{x}|f}{\sum f}=\frac{370}{50}=7.4\text{（件）}$$

议一议

你能说说在计算平均差时，其公式中的分子为何要采用绝对值的形式吗？

重要提示

平均差是根据全部变量值计算出来的，所以对整个变量值的离散趋势有较充分的代表性。但平均差的计算由于采用取离差绝对值的方法来消除正负离差，因而不适合代数方法的演算，从而使其应用受到限制。

（三）标准差

标准差是总体各单位标志值与平均数离差平方的算术平均数的平方根。它是最常用、最重要的标志变异指标，是反映标志变动度最合理的指标。

1. 简单标准差

$$\sigma=\sqrt{\frac{\sum(x-\overline{x})^2}{n}}$$

【例4-4-4】 根据【例4-4-2】的资料，编制甲、乙组学生成绩标准差计算表（表4-4-3），并比较平均成绩的代表性。

表4-4-3　甲、乙组学生成绩情况

甲组			乙组		
成绩（x）	离差$x-\overline{x}$	离差平方（$x-\overline{x}$）^{2}	成绩（x）	离差$x-\overline{x}$	离差平方（$x-\overline{x}$）^{2}
68	−12	144	60	−20	400
70	−10	100	62	−18	324
72	−8	64	63	−17	289
76	−4	16	65	−15	225
80	0	0	76	−4	16
82	2	4	88	8	64
85	5	25	95	15	225
88	8	64	96	16	256
89	9	81	97	17	289
90	10	100	98	18	324
合计	0	598	合计	0	2 412

【解】

$$\sigma_{甲}=\sqrt{\frac{\sum(x-\bar{x})^2}{n}}=\sqrt{\frac{598}{10}}\approx 7.73$$

$$\sigma_{乙}=\sqrt{\frac{\sum(x-\bar{x})^2}{n}}=\sqrt{\frac{2\ 412}{10}}\approx 15.53$$

因为$\sigma_{甲}<\sigma_{乙}$，所以甲组的平均成绩的代表性比较好。

2. 加权标准差

$$\sigma=\sqrt{\frac{\sum(x-\bar{x})^2 f}{\sum f}}$$

【例4-4-5】 已知甲组工人的平均工资为767元，其标准差为22元，乙组工人的工资如表4-4-4所示，试比较两组工人平均工资的代表性。

表4-4-4 乙组工人工资情况表

按工资水平分组/元	组中值/元	工人人数/人	离差	离差平方	离差平方乘以次数
	x	f	$x-\bar{x}$	$(x-\bar{x})^2$	$(x-\bar{x})^2f$
500 ~ 600	550	2	−217	47 089	94 178
600 ~ 700	650	3	−117	13 689	41 067
700 ~ 800	750	5	−17	289	1 445
800 ~ 900	850	6	83	6 889	41 334
900以上	950	2	183	33 489	66 978
合计	—	18	—	101 445	245 002

【解】

$$\bar{x}_{乙}=\frac{\sum xf}{\sum f}=\frac{13\ 800}{18}\approx 767\text{（元）}$$

$$\sigma_{乙}=\sqrt{\frac{\sum(x-\bar{x})^2 f}{\sum f}}=\sqrt{\frac{245\ 002}{18}}\approx 116.7\text{（元）}$$

计算结果表明，在两组工人平均工资相等的情况下，乙组的标准差大于甲组的标准差，说明乙组工人平均工资的代表性较甲组差。

重要提示

标准差的实质与平均差基本相同，也是各个标志值对其算术平均数的平均离差，即平均距离。标准差与平均差只是在数学处理上的不同，平均差是利用绝对值来消除正负离差抵消，而标准差是利用先平方后开方的方式消除正负离差抵消。比较起来，标准差更适合代数运算，因此，它是标志变异指标中最常用的指标。

（四）离散系数

离散系数是指全距、平均差和标准差与其算术平均数的比值，分别称为极差系数、平均差系数和标准差系数，其中标准差系数是应用最广的一种。在对不同水平、不同计量单位的现象进行对比时，离散系数可以消除不同数列平均水平高低对标志变异度大小的影响，反映不同水平和不同性质的变量数列的变异程度，其计算公式为：

$$V_\sigma = \frac{\sigma}{\bar{x}} \times 100\%$$

【例4-4-6】 甲商店职工的平均工资为900元，标准差为20元；乙商店职工的平均工资为600元，标准差为18元，试比较哪个商店职工平均工资更有代表性。

【解】

$$V_{\sigma_甲} = \frac{\sigma}{\bar{x}} \times 100\% = \frac{20}{900} \times 100\% \approx 2.2\%$$

$$V_{\sigma_乙} = \frac{\sigma}{\bar{x}} \times 100\% = \frac{18}{600} \times 100\% = 3\%$$

因为$V_{\sigma_甲} < V_{\sigma_乙}$，所以，甲商店平均工资的代表性好于乙商店。

从以上分析可以看出，离散系数越大，说明平均数的代表性越差；相反，离散系数越小，说明平均数的代表性越好。

重要提示

在标志变异指标计算中，用全距、平均差、标准差衡量平均数代表性的大小，一般是在相同平均水平的数列或总体情况下；对具有不同平均水平的数列或总体进行比较时，要用离散系数。

任务五　运用 Excel 进行统计指标静态分析的计算

任务导入

本节通过Excel软件对未分组资料和分组资料中的指标进行静态分析，以帮助资料整理者从烦琐的计算中脱离出来。

一、对未分组资料计算各种静态指标

【例4-5-1】某超市2022年度的月销售额如表4-5-1所示。

表4-5-1 某超市2022年度的月销售额

月份	销售额/万元
1月	32
2月	28
3月	66
4月	85
5月	74
6月	80
7月	12
8月	16
9月	92
10月	66
11月	76
12月	56

请根据这一未分组资料计算各种静态指标。

具体操作过程：

第一步，启动Excel，建立一个工作簿Book1，将这些数据输入到工作表的单元格中，如图4-5-1所示。

	A	B	C	D	E	F	G
1	月份	销售额/万元					
2	1月	32					
3	2月	28					
4	3月	66					
5	4月	85					
6	5月	74					
7	6月	80					
8	7月	12					
9	8月	16					
10	9月	92					
11	10月	66					
12	11月	76					
13	12月	56					

图4-5-1 某超市2022年度的月销售额

第二步，在单元格C1:C11中，依次输入“静态指标”“算术平均数”“调和平均数”“几何平均数”“中位数”“众数”“全距”“平均差”“方差”“标准差”“变异系数”，如图4-5-2所示。

	A	B	C	D	E	F	G
1	月份	销售额/万元	静态指标				
2	1月	32	算术平均数				
3	2月	28	调和平均数				
4	3月	66	几何平均数				
5	4月	85	中位数				
6	5月	74	众数				
7	6月	80	全距				
8	7月	12	平均差				
9	8月	16	方差				
10	9月	92	标准差				
11	10月	66	变异系数				
12	11月	76					
13	12月	56					

图4-5-2　输入指标名称

第三步，根据Excel提供的公式，用函数计算各种分析指标。

算术平均数：在D2中输入“=AVERAGE（B2:B13）”，按回车后得到算术平均数为56.916 666 67。

调和平均数：在D3中输入“=HARMEAN（B2:B13）”，按回车后得到调和平均数为37.178 928 4。

几何平均数：在D4中输入“=GEOMEAN（B2:B13）”，按回车后得到几何平均数为47.947 827 3。

中位数：在D5中输入“=MEDIAN（B2:B13）”，按回车后得到中位数为66。

众数：在D6中输入“=MODE.SNGL（B2:B13）”，按回车后得到众数为66。

全距：在D7中输入“=MAX（B2:B13）-MIN（B2:B13）”，按回车后得到全距为80。

平均差：在D8中输入“=AVEDEV（B2:B13）”，按回车后得到平均差为23.430 555 56。

方差：在D9中输入“=VARPA（B2:B13）”，按回车后得到方差为710.243 055 6。

标准差：在D10中输入“=STDEVP（B2:B13）”，按回车后得到标准差为26.650 385 65。

变异系数：在D11中输入“=STDEVP（B2:B13）/AVERAGE（B2:B13）”，按回车后得到变异系数为0.468 235 18，如图4-5-3所示。

	A	B	C	D	E	F	G
1	月份	销售额/万元	静态指标				
2	1月	32	算术平均数	56.91667			
3	2月	28	调和平均数	37.17893			
4	3月	66	几何平均数	47.94783			
5	4月	85	中位数	66			
6	5月	74	众数	66			
7	6月	80	全距	80			
8	7月	12	平均差	23.43056			
9	8月	16	方差	710.2431			
10	9月	92	标准差	26.65039			
11	10月	66	变异系数	0.468235			
12	11月	76					
13	12月	56					

图4-5-3　某超市2022年度静态指标结果

二、对已分组资料计算各种静态指标

【例4-5-2】 某银行2月为100家企业贷款情况资料如表4-5-2所示。

表4-5-2　100家企业贷款情况

贷款额/万元	贷款企业数/个
0 ~ 10	5
10 ~ 20	15
20 ~ 30	57
30 ~ 40	20
40 ~ 50	3
合计	100

具体操作过程如下。

1. 算术平均数

计算平均每家企业贷款额的操作如下：

第一步，计算各组的组中值。这里不能使用填充柄功能，需要输入公式。如B2单元格，输入“=（0+10）/2”，回车确认，得出B2组中值，其他各组同样操作。

第二步，计算各组贷款额和总贷款额。单击D2单元格，输入“=B2*C2”，回车确认，再利用填充柄功能，用鼠标拖出其他各组的贷款额，并按“Σ”按钮进行合计，得到总贷款额2 510万元。

第三步，计算平均数。单击B8，输入“=D7/C7”，回车确认，即得到总平均数为25.1万元，如图4-5-4所示。

	A	B	C	D
1	贷款额/万元	组中值x	贷款企业数/个f	总贷款额/万元 xf
2	0~10	5	5	25
3	10~20	15	15	225
4	20~30	25	57	1425
5	30~40	35	20	700
6	40~50	45	3	135
7	合计	—	100	2510
8	平均数	25.1	—	—

图4-5-4　100家企业贷款平均数的计算

2. 标准差

对组距数列计算标准差，需要先采用公式输入结合填充柄的功能，计算出离差平方与次数乘积的总和，然后再利用SQRT函数计算标准差。

第一步，把图4-5-4另存为一个工作表，并命名为标准差，然后根据表中内容输入文字和公式即A1:H2单元格的内容，如图4-5-5所示。

第二步，在单元格D3、E3、F3、G3、H3中输入公式，各栏公式分别为：
D3 “=C3/$C$8”；E3 “=B3*D3”；F3 “=B3−$E$8”；G3 “=F3*F3”；H3 “=G3*D3”。
第三步，单元格D3、E3、F3、G3、H3分别利用填充柄功能拖至第7行算出各组的数据。
第四步，选中D8、E8、H8，按“Σ”按钮进行合计，得到贷款额的方差为66.99。
第五步，单击B9，输入“=SQRT（H8）”，回车确认，即得到贷款额的标准差为8.184 742万元。

	A	B	C	D	E	F	G	H
1	贷款额（万元）	组中值	贷款企业数（个）	企业数比重	平均贷款额	离差	离差平方	离差平方权数
2		x	f	$\frac{f}{\sum f}$	$x*\frac{f}{\sum f}$	$x-\bar{x}$	$(x-\bar{x})^2$	$(x-\bar{x})^2\frac{f}{\sum f}$
3	0~10	5	5	0.05	0.25	-20.1	404.01	20.2005
4	10~20	15	15	0.15	2.25	-10.1	102.01	15.3015
5	20~30	25	57	0.57	14.25	-0.1	0.01	0.0057
6	30~40	35	20	0.2	7	9.9	98.01	19.602
7	40~50	45	3	0.03	1.35	19.9	396.01	11.8803
8	合计		100	1	25.1			66.99
9	标准差	8.184742						

图4-5-5　100家企业贷款情况及标准差

• 思考与练习 •

一、单项选择题

1. 某企业计划规定本年产值比上年增长4%，实际增长6%，则该企业产值计划完成程度为（　　）。
   A．150%　　B．101.9%　　C．66.7%　　D．无法计算
2. 在出生婴儿中，男性占53%，女性占47%，这是（　　）。
   A．比例相对指标　　B．强度相对指标　　C．比较相对指标　　D．结构相对指标
3. 将粮食产量与人口数相比得到的人均粮食产量指标是（　　）。
   A．统计平均数　　B．结构相对数　　C．比较相对数　　D．强度相对数
4. 比较相对指标是（　　）。
   A．同类现象在不同空间上对比　　B．同类现象在不同时间上对比
   C．同一现象的部分与总体的对比　　D．有联系的不同现象的相互对比
5. 正确计算和应用相对指标的前提条件是（　　）。
   A．正确选择对比基础　　B．严格保持分子、分母的可比性
   C．相对指标应与总量指标结合应用　　D．分子、分母必须同类
6. 在加权算术平均数中，如果各个变量值都扩大3倍，而频数都减少为原来的三分之一，则平均数（　　）。
   A．不变　　B．减少了　　C．扩大3倍　　D．不能确定
7. 由组距数列确定众数时，如果众数组的两个邻组的次数相等，则（　　）。
   A．众数为0　　B．众数组的组中值就是众数
   C．众数组的上限就是众数　　D．众数组各单位变量值的平均数为众数

8. 平均指标中最常用的是（　　）。
A. 算术平均数　B. 调和平均数　C. 几何平均数　D. 位置平均数
9. 已知5个水果商店苹果的单价和销售额，要求计算这5个商店苹果的平均单价，应采用（　　）。
A. 简单算术平均法　B. 加权算术平均法
C. 加权调和平均法　D. 几何平均法
10. 由组距数列确定众数，如果众数组前一组和后一组次数相等，则众数值（　　）。
A. 偏向上限　B. 偏向下限　C. 为零　D. 等于组中值
11. 平均差与标准差的主要区别在于（　　）。
A. 计算条件不同　B. 指标意义不同
C. 数学处理方法不同　D. 计算结果不同
12. 若两总体平均水平不同，在比较它们的离散程度时，应采用（　　）。
A. 全距　B. 平均差　C. 标准差　D. 标准差系数
13. 某班学生50名，男女生各占一半，该班学生性别的方差为（　　）。
A. 0.25　B. 0.5　C. 1　D. 5
14. 各变量值与其算术平均数的离差平方和为（　　）。
A. 零　B. 最大值　C. 最小值　D. 平均值
15. 不能全面反映总体各单位标志值变异程度的标志变异指标是（　　）。
A. 全距　B. 平均差　C. 标准差　D. 标准差系数
16. 在标志变异指标中，能相对反映总体各单位标志值变异程度的指标是（　　）。
A. 平均差　B. 标准差　C. 全距　D. 离散系数
17. 甲、乙两生产小组人均月工资分别为420元和537元，其方差均为80元，则两小组人均工资的代表性（　　）。
A. 甲大于乙　B. 甲等于乙　C. 甲小于乙　D. 难以判断
18. 标志变异指标中最常用的是（　　）。
A. 全距　B. 平均差　C. 标准差　D. 离散系数
19. 标志变异指标中最容易受极端值影响的是（　　）。
A. 极差　B. 平均差　C. 标准差　D. 标准差系数
20. 平均差与标准差计算公式中的平均数是（　　）。
A. 算术平均数　B. 调和平均数　C. 几何平均数　D. 都可以

二、多项选择题

1. 下列指标中属于时期指标的有（　　）。
A. 全年出生人数　B. 国民生产总值
C. 粮食总产量　D. 商品销售额
E. 出勤人数
2. 下列指标中属于时点指标的有（　　）。

A．年末人口数　　B．钢材库存量
C．粮食产量　　D．工业总产值
E．经济增长率

3．总量指标的计量单位有（　　）。
A．货币单位　　B．劳动量单位
C．自然单位　　D．度量衡单位
E．标准实物单位

4．总量指标与相对指标的关系表现为（　　）。
A．总量指标是计算相对指标的基础
B．相对指标能补充总量指标的不足
C．相对指标可表明总量指标之间的关系
D．相对指标要与总量指标结合应用
E．总量指标和相对指标都是综合指标

5．相对指标中分子与分母可以互换位置的有（　　）。
A．计划完成程度相对指标　　B．结构相对指标
C．比较相对指标　　D．强度相对指标
E．动态相对指标

6．加权算术平均数的大小（　　）。
A．受各组变量值大小的影响　　B．受各组次数多少的影响
C．随变量值的增大而增大　　D．随变量值的减少而减少
E．与次数多少成反比关系

7．下列指标中属于平均指标的有（　　）。
A．全员劳动生产率　　B．工人劳动生产率
C．人均国民收入　　D．平均工资
E．居民家庭收入的中位数

8．易受极端值影响的平均指标有（　　）。
A．算术平均数　　B．调和平均数
C．几何平均数　　D．中位数
E．众数

9．众数和中位数（　　）。
A．都是位置平均数　　B．都不是平均数
C．都受极端值的影响　　D．都不受极端值的影响
E．都是代表值

10．能全面反映总体各单位标志值变异程度的指标有（　　）。
A．平均数　　B．全距
C．平均差　　D．标准差
E．标准差系数

三、判断题

1. 同一总体中时期指标数值的大小与时期长短有关，时点指标数值的大小与时点间隔长短没有直接关系。 （ ）
2. A、B、C三个企业产量计划完成程度分别为95%、100%、105%，则这三个企业产量计划平均完成程度为100%。 （ ）
3. 强度相对指标是由两个不同质的指标对比得到的，其计量单位用复名数表示。 （ ）
4. 如果两个总体的标准差相等，则它们的平均数的代表性也一定相同。 （ ）
5. 根据组距数列计算的算术平均数只是一个近似值。 （ ）
6. 当变量值的连乘积等于总比率或总速度时，宜用几何平均法计算平均数。（ ）
7. 当变量数列的单位数不多或单位数虽多但无明显集中趋势时，则不宜计算众数。 （ ）
8. 全国每平方千米有107人，属于平均指标。 （ ）
9. 平均差与标准差都表示各标志值对其算术平均数的平均离差。 （ ）
10. 直接用标准差比较两个平均数代表性大小的前提条件是两个被比较的平均数相等。 （ ）

四、计算题

1．某企业2022年A产品销售量为10 000台，计划规定2023年销售量增长4%，实际增长5%。

试计算：（1）2023年A产品销售量计划数和实际数；

（2）2023年A产品销售量计划完成情况相对指标。

2．甲地区2023年计划国民生产总值为4 120亿元，实际实现4 232亿元，年平均人口600万，2023年国民生产总值的第一、二、三产业情况如下表所示。

	计划数/亿元	实际数/亿元
国民生产总值	4 200	4 500
第一产业	1 200	1 280
第二产业	2 100	2 200
第三产业	900	1 020

又知甲地区2022年国民生产总值为3 800亿元，乙地区2023年实现国民生产总值5 500亿元。

要求：利用上述资料，计算所有可能的相对指标。

3．2023年某月份甲、乙两农贸市场某农产品价格和成交量、成交额资料如下表所示。

品种	价格/元/斤	甲市场成交额/万元	乙市场成交量/万斤
甲	1.2	1.2	2
乙	1.4	2.8	1
丙	1.5	1.5	1
合计	—	5.5	4

试问哪一个市场农产品的平均价格较高？并说明原因。

4. 某校某专业学生的体重资料如下表所示。

按体重分组/千克	学生人数/人
50以下	28
50 ~ 55	40
55 ~ 60	70
60 ~ 65	50
65以上	22
合计	210

试计算：学生体重的算术平均数、中位数、众数。

5. 某企业有甲、乙两个生产车间，甲车间平均每个工人日加工零件数为65件，标准差为11件；乙车间工人日加工零件数如下表所示。

日加工零件数/件	工人数/人
60以下	5
60 ~ 70	9
70 ~ 80	12
80 ~ 90	14
90 ~ 100	10

试计算乙车间工人加工零件的平均差和标准差，并比较甲、乙两车间哪个车间的日加工零件数更有代表性。

• 项目实训 •

1. 实训目的

（1）使学生进一步理解并掌握统计静态指标的编制方法。

（2）提高学生运用Excel进行统计静态指标的编制与分析水平。

（3）培养学生的团队合作精神。

2. 实训任务

随着零售业市场竞争的日益加剧，各零售商不断推出新的产品。为更清晰地了解各个新产品的销售情况，请你选定校内京创超市的五种新产品，进行为期一周的市场调查，利用Excel统计这五种产品平均每天的销售额，并比较哪种新产品销售额的平均数更具有代表性。

3. 实训要求

全班学生分组，组内同学合理进行任务分工。

4. 实训成果

每组同学将整个实训内容整理成实训报告，教师在课堂上对各组进行点评及成绩评定。

（资料来源：本项目实训由本校京创超市提供）

项目五 统计指标动态分析

学习目标

【知识目标】

- 掌握动态数列的概念、种类。
- 掌握动态数列发展水平、平均发展水平、增长量、平均增长量的计算方法。
- 掌握动态数列发展速度和平均发展速度各项指标的计算方法。
- 掌握动态数列长期趋势分析。

【能力目标】

- 认识动态分析在社会经济活动中的作用。
- 能够分析事物平均发展水平及增长情况。
- 能依据实际资料进行速度指标分析并进行计算。
- 能够分析动态数列的长期趋势。

【素质目标】

- 培养和提高学生的比较、推理和判断能力。
- 培养和提高学生的逻辑思维分析能力。
- 培养学生的团队合作精神。

【实例先导】

2023 年中国黄金首饰行业发展趋势

随着中国经济的不断发展，近年来中国人均GDP不断上升，居民人均可支配收入增加，人们的消费能力和生活水平显著提升。在我国当前双循环策略下，内需将继续成为消费需求和整体经济的增长动力。近年来乡村振兴政策渐见成效，我国居民的人均可支配收入不断提升，国内消费方式不断升级，消费者的消费额度增加，愿意购买价格更高的黄金首饰产品。根据国家局统计显示：2017—2022年中国人均GDP及居民人均可支配收入呈逐年上升趋势。2022年中国人均GDP达到8.57万元，同比增长5.83%。2022年中国居民人均可支配收入为3.69万元，同比增长5%，相较2017年增长了1.09万元。黄金首饰作为可选属性极强的消费品，其规模与人均可支配收入水平高度相关，未来随着我国居民人均收入水平提高，特别是中高收入人群规模扩大，传统黄金首饰行业的市场空间将继续稳步增长。

黄金首饰消费受居民购买力和消费意愿影响，因此面临经济波动和市场环境变化所

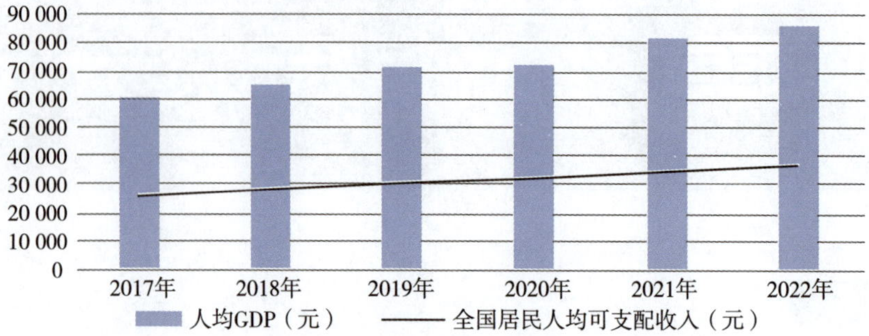

图5-1　2017—2022年中国人均GDP及居民人均可支配收入

带来的经营风险。近年来国际政治形势动荡，同时国际贸易摩擦和争端加剧，黄金等原材料价格成本上涨，给国内的黄金首饰消费带来诸多不确定性。根据统计数据显示，2014—2022年我国黄金首饰消费量呈上下波动走势。其中在2018年国内黄金首饰消费量达到峰值736.29吨，而在2020年由于经济受到冲击，全国黄金首饰消费量大幅下滑至490.58吨。2021年全国黄金首饰消费量达到711.29吨，同比增长44.99%。2022年由于受诸多因素影响，全国黄金首饰消费量下滑至654.32吨，同比减少8.01%，相较上年减少了近57吨。

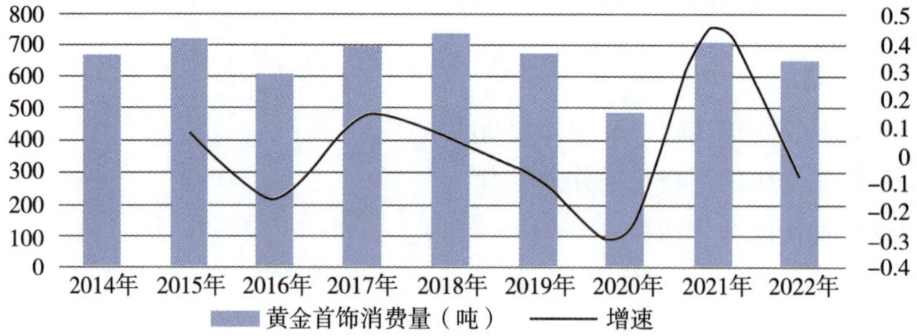

图5-2　2014—2022年中国黄金首饰消费量及增速

任务一　认识时间数列

任务导入

2015—2022年我国国内生产总值与增长率变动

根据核算，2022年我国实现国内生产总值1 210 207亿元，比上年同期增长60 970亿元，按不变价格计算，比上年增长3.0%，增速比2021年最终核实数据回落5.4个百分点，如表5-1-1所示。

表5-1-1　2015—2022年我国国内生产总值与增长率变动表

年份	2015	2016	2017	2018	2019	2020	2021	2022
国内生产总值/亿元	688 858	746 395	832 035	919 281	986 515	1 013 567	1 149 237	1 210 207
国内生产总值增长率/%	8.35%	11.47%	10.49%	7.31%	2.74%	13.39%	5.31%	—

（资料来源：国家统计局　http://www.stats.gov.cn）

请思考：

（1）上述材料中的数列是静态数列还是动态数列？什么是动态数列？

（2）材料中国内生产总值和国内生产总值增长率是同一种动态数列吗？动态数列有哪些分类？

一、动态数列的概念

时间数列，又称动态数列，它是将某一指标在不同时间上的不同数值，按照时间（如年、季、月）的顺序排列起来而形成的统计数列，如表5-1-2所示。

表5-1-2　某企业2016—2020年间某些指标的时间数列

年份	2016年	2017年	2018年	2019年	2020年
工业产值/万元	5 000	6 500	6 600	6 800	6 750
年末职工人数/人	300	320	340	350	345
产值计划完成程度/%	105	110	120	115	100
职工平均工资/元	4 000	4 500	4 600	5 000	4 800

可见，动态数列一般有两个构成要素：一是现象的所属时间，如表5-1-2中的2016年、2017年等；二是反映客观现象的各具体指标数值，如表5-1-2中各年的工业产值、年末职工人数、产值计划完成程度、职工平均工资。在动态数列中，指标数值也称发展水平。

在统计分析中，动态数列可以描述社会经济现象变化的全过程，为研究社会经济现象的发展速度和变化规律提供依据。如表5-1-2中工业产值指标，2016—2020年表现为逐年增长的趋势，这有助于分析过去和预测未来。可见，动态数列是观察分析现象发展变化的重要方法。

二、动态数列的种类

动态数列按其指标表现形式的不同，分为绝对数动态数列、相对数动态数列和平均数动态数列三种。其中，绝对数动态数列是基本的动态数列，相对数动态数列和平均数动态数列是在其基础上派生的。

（一）绝对数动态数列

绝对数动态数列又称为总量指标动态数列，是由一系列总量指标数值按时间先后顺序排列而成的统计数列。它反映了某种社会经济现象在各个时期达到的规模、水平及其发展变化情况。按其所反映现象的时间状况不同，绝对数动态数列又可分为时期数列和时点数列。

1. 时期数列

时期数列是反映各种社会经济现象在一段时期内发展过程总量的绝对数数列，如表5-1-2中所列的2016—2020某企业工业产值就是一个时期数列。时期数列有如下特点。

（1）数列中的每一项指标数值都是通过连续登记所得的。

（2）数列中每个指标数值大小与其包含时间的长短有直接关系，包含时期越长，指标数值越大。

（3）数列中各项指标数值可以直接相加，相加后反映更长一段时期的总量指标。

2. 时点数列

时点数列是指反映各种社会经济现象在一定时点（时刻）上的状况及其水平的绝对数动态数列。如表5-1-2中所列的年末职工人数就是时点数列。时点数列有如下特点。

（1）数列中的每一项指标数值，都是在某一时刻的特定状况下进行一次性登记取得的。

（2）数列指标的数值大小，与时点间隔的长短无直接关系。

（3）数列中各项指标不能相加，加总后的结果不具有实际意义。

思政微议

守住耕地红线，保住老百姓饭碗

耕地，是全世界人类赖以生存的根本资源，不论贫穷还是富裕，没有耕地，必然会危及每个人的生活。耕地红线是14亿中国人的粮食安全底线。2021年年末，中共中央政治局常委会会议专题研究“三农”工作。习近平总书记再次对耕地保护提出明确要求：18亿亩耕地必须实至名归，农田就是农田，而且必须是良田。这意味着，守住耕地红线，不仅数量上不能减少，质量上也不能搞“变通”。

据统计，1957年至1996年，我国耕地年均净减少超过600万亩；1996年至2008年，年均净减少超过1 000万亩；2009年至2019年，年均净减少超过1 100万亩。这一趋势反映在人均耕地面积上是，一调（第一次全国土地调查）为1.59亩、二调1.52亩、三调1.36亩。数据显示，2019年年末全国耕地为19.18亿亩，如果以这样的速度减少，10年后可能会突破18亿亩红线。图5-1-1为2012—2016年我国耕地面积变化情况。

可喜的是，2023年4月12日自然资源部召开例行新闻发布会，会上发布了《2022年中国自然资源统计公报》（以下简称《公报》），《公报》显示：以2022年12月31日为标准时点，中国全国耕地面积19.14亿亩，较上年年末净增加约130万亩，这也是继2021年全国耕地总量净增加以后第二年实现净增加。

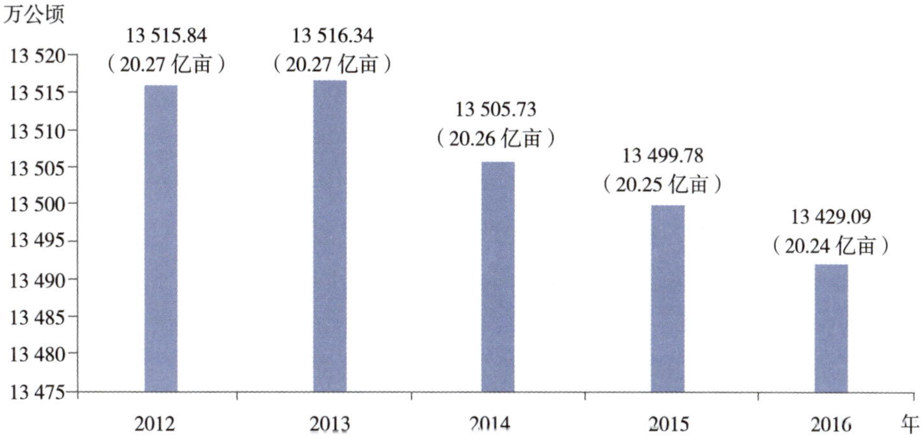

图5-1-1　2012—2016年我国耕地面积变化情况

（资料来源：中国经济网　http://www.ce.cn）

议一议

我们为什么要守住耕地红线？

（二）相对数动态数列

相对数动态数列是由一系列同类相对指标数值按时间先后顺序排列而成的统计数列。它反映社会经济现象之间的数量对比关系或说明现象的结果、速度发展变化过程。如表5-1-2中的产值计划完成程度就是相对数动态数列。

由于相对指标表现为两个绝对指标之比，而绝对指标又分为时期指标和时点指标，所以，相对数动态数列可通过两个时期数列对比、两个时点数列对比，一个时期数列和一个时点数列对比而进行编制。

（三）平均数动态数列

平均数动态数列又称为平均指标动态数列，是由一系列同类平均指标数值按时间先后顺序排列而成的统计数列。它反映某一社会经济现象一般水平的变化过程或发展趋势，如表5-1-2中的职工平均工资就是平均数动态数列。

平均数也表现为两个绝对指标之比，因此，平均数动态数列也可以由两个时期数列对比、两个时点数列对比，或一个时期数列和一个时点数列对比而进行编制。

三、动态数列的编制原则

动态数列显示现象的发展变化规律，各项指标均具有可比性。因此，编制动态数列应遵循的基本原则是保证数列中各个指标的数值具有可比性。

（一）时间长短应该一致

动态数列中的各项指标如果是时期指标，其数值所属的时期长短应该相等。因为时期指标的数值大小与时期有直接关系，只有时期长短一致，才能保证各指标值之间的可比性；动态数列中的各项指标如果是时点指标，其数值之间的时点间隔长度应该相等，以便于对比分析。

（二）总体范围应该一致

若各时期的指标值的总体范围不一致，它们彼此之间就缺乏可比性。随着时间的推移，若被研究现象所属的空间范围或主管系统的变动影响到有关动态数列指标的变化，则其总体范围前后不可比。例如，研究某地区工业生产发展情况，如果那个地区行政区划有了变动，则其前后指标就不能直接对比，而是必须将指标进行适当的调整。

（三）经济内容必须相同

动态数列中的指标，要注意其经济内容或经济含义是否相同的情况，如商品价格有购进价格和销售价格之分，如果混为一谈进行动态数列编制，就缺乏可比性。

（四）计算方法应该统一

对于同一现象，动态数列中各项指标的计算方法、计量单位和计算价格应该统一，并保持不变。例如，要研究工业企业劳动生产率的变动，产量用实物量还是用价值量，人数用全部职工数还是用生产工人数，前后都要统一起来。

任务二 水平指标分析

任务导入

某公司2023年10月1日有职工250人，10月4日增加新招聘的大学生12人，10日有4名老职工退休，18日有6名青年入伍，25日由其他单位调入职工7人。如果你是公司人事部门负责考勤的职员，请你计算一下该公司10月平均在职职工人数。

一、发展水平

发展水平是动态数列中各具体时间条件下的指标数值，简称水平，它反映事物的发展变化在一定时期内或时点上所达到的水平。发展水平是计算其他动态分析指标的基础指标，一般用小写字母a表示。

发展水平可以表现为统计绝对数，称为绝对水平；也可以表现为统计相对数，称为相对水平；还可以表现为统计平均数，称为平均水平。根据这些不同表现形式的发展水平编制的动态数列分别称为绝对数动态数列、相对数静态数列和平均数动态数列。

根据在动态数列中的位置不同，发展水平有最初水平、中间水平和最末水平之分。在同一个动态数列中，出现最早的发展水平称为最初水平，用符号a_0表示；出现最晚的发展水平称为最末水平，用符号a_n表示；其余所有中间时间的发展水平称为中间水平，分别用符号a_1，a_2，a_3，…，a_{n-1}表示。

在对动态数列中的发展水平进行比较分析时，通常将分析研究的那个时期的发展水平称为报告期水平，将作为比较基础时期的发展水平称为基期水平。由于研究目的不同，基期的确定方法也有所不同，若要研究事物逐期发展的情况，就以报告期的前一期为基期；若要研究事物经过较长一段时间发展变化的综合情况，就以事物发展过程中的某一历史时期（一般为具有特殊意义或具有转折意义的时期）作为固定基期。例如，反映我国改革开放以来的经济发展状况时，总是以1978年的数据为固定基期水平。在一般的动态数列中，常常以最初水平为固定基期水平。

发展水平在文字上习惯用“增加到”“增加为”“降低到”“降低为”等来表述。

二、平均发展水平

把动态数列中各个发展水平加以平均而得到的平均数称为平均发展水平，用以反映现象在一段时间内发展变化所达到的一般水平。平均发展水平又称序时平均数，也叫动态平均数。

动态平均数和静态平均数都是反映现象一般水平的统计指标，但二者又不同：动态平均数是根据动态数列对事物在不同时间的数量差异进行抽象而计算的一般水平，是以时间单位为个体而计算的，它从动态上说明了现象在不同时间发展变化的一般水平；静态平均数是根据变量数列对总体单位之间的数量差异进行抽象而计算的一般水平，是以总体单位为个体的，它从静态上说明了现象总体中各单位在同一时间上变量值的一般水平。

根据绝对数动态数列计算平均发展水平是最基本的方法，是计算相对数动态数列平均发展水平和平均数动态数列平均发展水平的基础。下面分别介绍不同动态数列平均发展水平的计算方法。

（一）根据绝对数动态数列计算序时平均数

1. 时期数列的序时平均数

根据时期数列计算平均发展水平，一般直接采用简单算术平均法计算，其计算公式为：

$$\bar{a}=\frac{a_1+a_2+a_3+\cdots+a_n}{n}=\frac{\sum_{i=1}^{n}a_i}{n}$$

式中，$\bar{a}$——平均发展水平；

a_i——各期的发展水平；

n——指标项数。

【例5-2-1】 根据表5-1-2的资料，计算该企业每年平均工业产值。

【解】

$$\bar{a}=\frac{5\,000+6\,500+6\,600+6\,800+6\,750}{5}=6\,330\text{（万元）}$$

2. 时点数列的序时平均数

时点数列有连续时点数列和间断时点数列两种，而每一种又有间隔相等和间隔不等两种表现形式。

（1）连续时点数列的平均发展水平。实际统计工作中，常常以一日为一个时点。连续时点数列是将逐日登记的资料按照时间先后顺序排列而形成的动态数列。在实际应用中，连续时点数列的表现有两种情况：一是数列中的各项指标为逐日登记、又是逐日排列的；二是数列中的各项指标非逐日变动，只是在发生变动时进行统计。

①逐日排列时点数列的平均发展水平。

逐日排列的时点数列是未做任何分组整理的，计算平均发展水平直接采用简单算术平均法即可。公式为：

$$\bar{a}=\frac{a_1+a_2+a_3+\cdots+a_n}{n}=\frac{\sum_{i=1}^{n}a_i}{n}$$

式中，a——各时点的发展水平；

n——时点项数。

【例5-2-2】 某公司9月上旬每天的职工人数资料如表5-2-1所示，计算该公司9月上旬平均每天的职工人数。

表5-2-1 某公司9月上旬每天职工数量 **单位：人**

日期	1	2	3	4	5	6	7	8	9	10
人数	52	55	53	56	56	58	63	61	66	63

【解】

9月上旬平均每天的职工人数为：

$$\bar{a}=\frac{\sum_{i=1}^{n}a_i}{n}=\frac{52+55+53+56+56+58+63+61+66+63}{10}=58\text{（人）}$$

②非逐日变动，分组排列时点数列的平均发展水平。

许多社会经济现象并不是每天都有很多的数量变化，往往是连续几天保持同样的数据。这时，就可以将相同数据的时点分成一组，再按时间先后顺序进行排列。对这样的动态数列计算平均发展水平，采用加权算术平均法计算。公式为：

$$\bar{a}=\frac{\sum_{i=1}^{n}a_i f_i}{\sum_{i=1}^{n}f_i}$$

式中，a_i——发展水平；

f_i——间隔天数。

【例5-2-3】 某公司12月份的生产工人数量如表5-2-2所示，计算该公司12月份平均每天生产工人数。

表5-2-2 某公司12月份的生产工人数量

日期	1 ~ 10	11 ~ 25	26 ~ 31
人工数量/人	103	98	100
天数/天	10	15	6

【解】

12月份平均每天生产工人数量为：

$$\bar{a}=\frac{\sum_{i=1}^{n}a_i f_i}{\sum_{i=1}^{n}f_i}=\frac{103\times10+98\times15+100\times16}{10+15+6}=100\text{（人）}$$

（2）间断时点数列的平均发展水平。间断时点数列是间隔一段时间对现象在某一时点上所表现的状况进行一次性登记，并将登记的数据按照时间先后顺序排列所形成的动态数列。实际工作中，登记日一般在期初或期末如月初或月末、季初或季末、年初或年末等。

由间断时点数列计算平均发展水平一般要采用两个假设条件：一是假设上期期末水平等于本期期初水平（上期期末和本期期初是两个连续的时点，这里假设两个时点的水平没有变化）；二是假设现象在间隔期内的数量变化是均匀的。

根据上述两个假设条件，对间断时点数列计算平均发展水平一般分两步：

第一步，计算各间隔期的平均水平；

第二步，以间隔期的长度为权数，对各间隔期的平均水平再进行加权平均计算，得到动态数列的平均发展水平。

由于间断时点数列的间隔期有的相等，有的不相等，所以，计算平均发展水平的具体方法也不相同。

①间隔相等时点数列的平均发展水平。

由于间隔相等时点数列的间隔期是相等的，所以权数的作用就没有了，因此，将各间隔期的平均水平进行简单平均计算即可。公式为：

$$\bar{a}=\frac{\frac{a_0+a_1}{2}+\frac{a_1+a_2}{2}+\frac{a_2+a_3}{2}+\cdots+\frac{a_{n-1}+a_n}{2}}{n}$$

$$\bar{a}=\frac{\frac{a_0}{2}+a_1+a_2+a_3+\cdots a_{n-1}+\frac{a_n}{2}}{n}$$

上述公式通常称为首末折半法。

【例5-2-4】某地区2015—2022年的年末人口数资料如表5-2-3所示。

表5-2-3　某地区2015—2022年年末人口数量　单位：万人

年份	2015	2016	2017	2018	2019	2020	2021	2022
年末人口数	1 064	1 123	1 202	1 295	1 356	1 421	1 499	1 587

试计算该地区2016—2022年的平均人口数。

【解】

$$\bar{a}=\frac{\frac{a_0}{2}+a_1+a_2+a_3+\cdots a_{n-1}+\frac{a_n}{2}}{n}$$

$$=\frac{\frac{1\,064}{2}+1\,123+1\,202+1\,295+1\,356+1\,421+1\,499+\frac{1\,587}{2}}{7}$$

$$\approx 1\,317.46（万人）$$

②不等间隔时点数列的平均发展水平。

不等间隔时点数列平均发展水平的计算，是以各期期末资料不全为条件，以资料缺失的时间间隔长度为权数，采用加权平均数法计算。公式为：

$$\bar{a}=\frac{\frac{a_0+a_1}{2}f_1+\frac{a_1+a_2}{2}f_2+\frac{a_2+a_3}{2}f_3+\cdots+\frac{a_{n-1}+a_n}{2}f_n}{f_1+f_2+f_3+\cdots+f_n}=\frac{\sum_{i=1}^{n}\frac{a_{i-1}+a_i}{2}f_i}{\sum_{i=1}^{n}f_i}$$

上述公式通常称为加权序时平均法。

【例5-2-5】 某企业2023年11月份产品库存额资料如表5-2-4所示，计算该企业11月份平均产品库存额。

表5-2-4　某企业2023年11月份产品库存额

日期	1 ~ 4	5 ~ 9	10 ~ 16	17 ~ 24	25 ~ 30
产品库存额/吨	1 080	1 140	1 106	985	1 020

【解】

该企业11月份平均产品库存额为：

$$\bar{a}=\frac{\sum_{i=1}^{n}\frac{a_{i-1}+a_i}{2}f_i}{\sum_{i=1}^{n}f_i}=\frac{1\,080\times 4+1\,140\times 5+1\,106\times 7+985\times 8+1\,020\times 6}{4+5+7+8+6}\approx 1\,058.73（吨）$$

（二）根据相对数动态数列或平均数动态数列计算序时平均数

相对数动态数列或平均数动态数列都是由一个分子数列和一个分母数列的对应项相对比形成，因此，计算相对数动态数列或平均数动态数列的平均发展水平时，一般按以下程序进行：

第一步，计算作为分子的动态数列的平均发展水平。

第二步，计算作为分母的动态数列的平均发展水平。

第三步，将分子和分母的平均水平加以对此，计算动态数列的平均发展水平。

相对数动态数列或平均数动态数列的平均发展水平计算公式为：

$$\bar{a}=\frac{\bar{b}}{\bar{c}}$$

【例5-2-6】 某商业公司2023年部分月份的商品流转额和流动资金占用额资料如表5-2-5所示，试求第四季度的月平均流动资金周转次数。

表5-2-5　某商业公司2023年部分月份商品流转额和流动资金占用额资料

月份	10月	11月	12月
商品流转额/万元	16 000	18 000	21 000
月流动资金占用额/万元	4 500	4 700	4 600
流动资金周转次数/次	3.56	3.80	4.60

【解】

$$\text{月平均流动资金周转次数}=\frac{\text{月平均商品流转额}}{\text{月平均流动资金占用额}}$$

则

$$\text{月平均商品流转额}=\frac{16\ 000+18\ 000+21\ 000}{3}\approx 18\ 333.33\text{（万元）}$$

$$\text{月平均流动资金占用额}=\frac{4\ 500+4\ 700+4\ 600}{3}=4\ 600\text{（万元）}$$

$$\text{月平均流动资金周转次数}=\frac{18\ 333.33}{4\ 600}\approx 3.97\text{（次）}$$

即该公司第四季度的月平均流动资金周转次数为3.97次。

重要提示

当分子数列或分母数列是时期数列时，一定要注意需要平均的时间长度。如计算月平均流动资金周转次数需要将分子的年商品流转额除以12，而计算季度平均流动资金周转次数则需要将分子的年商品流转额除以4。

三、增长量

动态数列中不同时间的发展水平之差称为增长量，用以反映经济现象经过一定时期的发展变化增加（或减少）的绝对水平，其基本计算公式为：

$$\text{增长量}=\text{报告期水平}-\text{基期水平}$$

增长量的计量单位与发展水平的计量单位是一致的。若增长量为正数，则表明现象发展呈增长（正增长）状态；若增长量为负数，则表明现象发展呈下降（负增长）状态；若增长量为0，表明现象发展是零增长。

由于基期的选择不同，增长量有逐期增长量和累计增长量两种。

逐期增长量是报告期水平与前期水平之差，表明现象逐期增长的绝对水平。

$$\text{逐期增长量}=a_n-a_{n-1}$$

累计增长量是报告期水平与历史上某一固定基期的水平之差，表明现象经过较长一段时间发展的总增长水平。

$$\text{累计增长量}=a_n-a_0$$

逐期增长量和累计增长量之间存在如下换算关系。

（1）逐期增长量之和等于相应时期的累计增长量。

$$(a_1-a_0)+(a_2-a_1)+\cdots+(a_n-a_{n-1})=a_n-a_0$$

（2）相邻两个时期累计增长量之差等于相应时期的逐期增长量。

$$(a_n-a_0)-(a_{n-1}-a_0)=a_n-a_{n-1}$$

四、平均增长量

平均增长量是逐期增长量的序时平均数，用以表明经济现象在一定时期内平均每期比前期增长的绝对水平。计算公式为：

$$\text{平均增长量}=\frac{\text{逐期增长量之和}}{\text{逐期增长量个数}}=\frac{\text{累计增长量}}{\text{时间数列项数}-1}$$

练一练

表5-2-6是我国某企业2018—2023年家电产量资料，要求根据上述资料，填写表中空格，并计算其每年平均增长量。

表5-2-6　我国某企业2018—2023年家电产量　　单位：万台

年份	2018	2019	2020	2021	2022	2023
产量	3 175	3 529	3 661	4 496	4 992	5 799
逐期增长量	—					
累计增长量	—					

任务三　速度指标分析

任务导入

2023年一季度，全国城镇调查失业率平均值为5.5%，比上年四季度下降0.1个百分点。3月份，全国城镇调查失业率为5.3%，比上月下降0.3个百分点。本地户籍劳动力调查失业率为5.1%，外来户籍劳动力调查失业率为5.6%，其中外来农业户籍劳动力调查失业率为5.3%。16～24岁、25～59岁劳动力调查失业率分别为19.6%、4.3%。25～59岁劳动力中，初中及以下学历、高中学历、大专学历、本科及以上学历劳动力调查失业率分别为4.8%、4.8%、4.0%、3.1%。31个大城市城镇调查失业率为5.5%，比上月下降0.2个百分点。你能解释这些数据的含义吗？

一、发展速度

发展速度是现象在两个不同时期发展水平的比值，用以表明现象发展变化的相对程度，其基本计算公式为：

$$发展速度=\frac{报告期水平}{基期水平}\times 100\%$$

发展速度通常用百分数表示，其取值可以大于、等于，或小于100%，但不会是负值。由于基期的确定方法不同，发展速度的具体计算方法有环比发展速度和定基发展速度两种。

环比发展速度是报告期水平与前一期水平之比，用以反映现象逐期发展的程度，即

$$\frac{a_1}{a_0};\frac{a_2}{a_1};\frac{a_3}{a_2};\cdots;\frac{a_n}{a_{n-1}}$$

定基发展速度是报告期水平与某一固定基期水平之比，用以反映现象在较长一段时期内总的发展程度，又称总速度，用“R”表示，即：

$$\frac{a_1}{a_0};\frac{a_2}{a_0};\frac{a_3}{a_0};\cdots;\frac{a_n}{a_0}$$

不难看出，环比发展速度和定基发展速度之间存在如下两种换算关系。

（1）环比发展速度的连乘积等于相应的定基发展速度（总速度）。

$$\frac{a_1}{a_0}\times\frac{a_2}{a_1}\times\cdots\times\frac{a_n}{a_{n-1}}=\frac{a_n}{a_0}$$

（2）相邻两期定基发展速度之商，等于后期的环比发展速度。

$$\frac{a_n}{a_0}\div\frac{a_{n-1}}{a_0}=\frac{a_n}{a_{n-1}}$$

二、增长速度

增长速度是增长量与基期水平的比值，用以反映经济现象报告期水平比基期水平的增长程度，其基本计算公式为：

$$增长速度=\frac{增长量}{基期水平}\times 100\%=发展速度-1（或100\%）$$

增长速度一般用百分数表示，增长速度为正值，表明现象的发展是增长（正增长）的；增长速度为负值，表明现象的发展是下降（负增长）的。由于基期的确定方法不同，增长速度的具体计算方法有环比增长速度和定基增长速度两种。

环比增长速度是报告期逐期增长量与前期水平之比，用以反映现象逐期增长的程度。公式为：

$$环比增长速度=\frac{逐期增长量}{前期水平}=环比发展速度-1（或100\%）$$

定基增长速度是报告期累计增长量与固定基期水平之比，用以反映现象在较长一段时期内总的增长程度。公式为：

$$定基增长速度=\frac{累计增长量}{固定基期水平}=定基发展速度-1（或100\%）$$

重要提示

计算和应用增长速度时要注意两个问题：第一，环比增长速度和定基增长速度之间没有直接的换算关系。如果两者之间要换算，需要通过发展速度的换算关系。如把环比增长速度全部加1，变成环比发展速度，将所有环比发展速度连乘，得到定基发展速度，再从定基发展速度中减去1，就得到了定基增长速度。第二，当报告期水平和基期水平表明的是不同方向的数据时，不宜计算增长速度。

三、平均发展速度和平均增长速度

（一）平均发展速度的含义及其与平均增长速度的关系

平均发展速度是各个时期单位环比发展速度的序时平均数，用以反映现象在较长一段时间内逐期平均发展变化的程度。

平均增长速度用来反映现象在较长一段时期内逐期递增的相对程度，又称递增率或递减率。

平均发展速度和平均增长速度之间存在以下关系：

$$平均增长速度=平均发展速度-1（或100\%）$$

重要提示

平均发展速度是根据环比发展速度动态数列计算的，但是平均增长速度不是直接根据环比增长速度动态数列计算的，而是在计算出平均发展速度之后，通过上述关系式换算得到的。

（二）平均发展速度的计算

由于考察事物发展变化的侧重点不同，计算平均发展速度的方法也不同。实际工作中，一般有几何平均法和方程法两种计算方法。这里，只介绍常用的几何平均法，也叫水平法。

对经济现象发展变化情况的观察，常常侧重于现象在观察期期末所达到水平的高低，即a_n，它是在最初水平a_0的基础上，按照各期的环比发展速度来发展变化，到观察期末所达到的水平。由于各期的环比发展速度的连乘积等于最末期的定基发展速度，对环比发展速度计算平均就不能采用算术平均法，而需要采用几何平均法，其公式有以下几种情况。

（1）已知各期环比发展速度时，其计算公式为：

$$\bar{x}=\sqrt[n]{x_1\times x_2\times x_3\cdots\times x_n}=\sqrt[n]{\prod x}$$

（2）已知最初水平和最末水平时，公式为：

$$\bar{x}=\sqrt[n]{\frac{a_n}{a_0}}$$

（3）已知整个时期内的定基发展速度即总速度时，公式为：

$$\bar{x}=\sqrt[n]{R}$$

【例5-3-1】 某地区2020年的GDP为3 265亿元，其后每年以8.0%的平均速度递增，到2024年年末该地区GDP将达到多少？

【解】

$$a_n=a_0\times\bar{x}^n=3\ 265\times1.08^4\approx4\ 441.996\text{（亿元）}$$

即按8%的平均速度递增，到2024年年末该地区 GDP 将达到4 441.996亿元。

【例5-3-2】 若要求在2020年年底，把我国大陆人口控制在15亿人以内，以2000年年底大陆人口数126 583万为基数，20年内我国人口平均增长速度应控制在什么水平上？

【解】

$$\bar{x}=\sqrt[n]{\frac{a_n}{a_0}}=\sqrt[20]{\frac{15\ 000}{123\ 583}}=1.008\ 523$$

$$\text{年平均增长速度}=(1.008\ 523-1)\times1\ 000=8.523‰$$

四、增长1%的绝对值

在一般情况下，考察现象的发展程度常用环比增长速度来衡量。增长速度是从相对数上反映经济现象增长的相对程度，它们的计算基数可能不同，那么各期环比增长速度背后所隐藏的实际增长的绝对量效果就可能不同，即每增长1%相对应的绝对量可能不同。因为在低水平基础上的平均增长速度与高水平基础上的平均增长速度是不可比的，所以对现象进行动态对比时，必须注意速度背后隐藏的绝对增长量。通常用增长1%的绝对值来考察速度背后隐藏的绝对增长量。

增长1%的绝对值是逐期增长量与环比增长速度之比，用以说明经济现象报告期比基期每增长1%所包含的实际经济效果，即

$$\text{增长1\%的绝对值}=\frac{\text{逐期增长量}}{\text{环比增长速度}}\times1\%=\frac{\text{前期水平}}{100}$$

思政微议

114 万亿元，彰显高质量发展成色
——数评新时代中国经济历史性跃升

党的二十大报告指出，我国经济实力实现历史性跃升。非凡十年，成就斐然。在以习近平同志为核心的党中央坚强领导下，我们以实际行动交出了一份人民满意、举世瞩目的中国答卷！

看速度，2013年至2021年，我国经济年均增长6.6%，高于2.6%的同期世界平均增速，也高于3.7%的发展中经济体平均增速，经济增长率居世界主要经济体前列。

看体量，党的十八大以来，我国经济总量连续跃升，继2020年跨越100万亿元大关后，2021年又突破110万亿元，达114.4万亿元，按不变价计算为2012年的1.8倍。2021年，我国人均GDP达80 976元，按年平均汇率折算达12 551美元，连续3年超过1万美元，稳居上中等收

入国家行列，接近了世界银行划分的高收入国家门槛。

看分量，2021年我国GDP占世界比重达到18.5%，比2012年提高7.2个百分点。我国是世界第二大经济体、第一大工业国、第一大货物贸易国，谷物总产量、制造业规模、外汇储备稳居世界第一，服务贸易、吸引外资、国内消费市场规模世界第二，形成了全球规模最大、最具成长性的中等收入群体。

看质量，我国经济发展既保持了量的合理增长，也实现了质的稳步提升。创新型国家建设取得丰硕成果，产业发展持续向中高端迈进，区域城乡协调发展的潜力不断释放，生态环境保护发生历史性、转折性、全局性变化……经济发展的平衡性、协调性、可持续性明显增强，经济发展迈上更高质量、更有效率、更加公平、更可持续、更为安全的发展之路。

看贡献，2013年至2021年，我国对世界经济增长的平均贡献率达38.6%，超过七国集团国家贡献率的总和，是推动世界经济增长的第一动力。中国经济韧性强、潜力足、回旋余地广、长期向好的基本面不会改变，将为世界经济企稳复苏提供强大动能，为各国提供更广阔的市场机会。

（资料来源：金观平．114万亿元，彰显高质量发展成色——数评新时代中国经济历史性跃升［N］．经济日报，2022-10-18）

议一议

谈谈新时代中国经济为什么能够历史性跃升？

任务四 长期趋势分析

任务导入

某地区2013—2022年各年的粮食产量资料如表5-4-1所示。

表5-4-1 某地区2013—2022年各年的粮食产量资料 单位：万吨

年份	产量	年份	产量
2013	43 529.0	2018	50 453.5
2014	44 265.8	2019	49 417.1
2015	45 648.8	2020	51 229.5
2016	44 510.1	2021	50 838.6
2017	46 661.8	2022	46 217.7

材料中的时间间隔为一年，现象变动不均匀，不容易看出长期趋势。

问题：（1）材料中的时间间隔如何调整才能更好地反映粮食产量的变动？

（2）根据以往的粮食产量数据，试预测2025年该地区粮食产量。

一、影响动态数列的因素

社会经济现象的发展变化错综复杂，影响动态数列的因素多种多样，如政治的、经济的、自然技术的等因素。如果按影响因素的作用方式归类，可分为长期趋势、季节变动、循环变动和不规则变动四种。其中，长期趋势被视为基本变化，是影响的主导因素，其余变动视为附加变动。

（一）长期趋势

长期趋势（用T表示）是指社会经济现象在一个相当长的时期内持续发展变化的趋势，即持续向上、向下或基本持平的趋势。长期趋势变动是现象受到各个时期普遍的、持续的、决定的基本因素影响的结果。如社会商品零售总额、国内生产总值、职工工资总额等指标都是随着科学技术的进步和生产率提高等基本因素的影响，呈现逐年持续上升的趋势。认识和掌握事物的长期趋势，可以把握事物发展变化的基本特点。

（二）季节变动

季节变动（用S表示）是指社会经济现象受自然条件和社会习俗等因素的影响，在一年内随季节更替而出现的有规律的变动。如大多数农作物在一年内的收获周期使得以农产品为原材料的加工业生产出现淡旺季，交通运输部门的运货量与有关商品的消费量也随之出现季节变动。季节变动的影响有以一年为周期的，也有以一季、一月、一周、一日为周期的。认识和掌握季节变动，对于生产经营等活动很有帮助，可以避免一些不必要的损失。

（三）循环变动

循环变动（用C表示）是指现象受多种不同因素的影响，在若干年中发生的周期性起伏波动。它既不同于向单一方向持续发展的长期趋势，也不同于在一年内的季节变动。由于形成原因比较复杂，使得循环变动的周期长短不一，上下波动程度也不相同。如有些农作物受自然现象的影响，在若干年中出现的丰歉状况，就是循环变动的一种表现。

（四）不规则变动

不规则变动（用I表示）是指现象除了受以上各种变动影响以外，还因临时的、偶然性因素或不明原因的影响而引起的随机变动，如地震、洪灾、战争等对社会造成的影响。不规则变动无规则可寻，是无法控制的。

一般来说，动态数列中每一个水平指标都受上述四类因素共同影响和综合作用，但就实际情况看，有些现象并不同时受四种因素的影响，如按年排列的动态数列就不体现季节变动，我国工业生产发展趋势一般不存在循环变动。因此，对研究现象进行具体分析时，实际包含什么因素就测定什么因素。这里仅介绍长期趋势变动的测定。

二、长期趋势分析

长期趋势分析就是运用一定的方法对原有动态数列进行加工修匀，剔除偶然因素的影响，通过新形成的动态数列，测定和分析现象长期向上或向下变化的趋势，揭示其发展的规律性，为进行科学的预测提供依据。在研究现象的长期趋势时，常用的测定方法有时距扩大法、移动平均法、最小二乘法等。

（一）时距扩大法

这是测定长期趋势的一个较简单的方法，它是将原有动态数列中的时间距离加以扩大，以此消除由于短期内受偶然因素影响而引起的波动。此法适用于时期数列，若是时点数列，则须用时距扩大后的平均数来编制新的动态数列。

【例5-4-1】 利用时距扩大法修匀表5-4-2中的各月产品产量。

表5-4-2 某企业各月产品产量 单位：万吨

月份	1	2	3	4	5	6	7	8	9	10	11	12
产量	41	42	52	43	45	51	53	40	51	49	56	54

从上述各月产量时间数列可以看出，该企业月与月之间产量有升降交替的现象，趋势并不显著。将时距扩大为季度后，该企业产量上升的趋势就凸显了出来，如表5-4-3所示。

表5-4-3 某企业各季产品产量 单位：万吨

季度	1	2	3	4
产量	135	139	144	159

（二）移动平均法

移动平均法就是从原有动态数列第一项数值开始，按一项求和平均数逐项依次移动，边移动边平均，从而形成一个移动序时平均数构成的新的动态数列，反映现象发展的长期趋势。一般来说，这种方法的移动平均项数越多，对原有动态数列的修匀作用就越大，但得到新的动态数列项数却越少。因此，取多长时间作为移动平均的项数，是移动平均法运用的关键问题，应根据社会经济现象的特点来定。

（1）如果变化季节性应以该季节长度作为移动平均的项数。如是季度资料就采用四项移动平均，是月度资料就采用三项移动平均，这样才能剔除长期趋势变动中的季节变动。

（2）如果没有季节变动，就最好采用奇数项。因为移动平均值都能与数列原值对齐，移动平均一次即可得趋势值。如三项移动平均，第一个移动平均数对齐第二个原值，作为其代表值；第二个移动平均数对齐第三个原值，以此类推，若用偶数项移动平均，则移动平均值置于两期之间，需要再进行一次两项移动平均，以修正趋势值。下面以某企业连续12年的产品销售移动平均为例，说明移动平均法的计算方法。

【例5-4-2】 某企业连续12年的产品销售情况如表5-4-4所示，试用3年移动平均计算其趋势值，说明其现象发展的长期趋势。

表5-4-4 某企业连续12年的产品销售情况

年份序号	产品销售量/万件
1	54

续表

年份序号	产品销售量/万件
2	50
3	52
4	67
5	82
6	70
7	89
8	88
9	84
10	98
11	91
12	90

第一个平均数=（54+50+52）/3=52.0，对齐第二项原值；

第二个平均数=（50+52+67）/3=56.3，对齐第三项原值。

依此类推，边移动边平均，得出修正平均值时间数列，从表5-4-5可以看出该企业产品销售量呈增长的趋势。

表5-4-5　某企业连续12年的产品销售3年移动平均计算表

年份序号	产品销售量/万件	三年移动平均
1	54	—
2	50	52.0
3	52	56.3
4	67	67.0
5	82	73.0
6	70	80.3
7	89	82.3
8	88	87.0
9	84	90.0
10	98	91.0
11	91	93.0
12	90	—

【例5-4-3】 仍然以表5-4-4资料为例，试用4年移动平均计算其趋势值，说明其现象发展的长期趋势。

第一个平均数（54+50+52+67）/4=55.75，对着第二项和第三项原值的中间；

第二个平均数（50+52+67+82）/4=62.75，对着第三项和第四项原值的中间，依此类推，边移动边平均。由于每个指标值都比原值错半期，不能直接对比，必须进行一次移正平均，即再进行一次两项移动平均，这样新的平均数动态数列的各期值才能与第三项值对齐。如上例中第二次修匀（55.75+62.75）/2=59.25，这样就得出新的移正平均值时间数列，从表5-4-6可以看出该企业产品销售量呈增长的趋势。

表5-4-6　某企业连续12年的产品销售4年移动平均计算表

年份序号	产品销售量/万件	四年移动平均	
		第一次平均	移正平均
1	54	—	—
2	50	—	—
3	52	55.75	59.25
4	67	62.75	65.25
5	82	67.75	72.38
6	70	77.00	79.63
7	89	82.25	82.5
8	88	82.75	86.25
9	84	89.75	90.00
10	98	90.25	90.5
11	91	90.75	—
12	90	—	—

（三）最小二乘法

时间序列的回归模型是一种常用的时间序列分析方法，它可以用来预测未来的数据趋势，还可以用来分析变量之间的关系。例如，可以使用过去几年的气温数据和电力消耗数据来建立一个回归模型，然后分析气温和电力消耗之间的关系。这种方法可以帮助政府和能源公司更好地规划能源供应和需求。

时间序列的回归模型是一种强大的工具，可以用来预测未来的数据趋势和分析变量之间的关系。在使用该模型时，需要考虑数据的平稳性、自相关性、外生变量和模型选择等因素。

具体步骤如下。

1. 建模

建立时间序列各观测值和时间之间的直线模型。

$$y=a+b\times t$$

采用最小二乘法计算参数a、b，计算公式为：

$$b=\frac{n\sum ty-\sum t\sum y}{n\sum t^2-\left(\sum t\right)^2}$$

$$a=\bar{y}-b\bar{t}$$

2. 求参数a和b

$$令\sum t=0$$

可得到参数a和b的表达式：

$$a=\frac{\sum y}{n}$$

$$b=\frac{\sum ty}{\sum t^2}$$

3. 预测

将预测期的t值代入模型中，预测长期趋势值。

（1）时间数列为奇数时，数列中间一项为原点，记作0，前后两端的时间序号按正负对称设置。

【例5-4-4】 某企业各年产量资料如表5-4-7所示，采用最小二乘法确定趋势直线方程并预测2024年的产量。

表5-4-7　某企业2014—2020年产量

年份	产量（y）	时间序号（t）	$t \cdot y$	t^2
2014	300	−3	−900	9
2015	310	−2	−620	4
2016	321	−1	−321	1
2017	331	0	0	0
2018	340	1	340	1
2019	350	2	700	4
2020	361	3	1 083	9
合计	2 313	—	282	28

【解】

①建模：$y=a+b\times t$。

②求参数a和b。

$$a=\frac{\sum y}{n}=\frac{2\,313}{7}\approx 330.43$$

$$b=\frac{\sum ty}{\sum t^2}=\frac{282}{28}\approx 10.07$$

③预测：将预测期的t值代入模型中，预测长期趋势值。

2024年在t序列中取值为7，将t=7代入直线方程，可求出2024年的产量趋势值=330.43+10.07×7=400.92（万件）

（2）时间数列为偶数时，数列中间两项的中点为原点，则时间序号分别按…，−5，−3，−1，1，3，5，…设置。

【例5-4-5】 某企业各年产量资料如表5-4-8所示，采用最小二乘法确定趋势直线方程并预测2024年的产量。

表5-4-8 某企业2014—2021年产量

年份	产量（y）	时间序号（t）	$t \cdot y$	t^2
2014	300	−7	−2 100	49
2015	310	−5	−1 550	25
2016	321	−3	−963	9
2017	331	−1	−331	1
2018	340	1	340	1
2019	350	3	1 050	9
2020	361	5	1 805	25
2021	371	7	2 597	49
合计	2 684	—	848	168

【解】

①建模：$y=a+b \times t$。

②求参数a和b。

$$a=\frac{\sum y}{n}=\frac{2\,684}{8}\approx 335.5$$

$$b=\frac{\sum ty}{\sum t^2}=\frac{848}{168}\approx 5.05$$

③预测：将预测期的t值代入模型中，预测长期趋势值。

2024年在t序列中取值为13，将t=13代入直线方程，可求出2024年的产量趋势值=335.5+5.05×13=401.15（万件）

任务五 运用 Excel 进行时间数列指标计算与分析

任务导入

本任务以我国2012—2016年国内生产总值为例，运用Excel进行时间数列指标分析的编制。

一、运用Excel计算时间数列水平指标和速度指标

【例5-5-1】 我国2012—2016年国内生产总值资料如表5-5-1所示，用Excel计算有关水平指标和速度指标。

表5-5-1　我国2012—2016年国内生产总值

年份	2012	2013	2014	2015	2016
国内生产总值/亿元	540 367	595 244	643 974	689 052	744 127

（资料来源：国家统计局　http://www.stats.gov.cn）

具体操作过程：

（1）将表5-5-1中的2012—2016年国内生产总值录入Excel工作表，如图5-5-1所示。

（2）用AVERAGE函数计算时间数列的平均发展水平。单击任一空白单元格，如在G2中输入“=AVERAGE（B2:F2）”，按下Enter键，得到结果642 552.8，如图5-5-1所示。

（3）在单元格中依次列出需要计算的指标，如图5-5-2所示。

①计算逐期增长量。在单元格C3中输入“=C2-B2”，按下Enter键，再向右填充至单元格F3，计算出所有的逐期增长量。

②计算累计增长量。在单元格C4中输入“=C2-540 367”，按下Enter键，再向右填充至单元格F4，计算出各年累计增长量。

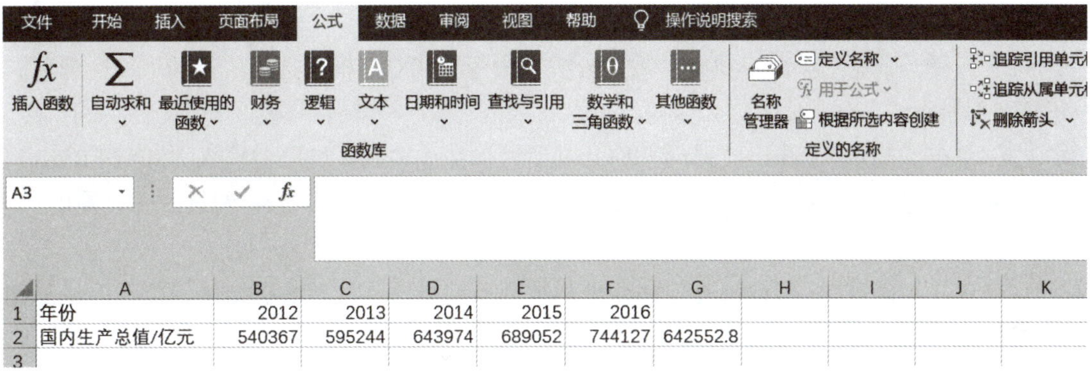

图5-5-1　2012—2016年国内生产总值时间列表

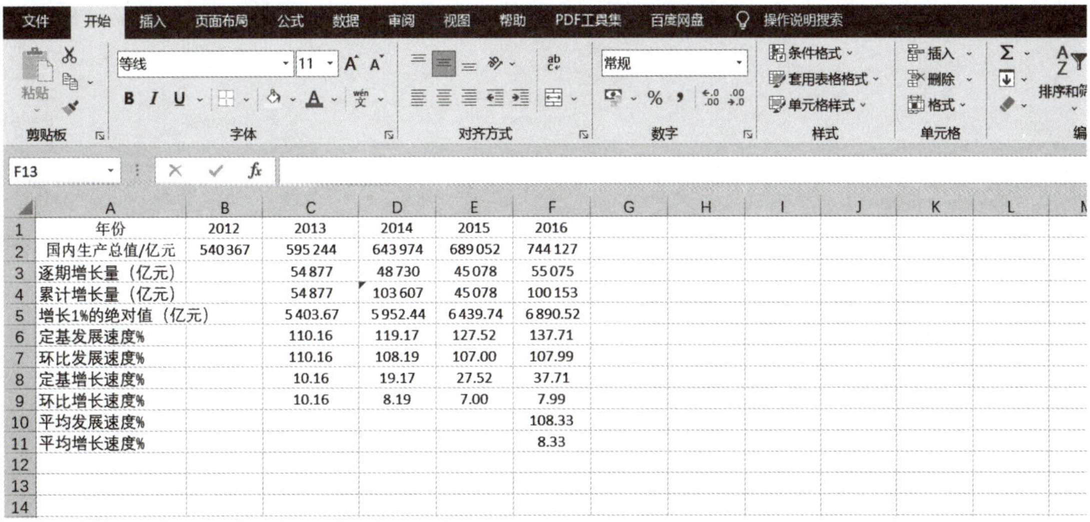

图5-5-2　增长量和速度指标计算结果

③计算增长1%的绝对值。在单元格C5中输入“=B2/100”，按下 Enter 键，再向右填充至单元格F5，计算出各年增长1%的绝对值。

④计算定基发展速度。在单元格C6中输入“=C2/540 367”，按下 Enter 键，再向右填充至单元格F6，计算出各年定基发展速度。

⑤计算环比发展速度。在单元格C7中输入“=C2/B2”，按下 Enter 键，再向右填充至单元格F7，计算出各年环比发展速度。

⑥计算定基增长速度。在单元格C8中输入“=C6–100%”，按下 Enter 键，再向右填充至单元格F8，计算出各年定基增长速度。

⑦计算环比增长速度。在单元格C9中输入“=C7–100%”，按下 Enter 键，再向右填充至单元格F9，计算出各年环比增长速度。

⑧计算平均发展速度。在单元格F10中输入“=GEOMEAN（C7:F7）”，按下 Enter 键。

⑨计算平均增长速度。在单元格F11中输入“=F10–100%”，按下 Enter 键。

二、运用Excel进行移动平均分析

以图5–5–3为例，运用Excel进行五项移动平均，分析其长期趋势。

（1）将表中的数据录入Excel工作表中，如图5–5–3所示。

（2）选择“数据”菜单，执行“数据分析”命令。在对话框中选择“移动平均”选项，如图5–5–4所示。

（3）单击“确定”，弹出“移动平均”对话框。在“输入区域”栏输入“$B$2:$B$13”；在“间隔”栏输入5（移动平均的项数）；在“输出区域”栏输入$C$2；勾选“图表输出”，如图5–5–5所示。

（4）单击“确定”，可得到五项移动平均数列及趋势图，调整数据结果的位置后，如图5–5–6所示。

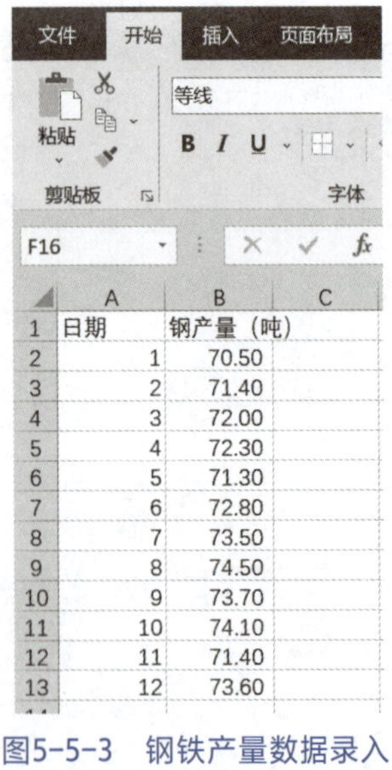

图5–5–3　钢铁产量数据录入

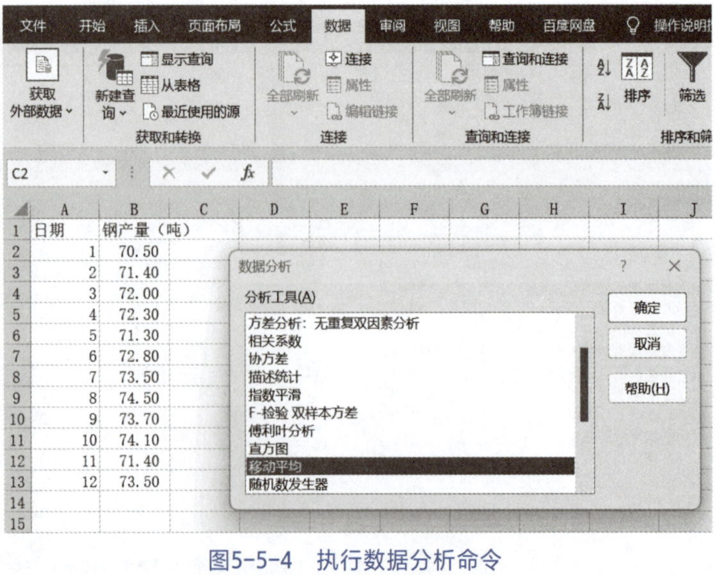

图5–5–4　执行数据分析命令

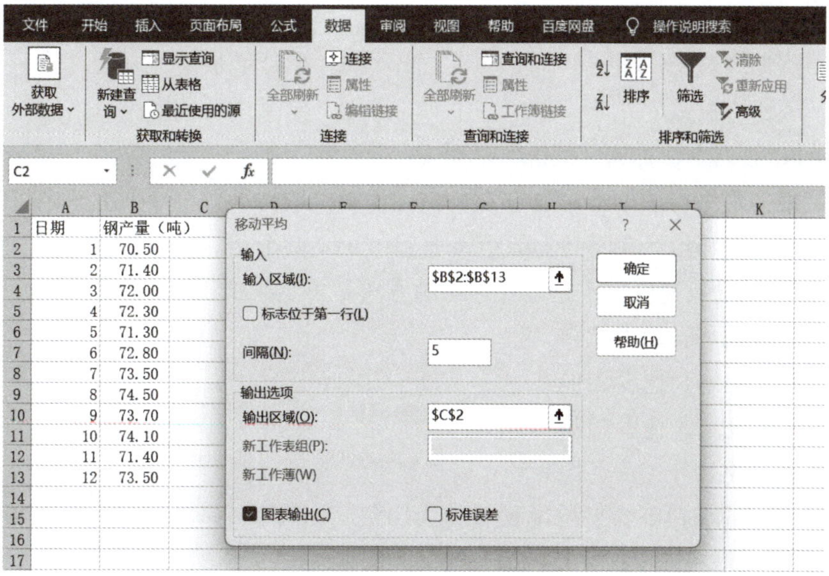

图5-5-5　移动平均对话框

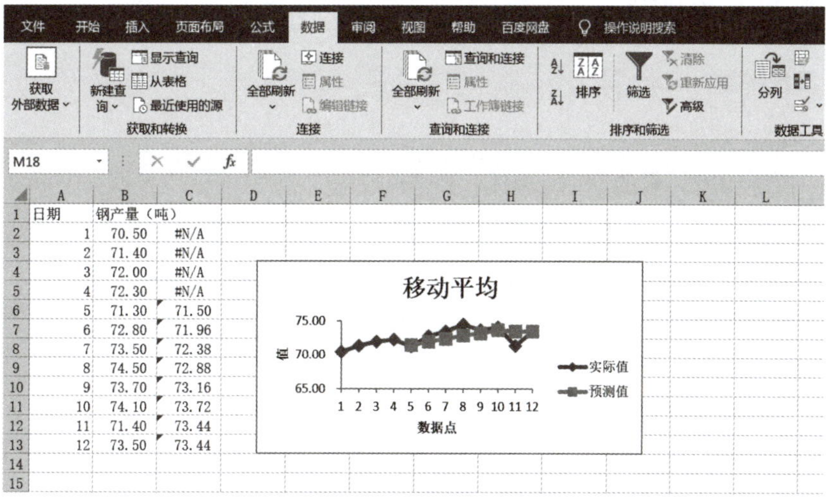

图5-5-6　移动平均输出结果

• 思考与练习 •

一、单项选择题

1. 下列属于时点数列的是（　　）。

   A. 历年招生人数数列　　B. 历年增加在校生人数数列

   C. 历年在校生人数数列　　D. 历年毕业生人数数列

2. 对等间隔时点数列计算平均发展水平应采用（　　）。

   A. 简单算术平均法　　B. 加权序时平均法

   C. 首末折半法　　D. 半数平均法

3. 报告期水平与前期水平之差称为（　　）。
A. 逐期增长量　B. 累计增长量
C. 环比增长速度　D. 定基增长速度
4. 在时点数列中，称为“间隔”的是（　　）。
A. 最初水平与最末水平之差　B. 最初水平与最末水平之间的时间距离
C. 两个相邻指标在时间上的距离　D. 两个相邻指标数值之间的距离
5. 已知环比增长速度求定基增长速度的方法是（　　）。
A. 各环比增长速度相乘
B. 各环比增长速度相加
C. 各环比增长速度相除
D. 各环比增长速度还原为环比发展速度连乘后减去1
6. 已知某企业前4年的平均增长速度为10%，后6年的平均增长速度为9%，计算这10年的平均增长速度应采用的方法是（　　）。
A. 1×0.09　B. $1 \times 0.09-1$
C. $(0.1)^4 \times (0.09)^6$　D. $(1.1)^4 \times (1.09)^6-1$

二、多项选择题

1. 平均增长量是（　　）。
A. 各逐期增长量的序时平均数
B. 各累计增长量的序时平均数
C. 逐期增长量之和除以逐期增长量的项数
D. 累计增长量之和除以累计增长量的项数
2. 平均指标与速度指标之间的关系是（　　）。
A. 发展速度=报告期水平÷基期水平　B. 增长速度=增长量÷报告期水平
C. 增长量=报告期水平-基期水平　D. 增长速度=发展速度-1
3. 按水平法计算的平均发展速度是（　　）。
A. 各环比发展速度的序时平均数　B. 各环比发展速度的算术平均数
C. 各环比发展速度的几何平均数　D. 各环比发展速度的调和平均数
4. 用水平法计算平均发展速度（　　）。
A. 侧重考察现象最末一期的发展水平　B. 侧重考察现象各个时期的发展水平
C. 可以反映中间水平的发展变化　D. 不能反映中间水平的发展变化
5. 季节变动可以是现象（　　）。
A. 在一个月份内的周期性变动　B. 在一个季度内的周期性变动
C. 在一个年度内的周期性变动　D. 在若干年内的周期性变动

三、判断题

1. 时期指标与时点指标都是通过连续登记的方式取得统计资料的。（　　）

2. 增长量指标反映社会经济现象报告期比基期增加（或减少）的绝对量。（　　）
3. 相邻两个时期的累计增长量之差，等于相应时期的逐期增长量。（　　）
4. 累计增长量等于逐期增长量之和。（　　）
5. 环比发展速度的连乘积等于定基发展速度，而相邻两个定基发展速度之和等于环比发展速度。（　　）
6. 增长1%的绝对值可以用增长量除以增长速度求得，也可以用基期水平除以100求得。（　　）
7. 利润指标是总量指标，而当发生亏损时，指标数值相加不仅未增加反而减少，可见时期指标数值大小与时间长短无关。（　　）
8. 平均增长量不是序时平均数，而属于静态平均数的范畴，因为它是用简单算术平均法计算求得的。（　　）
9. 循环变动是指现象的周期在一年内的变动。（　　）
10. 现象的不规则变动是由各种偶然因素引起的有周期、无规律的变动。（　　）

四、计算题

1. 某大学2023年在册学生统计资料如下表所示：

时间	1月1日	3月1日	7月1日	9月1日	12月31日
在册学生人数/人	3 408	3 258	3 250	3 590	3 575

要求：平均在册学生人数是多少？

2. 某商店上半年有关资料如下表所示：

日期	上年12月	1月	2月	3月	4月	5月	6月
销售额/万元	245	250	272	271	323	374	372
月末职工数/人	1 850	2 050	1 950	2 150	2 216	2 190	2 250

要求：计算月平均每人销售额。

3. 某企业2016—2020年化肥产量资料如下表所示：

时间	2015	第十三个五年规划期间				
		2016	2017	2018	2019	2020
化肥产量/万吨	300					
定基增长量/万吨	—		35	50		
环比发展速度/%	—	110			105	95

要求：

（1）利用指标间的关系将表中所缺数字补齐（结果保留整数）。

（2）按水平法计算该地区第十三个五年规划期间化肥产量年平均增长速度。

4. 某地区历年粮食产量如下表所示：

某地区历年粮食产量资料

年份	2019	2020	2021	2022	2023
粮食产量/万斤	134	435	415	672	1 028

计算：（1）逐期增长量、累积增长量、平均增长量。

（2）2019—2023年间粮食的平均发展速度。

5. 某公司2010—2020年的产品销售数据如下表所示：（单位：万元）

年份	2010	2011	2012	2013	2014	2015
销售额	80	85	90	92	95	100
年份	2016	2017	2018	2019	2020	
销售额	105	115	120	130	145	

要求：应用最小二乘法配合直线，计算2025年的趋势值。

• 项目实训 •

1. 实训目的

（1）使学生进一步理解并掌握动态指标的编制方法。

（2）使学生能运用时间数列进行发展水平分析和速度水平分析。

（3）了解学生运用Excel进行时间数列的编制与分析水平。

（4）培养学生的团队合作精神。

2. 实训任务

请收集本校京创超市6月1日—6月7日的销售额数据，利用时间序列相关知识和Excel对6月10日的销售额进行合理预测。

3. 实训要求

全班学生分组，组内同学合理进行任务分工。

4. 实训成果

每组同学将整个实训内容整理成实训报告，教师在课堂上对各组进行点评及成绩评定。

（资料来源：本项目实训由本校京创超市提供）

项目六 统计指数分析

学习目标

【知识目标】

- 理解指数的概念、作用和分类。
- 掌握综合指数和平均指数的编制方法。
- 理解指数体系的概念和作用，掌握总量指标两因素指数体系编制和分析。
- 熟知几种常见的经济指数。

【能力目标】

- 能够编制综合指数并进行分析。
- 能够编制平均指数并进行分析。
- 能够编制总量指标两因素指数体系并进行分析。
- 能够读懂网络和报刊等大众媒体报道的常见统计指数信息。
- 能够运用 Excel 进行统计指数的编制。

【素质目标】

- 培养和提高学生利用所学理论解决实际问题的能力。
- 培养和提高学生的逻辑思维分析能力。
- 关注现实问题，培养学生高度的社会责任感和使命感。

【实例先导】

2023 年 2 月份居民消费价格同比上涨 1.0% 环比下降 0.5%

2023年2月份，全国居民消费价格同比上涨1.0%。其中，城市上涨1.0%，农村上涨1.0%；食品价格上涨2.6%，非食品价格上涨0.6%；消费品价格上涨1.2%，服务价格上涨0.6%。1～2月平均，全国居民消费价格比上年同期上涨1.5%。

2月份，全国居民消费价格环比下降0.5%。其中，城市下降0.5%，农村下降0.5%；食品价格下降2.0%，非食品价格下降0.2%；消费品价格下降0.6%，服务价格下降0.4%（图6-1）。

一、各类商品及服务价格同比变动情况

2月份，食品烟酒类价格同比上涨2.1%，影响CPI（居民消费价格指数）上涨约0.59个百分点。食品中，鲜果价格上涨8.5%，影响CPI上涨约0.18个百分点；蛋类价格上涨7.8%，影响CPI上涨约0.05个百分点；粮食价格上涨2.7%，影响CPI上涨约0.05个百分

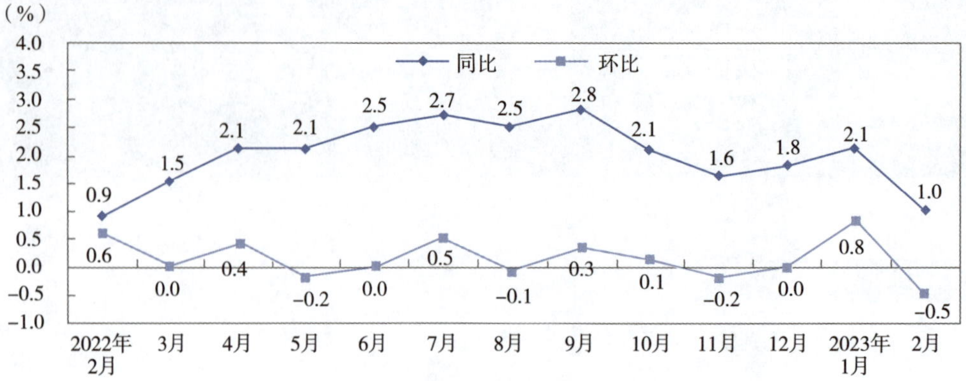

图6-1 全国居民消费价格指数涨跌幅

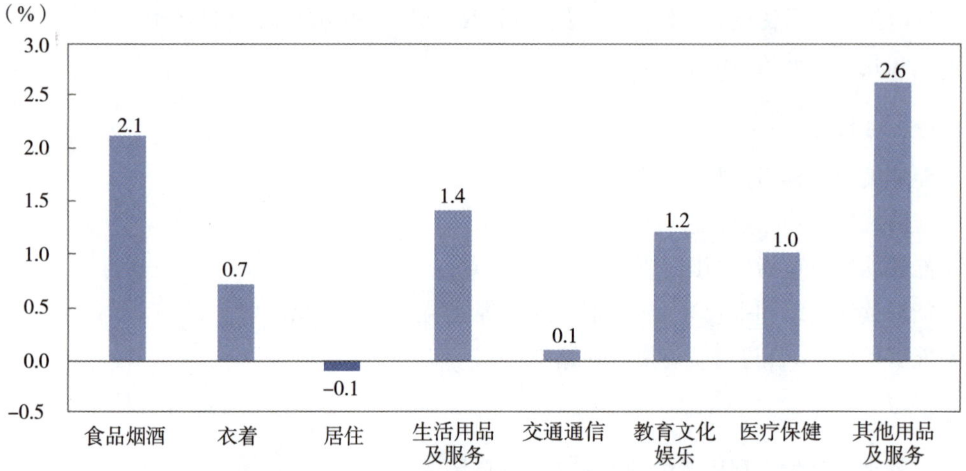

图6-2 2023年2月份居民消费价格分类别同比涨跌幅

点；畜肉类价格上涨1.9%，影响CPI上涨约0.06个百分点，其中猪肉价格上涨3.9%，影响CPI上涨约0.05个百分点；水产品价格下降1.5%，影响CPI下降约0.03个百分点。

其他七大类价格同比六涨一降。其中，其他用品及服务、生活用品及服务、教育文化娱乐价格分别上涨2.6%、1.4%和1.2%，医疗保健、衣着、交通通信价格分别上涨1.0%、0.7%和0.1%；居住价格下降0.1%（图6-2）。

二、各类商品及服务价格环比变动情况

2月份，食品烟酒类价格环比下降1.3%，影响CPI下降约0.38个百分点。食品中，畜肉类价格下降5.9%，影响CPI下降约0.20个百分点，其中猪肉价格下降11.4%，影响CPI下降约0.17个百分点；鲜菜价格下降4.4%，影响CPI下降约0.11个百分点；蛋类价格下降3.6%，影响CPI下降约0.03个百分点；水产品价格下降1.5%，影响CPI下降约0.03个百分点；鲜果价格下降1.2%，影响CPI下降约0.03个百分点。

其他七大类价格环比两涨一平四降。其中，医疗保健、居住价格分别上涨0.2%和0.1%；生活用品及服务价格持平；教育文化娱乐、交通通信价格分别下降0.8%和0.5%，其他用品及服务、衣着价格分别下降0.3%和0.1%。

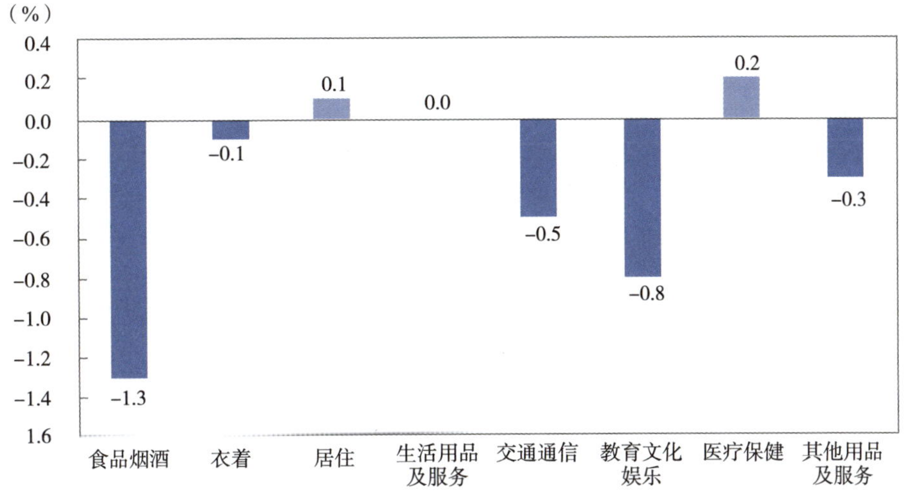

图6-3　2023年2月份居民消费价格分类别环比涨跌幅

（资料来源：国家统计局　http://www.stats.gov.cn）

任务一　认识统计指数

任务导入

日常生活中，我们经常被各种“指数”包围着，如要了解经济形势要看CPI（居民消费价格指数）、PPI（工业生产者出厂价格指数）等指数，了解股市行情要看股价指数，了解空气质量情况要看PSI（污染物标准指数），就连评估我们每一个人的健康水平也要用到BMI（身体质量指数）……，那么，“指数”到底是什么？它表示什么样的含义？有什么样的作用？现实生活中是如何分类使用的？下面我们就带着这些问题来认识统计指数。

一、统计指数的概念和特点

（一）统计指数的概念

指数的编制是从物价的变动产生的。18世纪中叶，由于金银大量流入欧洲，使物价飞涨，引起社会不安，于是产生了反映物价变动的要求。1675年，英国经济学家赖斯·沃亨（Rice Vaughan）首创物价指数，用于物价的变化状况。随后，其应用范围不断扩大，发展到今天，已成为统计工作中常见的数字之一，比如我们常常听到的零售物价指数（RPI）、居民消费价格指数（CPI）、PPI（工业生产者出厂价格指数）等。

迄今为止，统计学界认为，统计指数可以从广义和狭义两方面来理解。

广义的统计指数是指反映社会经济现象数量变动的相对数，即指所有反映简单现象总体或复杂现象总体数量变动的相对数。简单现象总体是指总体中各单位具有共同的计量单位，其标准值可以直接加总计算的总体。例如我们前面介绍的计划完成程度相对数、比较相对数、动态相对数等。复杂现象总体是指各单位的标准值或单位数都不能直接加总计算的总体。如要说明一个国家商品价格综合变动情况，由于各种商品的经济用途、规格、计量单位等不同，就不能直接将各种商品的价格简单相加，要解决这种复杂经济总体各要素相加问题，就要编制统计指数综合反映它们的变动情况。这种反映不能直接相加的复杂现象总体综合数量变动的相对数，就称为狭义的统计指数。本项目所要研究的统计指数主要是指狭义的指数。

想一想

阅读以下数据：①2023年2月份，江苏省居民消费价格指数（CPI）同比上涨1.7%，涨幅较上月整整回落1个百分点，创自去年3月份以来的新低，重新回到“1时代”。②某企业全年销售收入计划完成程度为108%。③中央国际商场空调5月份比4月份销售量增长了10%。④2023年2月，全国工业生产者出厂价格指数（PPI）尽管同比依旧下降1.4%，但环比出现向好趋势，与上月持平。

请思考：上述指数哪些是广义指数，哪些是狭义指数，并说明理由。

（二）统计指数的特点

概括地讲，统计指数具有以下几个特点。

1. 相对性

统计指数是总体各变量在不同场合下对比形成的相对数，它可以度量一个变量在不同时间或不同空间的相对变化，如一种商品的价格指数或销售量指数，也可反映一组变量的综合变动，如居民消费价格指数（CPI）。

2. 综合性

综合性是针对狭义的统计指数来说的，它反映复杂社会经济现象总体一组变量在不同时间或不同空间的综合变动方向和程度。如居民消费价格指数（CPI）不是反映一种消费品或是一种服务的价格变动，而是综合反映居民所有生活消费项目价格的总变动。没有综合性，统计指数就不能发展成为一种独立的理论和方法体系。

3. 平均性

狭义的统计指数反映的总变动实质上是一种平均变动，是总体水平的一个代表性数值。由于各个个体的变动参差不齐，指数反映的这种总变动实际上是将个体差异抽象化，反映总体中各个个体变动的一般程度。

议一议

2022年11月份，全国工业生产者出厂价格同比下降1.3%，环比上涨0.1%。

一、工业生产者价格同比变动情况

工业生产者出厂价格中，生产资料价格下降2.3%，影响工业生产者出厂价格总水平下降约1.72个百分点。其中，采掘工业价格下降3.9%，原材料工业价格上涨0.3%，加工工业价格下降3.2%。生活资料价格上涨2.0%，影响工业生产者出厂价格总水平上涨约0.46个百分点。其中，食品价格上涨3.9%，衣着价格上涨2.3%，一般日用品价格上涨1.4%，耐用消费品价格上涨0.4%。

二、工业生产者价格环比变动情况

工业生产者出厂价格中，生产资料价格持平，影响工业生产者出厂价格总水平上涨约0.03个百分点。其中，采掘工业价格上涨0.9%，原材料工业价格下降0.1%，加工工业价格持平。生活资料价格上涨0.1%，影响工业生产者出厂价格总水平上涨约0.03个百分点。其中，食品、衣着和一般日用品价格均上涨0.2%，耐用消费品价格持平。

（资料来源：国家统计局　http://www.stats.gov.cn）

讨论：上述资料的数据体现了统计指数的哪些特点？请举例说明。

二、统计指数的作用

（一）反映复杂现象总体数量的变动方向和变动程度

这是编制统计指数的根本目的。在统计实践中，经常要研究多种商品或产品的价格综合变动情况，多种商品的销售量或产品产量的总变动，多种产品的成本总变动，多种股票价格的综合变动等。这类问题由于各种商品或产品的使用价值不同、各种股票价格涨跌幅度和成交量不同，所研究总体中的各个个体不能直接相加。通过编制指数可以把不能直接相加总的现象过渡到可以加总对比，从而反映复杂经济现象的变动方向和变动程度。

（二）分析各个因素变动对现象总量变动的影响方向和影响程度

复杂现象总体的变动是各种因素综合影响的结果，而各种因素自身变动的幅度和变动方向常常是不一致的，因而对总体总量变动的影响也不同。如某商场2022年10月的商品销售额对比2022年9月的商品销售额为130%，说明2022年10月该商场的商品销售额的增长幅度为30%。商品销售额的变动，取决于很多因素，如经济、政治、社会文化、消费者心理等，但从可以测度的因素来考察，这个变动是商品的销售量与价格两个因素共同作用的结果，通过编制指数，可以深入分析这两个因素的变动及其对商品销售额变动所带来的影响。

（三）反映现象变化的长期趋势

利用连续编制的统计指数，可形成动态指数数列。通过这一数列，可以分析经济社会现象总体在较长时间内的发展变化趋势。如图6-1-1所示，将2016—2020年我国生产资料工业

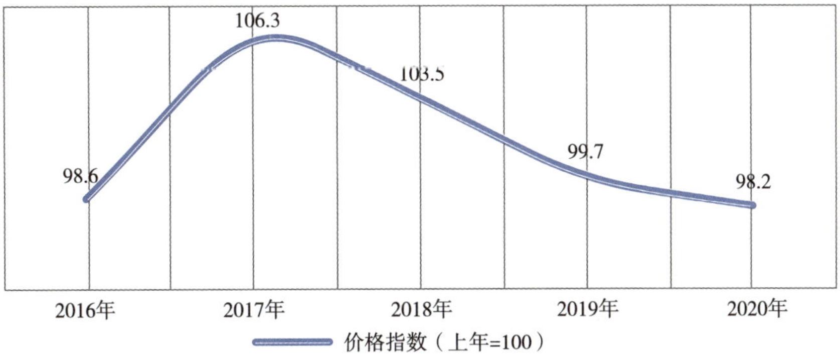

图6-1-1　2016—2020年我国生产资料工业生产者出厂价格指数情况

（资料来源：国家统计局　http://www.stats.gov.cn）

生产者出厂价格指数编制成指数数列后，就可以看出2016—2020年我国生产资料工业生产者出厂价格指数整体处于下降的态势。

三、统计指数的种类

（一）个体指数和总指数

统计指数按所研究对象的范围不同，可分为个体指数和总指数。

个体指数是说明个别事物（简单现象总体）数量变动的相对数。例如，产品产量个体指数、产品物价个体指数等。个体指数的计算，一般是用同一种现象的报告期指标数值与基期指标数值进行对比（用下标1表示报告期，用下标0表示基期）。

如：

$$\text{产品产量个体指数：}k_q=\frac{q_1}{q_0}\times 100\%$$

$$\text{产品价格个体指数：}k_p=\frac{p_1}{p_0}\times 100\%$$

总指数是指综合反映复杂现象总体的数量综合变动情况的相对数，如反映若干商品总的物价变动情况。有时为了研究需要，在介于个体指数与总指数之间，还编制组指数（或类指数）。组指数的编制方法与总指数相同。

（二）数量指标指数和质量指标指数

统计指数按所表示的指标性质不同，可以分为数量指标指数和质量指标指数。

数量指标指数反映现象总体的规模和水平的变动状况，如产量指数、销售量指数、职工人数指数等。

质量指标指数则反映现象总体内涵质量水平的变动，主要表现为反映现象相对水平或平均水平变动的相对数，如商品物价指数、成本指数、劳动生产率指数等。

（三）动态指数和静态指数

统计指数按指数的时间状态不同，可分为动态指数和静态指数。

动态指数是指由两个不同时期的同类经济变量值对比形成的指数，说明现象在不同时间上发展变化的过程和程度。常见的如CPI指数、股票价格指数等。

静态指数是指在同一时间条件下不同单位，不同地区间同一事物数量进行对比所形成的指数，如地区间的价格比较指数；或同一单位，同一地区计划指标与实际指标进行对比所形成的指数，如计划完成情况指数。

（四）定基指数和环比指数

统计指数按所采用的基期不同，可以分为定基指数和环比指数。

定基指数是指在数列中以某一固定时期的水平作为对比基准的指数。这类指数可以比较直观地反映事物的长期变化趋势及发展过程。基期应选择一个正常时期或典型时期，即用作比较的基期应能代表事物发展的正常状态或典型状态，从而使指数具有代表性。

环比指数是指数列中每一个指数都以前一个时期作为基期计算的指数。这一类指数可以较直观地反映事物逐期变动的情况。由于比较的对象是近期的，因而该指数对近期的变化非常敏感，更能反映短期的变动情况。

（五）综合指数和平均指数

统计指数按其编制的方法不同，可以分为综合指数和平均指数。

综合指数是指通过同度量因素，将不能直接相加、直接对比的现象过渡为可以相加与对比的现象，然后计算出的指数，它是总指数编制的基本形式。综合指数的编制可以分为数量指标综合指数编制和质量指标综合指数编制。

平均指数指的是从个体指数出发，通过对个体指数加权平均所得的指数，平均指数可以分为加权算术平均数指数和加权调和平均数指数。

任务二 编制综合指数

任务导入

小王大学毕业后自主创业，开了一家网店。起初，小店只经营一种产品，小王能够轻而易举地了解到产品的销售变动情况，从而根据销售变动情况作出相应的决策。随着小店的生意越来越火，小王决定扩大规模，由经营一种产品增加到经营三种不同种类的产品。可这时小王犯了难，原来一种产品的销售动态很好把握，如今三种不同种类的产品销售变动情况该如何获知呢？

总指数的编制计算方法有两种：一种是综合法总指数（简称综合指数）；另一种是平均法总指数（简称平均数指数）。本任务主要介绍综合法总指数，平均法总指数将在任务三中介绍。

一、综合指数的概念和特点

（一）综合指数的概念

综合指数是编制和计算总指数的一种基本形式，它是由两个总量指标对比而形成的指数。在所研究的总量指标中，包含两个或两个以上的因素，将其中一个或一个以上的因素指标固定下来，仅观察其中一个因素的变动，这样编制出来的总指数就是综合指数。

例如，要研究海尔空调、洗衣机、冰箱的三种商品销售量综合变动情况，由于这三种商品具有不同的使用价值，所以这三种商品的销售量不能直接相加，进行比较，这在统计上即为不可同度量。这时，需要引入一个因素——价格，让三种商品的销售量乘以各自相应的价格，即销售量×价格=销售额，而销售额是可以直接相加和直接对比的。这里的价格即为同度量因素。之后，将报告期的三种商品的销售额总值与基期三种商品的销售额总值对比，得到的指数即为综合指数。由于把价格固定在了同一时期，所以，它并不参与现象的变动，只起同度量作用，最终的综合指数反映的是商品销售量的变动情况，即销售量综合指数。

（二）综合指数的特点

综合指数从编制方法来看，具有以下特点。

（1）先综合后对比。即先解决总体中各个个体由于使用价值、经济用途、计量单位、规格、型号等不同不能直接简单相加对比的问题。为此，需要引入一个媒介因素（权数），使不能直接相加、不能直接对比的现象变成能够直接相加、能够直接对比的现象，这个因素称之为同度量因素。

（2）把总量指标中的同度量因素加以固定，以测定所要研究的因素，即指数化指标的影响程度。一般地，在计算数量指标指数时，应采用基期质量指标作为同度量因素；在计算质量指标指数时，应采用报告期的数量指标作为同度量因素。

（3）分子与分母所研究对象的范围原则上必须一致。

（4）综合指数的计算对资料要求较高，需要使用全面资料。

重要提示

编制综合指数必须明确两个问题：一是指数化指标，二是同度量因素。指数化指标就是编制综合指数所要测定的因素，如编制各种商品销售量综合指数所要测定的因素是商品销售量总的变动情况，所以商品销售量就是其指数化指标；同度量因素是指媒介因素，将这个媒介因素与指数化指标相乘，使得不能直接加总的因素过渡到可以加总。如在刚才编制各种商品销售量的总变动中，可以把各种销售量乘上相对应的商品价格过渡到商品销售额，不同商品的销售额可以相加，这样就可以从两个不同时期的商品销售额的对比中进行分析。加入的“商品价格”就是同度量因素。

二、编制综合指数

综合指数表现有两种形式：数量指标综合指数与质量指标综合指数。下面分别介绍这两种综合指数的编制。

（一）数量指标综合指数的编制

数量指标指数是指反映多种现象数量指标综合变化程度的指数，如产品产量指数、商品销售量指数等。根据编制综合指数的一般原则，应采用基期质量指标作为同度量因素，其计算公式为：

$$\overline{K}_q=\frac{\sum q_1p_0}{\sum q_0p_0}$$

式中，q、p——数量指标和质量指标；

0、1——基期和报告期；

$\overline{K}_q$——数量指标的总指数；

q_1p_0——报告期数量指标与基期质量指标相乘得到的假定价值指标；

q_0p_0——基期的价值指标。

此公式的计算结果说明复杂现象总体数量指标相对量综合变动的方向和程度。$\sum q_1p_0-\sum q_0p_0$说明数量指标的相对量变动对价值指标的影响。

现以商品销售量指标为例，说明数量指标指数的编制方法。

【例6-2-1】 某商场2月份三种商品的销售资料如表6-2-1所示，根据资料计算三种商品销售量指数。

表6-2-1　某商场2月份三种商品的销售资料

商品名称	计量单位	销售量		销售价格/元	
		基期（q_0）	报告期（q_1）	基期（p_0）	报告期（p_1）
手机	部	120	150	4 000	4 200
电脑	台	150	210	5 000	4 800
花生油	千克	500	350	100	125

【解】

分析：（1）确定同度量因素。从表6-2-1可以看出，三种商品销售量的变化有升有降，要考察三种商品销售量总的变化情况，必须计算销售量综合指数。由于这三种商品的使用价值不同，销售量简单相加就没有意义。因此，应引入销售价格作为同度量因素，将不能直接加总的销售量指标过渡到可以加总的销售额指标，即

销售量×销售价格=销售额

（2）确定同度量因素的时期（基期或报告期）。

$$\overline{K}_q=\frac{\sum q_1p_0}{\sum q_0p_0}\qquad \overline{K}_q=\frac{\sum q_1p_1}{\sum q_0p_1}$$

在实际的工作中，编制数量指标的综合指数，一般应采用基期质量指标作为同度量因素。因此计算公式应为：

$$\overline{K}_q=\frac{\sum q_1p_0}{\sum q_0p_0}$$

（3）计算过程（表6-2-2）。

表6-2-2　某商场2月份三种商品销售量综合指数计算表

商品名称	计量单位	销售量		销售价格/元		销售额/元	
		基期（q_0）	报告期（q_1）	基期（p_0）	报告期（p_1）	基期（q_0p_0）	假定期（q_1p_0）
手机	部	120	150	4 000	4 200	480 000	600 000
电脑	台	150	210	5 000	4 800	750 000	1 050 000
花生油	千克	500	350	100	125	50 000	35 000
合计	—	—	—	—	—	1 280 000	1 685 000

销售量综合指数

$$\overline{K}_q=\frac{\sum q_1p_0}{\sum q_0p_0}=\frac{1\ 685\ 000}{1\ 280\ 000}\approx 131.64\%$$

即该商场三种产品的销售量报告期比基期综合增长了31.64%。

$$\sum q_1p_0-\sum q_0p_0=1\ 685\ 000-1\ 280\ 000=405\ 000\text{（元）}$$

即由于该商场三种商品的销售量综合增长了31.64%，使得报告期的销售额比基期的销售额增加了405 000元。

议一议

如果把价格因素固定在报告期，销售量综合指数会发生怎样的变化？哪个计算公式更具有实际的经济意义，为什么？

（二）质量指标综合指数的编制

质量指标指数是指反映多种现象质量指标综合变化程度的指数，如产品成本指数、商品销售价格指数等。根据编制综合指数的一般原则，应采用报告期数量指标作为同度量因素，其计算公式为：

$$\overline{K}_p=\frac{\sum p_1q_1}{\sum p_0q_1}$$

式中，q、p——数量指标和质量指标；

0、1——基期和报告期；

$\overline{K}_p$——质量指标的总指数；

p_1q_1——报告期的价值指标；

p_0q_1——基期的质量指标与报告期数量指标相乘得到假定价值指标。

此公式的计算结果说明复杂现象总体质量指标相对量综合变动的方向和程度。$\sum p_1q_1-\sum p_0q_1$说明质量指标的相对量变动对价值指标的影响。

现以商品销售价格指标为例，说明质量指标指数的编制方法。

【例6-2-2】 仍然以表6-2-1资料为例，计算三种商品销售价格综合指数。

【解】

分析：（1）确定同度量因素。从表6-2-1可以看出，三种商品销售价格的变化有升有降，要考察三种商品销售价格总的变化情况，必须计算销售价格综合指数。由于这三种商品的使用价值不同，销售价格简单相加就没有意义。因此，应引入销售量作为同度量因素，将不能直接加总的销售价格指标过渡到可以加总的销售额指标，即

销售价格×销售量=销售额

（2）确定同度量因素的时期（基期或报告期）。

$$\overline{K}_p=\frac{\sum p_1q_0}{\sum p_0q_0}\qquad\qquad \overline{K}_p=\frac{\sum p_1q_1}{\sum p_0q_1}$$

在实际工作中，编制质量指标的综合指数，一般应采用报告期数量指标作为同度量因

素。因此计算公式应为：

$$\overline{K}_p=\frac{\sum p_1q_1}{\sum p_0q_1}$$

（3）计算过程（表6-2-3）。

表6-2-3　某商场2月份三种商品销售价格综合指数计算表

商品名称	计量单位	销售量		销售价格/元		销售额/元	
		基期（q_0）	报告期（q_1）	基期（p_0）	报告期（p_1）	报告期（p_1q_1）	假定期（p_0q_1）
手机	部	120	150	4 000	4 200	630 000	600 000
电脑	台	150	210	5 000	4 800	1 008 000	1 050 000
花生油	千克	500	350	100	125	43 750	35 000
合计	—	—	—	—	—	1 681 750	1 685 000

销售价格综合指数

$$\overline{K}_p=\frac{\sum p_1q_1}{\sum p_0q_1}=\frac{1\ 681\ 750}{1\ 685\ 000}\approx 99.81\%$$

即该商场三种产品的销售价格报告期比基期综合下降了0.19%。

$$\sum p_1q_1-\sum p_0q_1=1\ 681\ 750-1\ 685\ 000=-3\ 250\text{（元）}$$

即由于该商场三种商品的销售价格综合下降了0.19%，使得报告期的销售额比基期的销售额减少了3 250元。

议一议

如果把销售量因素固定在基期，销售价格综合指数会发生怎样的变化？哪个计算公式更具有实际经济意义，为什么？

知识拓展

拉氏指数和帕氏指数

从指数发展的历史来看，价格指数的编制方法主要有两种：一种是拉氏指数；另一种是帕氏指数。

拉氏指数是德国经济学家拉斯贝尔（LASPEYRE）于1864年首先提出的，他主张无论是数量指标指数还是质量指标指数，都采用基期同度量因素（权数）的指数。

帕氏指数又称报告期加权综合指数，是1874年德国学者帕煦（Paasche）所提出的一种指数计算方法。它是在计算一组项目的综合指数时，把作为权数的变量固定在报告期。

在实际工作中，计算销售量指数时，将价格固定在基期，可以剔除价格变动的影响，准确反映销售量的变化；计算价格指数时，将销售量固定在报告期，反映了现实商品结构下价格的综合变动，商品结构变化的影响融合到了价格指数里，更能揭示价格变动后的实际影响。一般来说，编制数量指标综合指数采用拉氏指数；编制质量指标综合指数采用帕氏指数。

任务三 编制平均数指数

任务导入

为了提高校内京创超市的经营管理水平，做出科学决策，王店长需要充分了解零食类商品的销售情况，她要求助理小张收集零食类三种卖得比较好的商品（奥利奥夹心饼干、乐事薯片、好丽友巧克力派）近两个月的销售量资料，并加工整理后，分析三种商品销售量总的变动情况。小张收集到的资料如表6-3-1所示。

表6-3-1　京创超市三种热卖商品的销售资料

商品名称	计量单位	商品销售量		基期商品销售额/元（$q_0 p_0$）
		基期（q_0）	报告期（q_1）	
奥利奥夹心饼干	盒	3 000	3 300	50 700
乐事薯片	袋	2 000	2 400	15 600
好丽友巧克力派	盒	2 000	1 800	19 800

问题：如果你是助理小张，应该如何根据收集到的资料完成任务？

（资料来源：本案例由本校京创超市提供）

综合指数是总指数的基本形式，但它的最大局限在于，编制综合指数时，需要掌握全面的资料，如在编制销售量指数时，不仅要知道各商品的报告期、基期销售量资料，还要知道各商品的基期价格；同样，在编制价格指数时，不仅要知道各商品的报告期、基期价格资料，还要知道各商品的报告期销售量资料，缺少其中任何一项资料都无法计算。但现实统计中，很难收集到全面的资料，这时，通常需要编制平均数指数。

一、平均数指数的概念和特点

（一）平均数指数的概念

平均数指数（index of mean）是用个体指数加权平均计算得出的指数（也称平均指数），其计算方法是首先计算所研究现象的个体指数，然后再以某种指标为权数进行加权平均。与综合指数一样，平均指数也是总指数的基本形式之一，用来反映复杂现象的总变动。平均指数之所以被称为平均指数，是因为它利用了加权算术平均数$\bar{x}=\frac{\sum xf}{\sum f}$和加权调和平均数$\overline{x_H}=\frac{\sum m}{\sum \frac{m}{x}}$的计算形式。

（二）平均数指数的特点

平均数指数从编制方法来看，具有以下特点。

（1）先对比，后平均。即先通过对比计算出各个单项事物的个体指数：$k_q=\frac{q_1}{q_0}$或$k_p=\frac{p_1}{p_0}$；然后再对这些个体指数赋予适当的权数q_0p_0或p_1q_1加以平均以求得总指数。

（2）由于受所掌握资料不全面的限制，当无法直接运用综合指数的计算公式来计算时，可以使用平均数指数来测定复杂现象的综合或平均变动的方向和程度。所以说，在一定的权数下，综合指数和平均指数存在着某种计算上的变形关系。

二、编制平均数指数

平均数指数最常用的形式有两种：一种是加权算术平均数指数；另一种是加权调和平均数指数。

（一）加权算术平均数指数的编制

加权算术平均指数是按照加权算术平均数方法计算的总指数。它以个体数量指标指数以及基期的总量指标为基础编制而成。一般地，数量指标综合指数编制通常使用加权算术平均形式计算指数。

$$\overline{K}_q=\frac{\sum q_1p_0}{\sum q_0p_0}$$

因为

$$k_q=\frac{q_1}{q_0} \qquad q_1=k_qq_0$$

所以

$$\overline{K}_q=\frac{\sum q_1p_0}{\sum q_0p_0}=\frac{\sum k_qq_0p_0}{\sum q_0p_0}$$

将上式与加权算术平均数一般计算式$\bar{x}=\frac{\sum xf}{\sum f}$相比较，不难发现，这是一个以个体指数为变量值，以综合指数公式中的母项资料（$\sum q_0p_0$）为权数的加权算术平均数。

下面就以【任务导入】中京创超市为例，来说明利用加权算术平均指数来编制数量指标指数的方法。

【例6-3-1】 请根据收集好的京创超市三种热卖商品的销售资料，计算三种商品销售量总的变动情况。

【解】

表6-3-2 京创超市三种热卖商品的销售量平均指数计算表

商品名称	计量单位	销售量		个体指数	基期销售额/元	假定期销售额
		基期（q_0）	报告期（q_1）	$k_q=\frac{q_1}{q_0}$	（q_0p_0）	（$k_qq_0p_0$）
奥利奥夹心饼干	盒	3 000	3 300	1.1	50 700	55 770
乐事薯片	袋	2 000	2 400	1.2	15 600	18 720
好丽友巧克力派	盒	2 000	1 800	0.9	19 800	17 820
合计	—	—	—	—	86 100	92 310

$$\overline{K}_q=\frac{\sum q_1p_0}{\sum q_0p_0}=\frac{\sum k_qq_0p_0}{\sum q_0p_0}=\frac{92\ 310}{86\ 100}\approx 107.21\%$$

$$\sum k_qq_0p_0-\sum q_0p_0=92\ 310-86\ 100=6\ 210\text{（元）}$$

计算结果表明，三种热卖商品的销售量总体上增长了7.21%，由于销售量的增长使得报告期的销售额比基期的销售额增加了6 210元。

（二）加权调和平均数指数的编制

加权调和平均指数是按照加权调和平均数方法计算的总指数。它以个体质量指标指数以及报告期的总量指标为基础编制而成。一般地，质量指标综合指数编制通常使用加权调和平均形式计算指数。

$$\overline{K}_p=\frac{\sum p_1q_1}{\sum p_0q_1}$$

因为

$$k_p=\frac{p_1}{p_0}\qquad p_0=\frac{p_1}{k_p}$$

所以

$$\overline{K}_p=\frac{\sum p_1q_1}{\sum p_0q_1}=\frac{\sum p_1q_1}{\sum\frac{1}{k_p}p_1q_1}$$

将上式与加权调和平均数一般计算式$\overline{x}_H=\frac{\sum m}{\sum\frac{m}{x}}$相比较，可以看出，这是一个以个体指数为变量值，以综合指数公式中的子项资料（$\sum p_1q_1$）为权数的加权调和平均数。

【例6-3-2】 根据表6-3-3资料计算三种产品的价格指数。

表6-3-3　某公司产品产值及价格个体指数资料

产品名称	计量单位	报告期实际产值/元 (p_1q_1)	个体价格指数/% $k_p=\frac{p_1}{p_0}$	假定期产值/元 $\frac{1}{k_p}p_1q_1$
甲	千克	420 000	140	300 000
乙	支	612 000	100	612 000
丙	件	600 000	90.91	660 000
合计	—	1 632 000	—	1 572 000

【解】

$$\overline{K}_p=\frac{\sum p_1q_1}{\sum p_0q_1}=\frac{\sum p_1q_1}{\sum\frac{1}{k_p}p_1q_1}=\frac{1\ 632\ 000}{1\ 572\ 000}\approx 103.82\%$$

$$\sum p_1q_1-\sum\frac{1}{k_p}p_1q_1=1\ 632\ 000-1\ 572\ 000=60\ 000\text{（元）}$$

计算结果表明，三种产品的价格总体上涨了3.82%，由于价格的上涨使得报告期的产值比基期的产值增加了60 000元。

议一议

平均数指数和综合指数之间有什么联系和区别？

知识拓展

固定权数的应用

在编制平均数指数中，采用固定权数编制加权平均数指数在国内外得到广泛应用。由于缺乏或不需要全面统计资料，无法或不需要直接用综合指数编制指数时，采用加权平均数指数公式编制指数，其公式

$$\overline{k}=\frac{\sum kw}{\sum w}$$

其中w表示零售额比重权数。由于这种零售额指数，分为小类指数、大类指数和总指数逐级进行编制，因此，也分级确定比重权数，各级权数之和等于100%。这种指数所使用的权数可以根据有关的普查、抽样调查或者全面统计报表资料调整计算后用相对数形式固定下来，一定时期内不变（如5年、10年），所以也叫作固定加权算术平均数指数。我国的商品零售价格指数、农副产品收购价格指数、职工生活费指数（居民消费指数）及西方的工业生产指数、消费品价格指数等，均采用了固定权数的平均指数的编制方法。

任务四 指数体系与因素分析

任务导入

最近，开网店的小王一直闷闷不乐。原来，他在查阅近几个月的销售资料时发现，网店的销售额在逐渐下降。这可把他急坏了，吃不好睡不着。于是，他找到经验丰富的网店店主老赵寻求帮助，如果你是老赵，你会从哪些方面分析小王网店销售额下降的原因，并给予他一些好的意见或建议呢？

一、指数体系的概念与作用

（一）指数体系的概念

社会经济现象之间是相互联系、相互影响的，其中一部分经济现象之间具有数量上的必然联系。如：

商品销售额=商品价格×商品销售量

总成本=单位产品成本×生产量

总产值=劳动生产率×职工人数

这些经济方程式的左边是受多因素影响的总量，而等式右边的质量指标和数量指标则是它的两个影响因素。以上这几种经济关系，用指数表示时具有同样的对等关系，即

商品销售额指数=商品价格指数×商品销售量指数

总成本指数=单位产品成本指数×生产量指数

总产值指数=劳动生产率指数×职工人数指数

在统计分析中，将这种由三个或三个以上存在一定数量对等关系的统计指数所构成的有机整体称为指数体系。

指数体系中的各个指数之间的数量对等关系，不仅表现在相对数（即指数）之间，也表现在绝对数之间，即一是现象总体指数等于各个影响因素指数的连乘积；二是一个受多因素影响指标的总增减量等于其各影响因素分别变动增减数量之和。

（二）指数体系的作用

1. 指数体系是进行因素分析的根据

即利用指数体系可以分析复杂经济现象总变动中各因素变动影响方向和程度。如通过编制多种产品的销售量指数和价格指数，可以分析销售量和价格的变动对销售总额变动的影响。

2. 利用各指数之间的联系进行指数间的相互推算

例如，通过商品销售额指数=商品价格指数×商品销售量指数，如果知道商品销售额指数和商品销售量指数，就可以推算出商品价格指数。

想一想

1. 已知某产品的单位成本报告期比基期下降了5%，总成本指数报告期比基期上升了5%，那么该产品的生产量指数将会发生怎样的变化？

2. 若一个地方物价上涨，销售额持平，则销售量会发生怎样的变动？

二、因素分析

（一）因素分析的概念与分类

因素分析是以指数体系为基础，分析两个或两个以上的影响因素对总变动的影响方向和影响程度的方法。例如，以指数体系来分析产品价格、产品生产量的变动对产值的影响。

因素分析按分析对象包含的因素多少，可以分为两因素分析和多因素分析；按分析的指标种类不同，可分为总量指标因素分析和平均指标因素分析。本任务主要介绍总量指标的两因素分析。

（二）总量指标两因素分析

总量指标两因素分析主要包括两个方面的基本内容：

一是相对数分析，即将互相联系的指数组成乘积关系的体系，从指数计算结果本身指出现象总体总量指标的变动是由哪些因素变动作用的结果。如以商品销售额指数、商品价格指数和商品销售量指数为例：

$$\frac{\sum p_1q_1}{\sum p_0q_0}=\frac{\sum q_1p_0}{\sum q_0p_0}\times\frac{\sum p_1q_1}{\sum p_0q_1}$$

二是绝对数分析，即由指数体系中各个指数分子与分母指标之差所形成绝对值上的因果关系。仍以商品销售额指数、商品价格指数和商品销售量指数为例：

$$\sum p_1q_1-\sum p_0q_0=\left(\sum q_1p_0-\sum q_0p_0\right)+\left(\sum p_1q_1-\sum p_0q_1\right)$$

【例6-4-1】 某公司商品出口量和出口价格资料如表6-4-1所示，请运用指数两因素分析法说明出口量和出口价格对出口额的影响。

表6-4-1　某公司商品出口量和出口价格资料

商品名称	计量单位	出口量		出口价格/元	
		基期（q_0）	报告期（q_1）	基期（p_0）	报告期（p_1）
甲	吨	1 000	2 000	8	7
乙	箱	3 000	4 000	6	5
丙	个	5 000	6 000	10	9

【解】

表6-4-2　某公司商品出口量和出口价格因素分析计算表

商品名称	计量单位	出口量		出口价格/元		出口额/元		
		基期（q_0）	报告期（q_1）	基期（p_0）	报告期（p_1）	q_0p_0	p_1q_1	p_0q_1
甲	吨	1 000	2 000	8	7	8 000	14 000	16 000
乙	箱	3 000	4 000	6	5	18 000	20 000	24 000

续表

商品名称	计量单位	出口量		出口价格/元		出口额/元		
		基期（q_0）	报告期（q_1）	基期（p_0）	报告期（p_1）	q_0p_0	p_1q_1	p_0q_1
丙	个	5 000	6 000	10	9	50 000	54 000	60 000
合计	—	—	—	—	—	76 000	88 000	100 000

第一步，计算三种商品的出口额的总变动程度和绝对额（表6–4–2）。

$$\overline{K}_{pq}=\frac{\sum p_1q_1}{\sum p_0q_0}=\frac{88\ 000}{76\ 000}\approx 115.79\%$$

$$\sum p_1q_1-\sum p_0q_0=88\ 000-76\ 000=12\ 000\text{（元）}$$

即三种商品的出口额报告期比基期增长了15.79%，报告期的出口额比基期增加12 000元。

第二步，分别计算商品出口量和出口价格两个因素变动影响的程度和绝对额。

（1）商品出口量指数。

$$\overline{K}_q=\frac{\sum q_1p_0}{\sum q_0p_0}=\frac{100\ 000}{76\ 000}\approx 131.58\%$$

$$\sum q_1p_0-\sum q_0p_0=100\ 000-76\ 000=24\ 000\text{（元）}$$

即该公司三种商品的出口量报告期比基期增长了31.58%，由于出口量的增长，使得报告期的出口额比基期的出口额增加了24 000元。

（2）出口价格指数。

$$\overline{K}_p=\frac{\sum p_1q_1}{\sum p_0q_1}=\frac{88\ 000}{100\ 000}=88\%$$

$$\sum p_1q_1-\sum p_0q_1=88\ 000-100\ 000=-12\ 000\text{（元）}$$

即该公司三种商品的出口价格报告期比基期下降了12%，由于出口价格的下降，使得报告期的出口额比基期的出口额减少了12 000元。

第三步，根据指数体系，从相对数和绝对数两个方面进行综合分析。

相对数分析：

$$\frac{\sum p_1q_1}{\sum p_0q_0}=\frac{\sum q_1p_0}{\sum q_0p_0}\times\frac{\sum p_1q_1}{\sum p_0q_1}$$

即：

$$115.79\%=131.58\%\times 88\%$$

绝对数分析：

$$\sum p_1q_1-\sum p_0q_0=\left(\sum q_1p_0-\sum q_0p_0\right)+\left(\sum p_1q_1-\sum p_0q_1\right)$$

即：

$$12\,000=24\,000+(-12\,000)$$

分析数字表明：该公司三种商品出口额报告期比基期增长了15.79%，是出口量增长了31.58%和出口价格下降了12%这两个因素共同影响的结果；该公司三种商品出口额报告期比基期增加了12 000元，是由于出口量的增长使出口额增加了24 000元和由于出口价格的下降使出口额减少了12 000元这两个因素共同影响的结果。

重要提示

因素分析的要点包括以下几个方面：

（1）因素分析需借助于指数体系。

（2）因素分析中各因素指数的计算借助于综合指数计算形式。

（3）分析其中一个因素的影响时，假定其他因素不变（不变的因素即为同度量因素）。

（4）从相对数和绝对数两个方面进行因素影响的分析。

任务五　认识常用的几种经济指数

任务导入

在实际生活中，我们听新闻、看报刊，经常会接触到一些经济指数，如商品零售价格指数、居民消费价格指数、工业生产者出厂价格指数，股票价格指数……，这些指数是什么意思？它们是怎么计算出来的？编制有什么意义呢？

一、商品零售价格指数

商品零售价格指数（retail price index，RPI），是指反映一定时期内商品零售价格变动趋势和变动程度的相对数。零售物价指数是编制财政计划、价格计划、制定物价政策、工资政策的重要依据。目前我国商品零售价格指数采用加权算术平均公式计算，调查范围涉及食品、饮料烟酒、服装鞋帽、纺织品、家用电器及音像器材、文化办公用品、日用品、体育娱乐用品、交通通信用品、家具、化妆品、金银珠宝、中西药品及医疗保健用品、书报杂志及电子出版物、燃料、建筑材料及五金电料16大类商品。

我国现行的零售物价指数的编制要点体现在以下几个方面。

（一）指数的分类

全部零售商品分为食品（粮食、副食品、烟茶酒，其他食品）、衣着、日用品类、文化娱乐用品、书报杂志类、药及医疗用品类、建筑装潢材料类、燃料八大类。大类以下分小类，小类以下分若干细类（或商品集团）。例如，在食品这一大类中，分为粮食、副食品、烟茶酒、其他食品四小类。在粮食这一小类中，分有细粮、粗粮两个细类。在细粮这一细类中，再分有大米、面粉两个商品集团。可想而知，全社会零售商品种类成千上万，分类只能适可而止。例如，大米作为商品集团，其中包括糯米、粳米、籼米等，各种米还有质量等级不同之分，等等，不一而足。因此，在编制指数时，只能在商品集团中选取一种或数种代表规格品作为代表。

（二）代表规格品的选择

代表规格品的选择，各地可以根据当地情况参考中央规定的《商品目录》酌情增减确定，但是应选择那些价格变动能够反映该商品集团价格变动趋势的商品作为代表品。例如规定以标准面粉作为面粉这一商品集团的代表品，大米则以中等白米为代表品。

（三）典型地区的选择

零售物价总指数反映的是全国平均价格水平，它既包括价格上涨较多的地区，也包括上涨不多甚至下降的地区。分地区来看，大中城市、东南沿海地区及东北部分地区平均物价上涨幅度较大。因此，选择具有代表性的典型地区作为物价调查点是很重要的。

（四）商品价格的确定

计算商品零售价格指数采用的商品价格，是按月、季、年编制的平均价格。月平均价格是将本月变价前后的价格以调价前后的天数加权算术平均计算。例如，菜市6月11日某商品价格由130元降为100元，则：

$$\text{月平均价格}=\frac{130\times10+100\times20}{30}=110\text{（元）}$$

年平均价格是将12个月的平均价格简单算术平均计算。例如，某商品1～6月每月平均价格为12元，而7～12月每月平均价格为14元，则：

$$\text{年平均价格}=\frac{12\times6+14\times6}{12}=13\text{（元）}$$

（五）固定权数的确定

零售物价总指数是长期连续不断地进行编制和计算的。因此，其所采用的权数必须是固定权数。零售物价指数的权数，一般根据上年1～3季度消费的实际零售额和第4季度预计零售额（不包括对社会集团的消费品零售额），并参考本年度市场变化情况加以确定。各大类的权数基本上应符合当地人民的消费构成。在确定权数时，首先确定大类的权数，其次确定小类的权数，最后确定商品集团的权数。各大、小类的零售额除包括指数中所选商品的零售额外，还包括未选商品的零售额。大类权数之和，大类中小类权数之和，小类中各商品集团的权数之和，均应等于100。权数一律采用整数，不要小数。每年确定一次权数，年内不变。

（六）计算指数

商品零售价格总指数的计算公式为

$$\overline{K}_p=\frac{\sum k_p w}{\sum w}$$

式中，$\overline{K}_p$——个体指数或各层的类指数；

w——各层零售额比重权数，$\sum w=100$。

计算具体过程是：先分别计算出各代表规格品基期和报告期的全社会综合平均价，并计算出相应的价格指数，然后分层逐级计算小类、中类、大类和总指数。现以表6-5-1资料说明商品零售价格指数的编制过程。

【例6-5-1】 表6-5-1是某市商品零售价格资料，据此计算该市的商品零售价格指数。

表6-5-1　某市2022年8月商品零售价格指数计算表

商品类别及名称	代表规格品	计算单位	平均价格/元		权数（w）/%	指数/%	kw/%
			p_0	p_1			
总指数					100	115.1	11 514.4
、食品类					51	117.5	5 992.5
1.粮食					35	105.3	3 685.5
（1）细粮					65	105.6	6 864.0
面粉	标准	千克	2.40	2.52	40	105.0	4 200.0
大米	粳米	千克	3.50	3.71	60	106.0	6 360.0
（2）粗粮					35	104.8	3 668.0
2.副食品					45	125.4	5 643.0
3.烟酒茶					11	126.0	1 386.0
4.其他食品					9	114.8	1 033.2
二、衣着类					20	115.2	2 304.0
三、日用品类					11	109.5	1 204.5
四、文化娱乐用品类					5	110.4	552.0
五、书报杂志类					2	108.6	217.2
六、药及医疗用品类					6	116.4	698.4
七、建筑装潢材料类					2	114.5	229.0
八、燃料类					3	105.6	316.8

【解】

首先计算出各代表规格品的价格指数。

如面粉价格指数为：

$$k_p=\frac{p_1}{p_0}=\frac{2.52}{2.40}=105.0\%$$

然后根据各代表规格品的价格指数及给出的相应权数，用加权算术平均方法计算小类指数，如细粮小类的价格指数为：

$$\overline{K}_p=\frac{\sum k_p w}{\sum w}=\frac{1.05\times40+1.06\times60}{100}=105.6\%$$

再根据各小类指数及相应的权数，用加权算术平均方法计算中类指数，如粮食中类的价格指数为

$$\overline{K}_p=\frac{\sum k_p w}{\sum w}=\frac{1.056\times65+1.048\times35}{100}=105.3\%$$

然后根据各中类指数及相应的权数，用加权算术平均法计算大类指数，如食品大类的价格指数为

$$\overline{K}_p=\frac{\sum k_p w}{\sum w}=\frac{1.053\times35+1.254\times45+1.26\times11+1.148\times9}{100}=117.5\%$$

最后，根据各大类指数及相应的权数，用加权算术平均的方法计算总指数，即

$$\overline{K}_p=\frac{\sum k_p w}{\sum w}=\frac{1.175\times51+1.152\times20+1.095\times11+\cdots+1.056\times3}{100}=115.1\%$$

二、居民消费价格指数

居民消费价格指数（consumer price index，CPI），是度量一组代表性消费品及服务项目价格水平变动程度的相对数，用来反映城乡居民所消费商品及服务价格水平变动情况的宏观经济指标，CPI 报告期为月度。

CPI的计算方法与商品零售价格指数基本相同，也是采用固定加权算术平均指数公式，其公式如下：

$$\overline{K}_p=\frac{\sum k_p w}{\sum w}$$

式中，k_p——个体指数；

w——固定权数，每层权数之和均应等于100%。

知识拓展

通货膨胀与 CPI

通货膨胀（Inflation）指在纸币流通条件下，因货币供给大于货币实际需求，也即现实购买力大于产出供给，导致货币贬值，而引起的一段时间内物价持续而普遍地上涨现象。

CPI告诉人们的是，对普通家庭的支出来说，购买具有代表性的一组商品，在今天要比过去某一时间多花费多少，例如，若2015年某国普通家庭每个月购买一组商品的费用为800元，而2020年购买这一组商品的费用为1 000元，那么该国2020年的消费价格指数为（以2015年为基期）CPI=1 000/800×100=125%，也就是说上涨了25%。

如果消费物价指数升幅过大，表明通胀已经成为经济不稳定因素，央行会有紧缩货币政策和财政政策的风险，从而造成经济前景不明朗。因此，该指数过高的升幅往往不被市场欢迎。例如，在过去12个月，消费者物价指数上升2.3%，那表示，生活成本比12个月前平均上升2.3%。当生活成本提高，你的金钱价值便随之下降。也就是说，一年前收到的一张100元纸币，今日只可以买到价值97.7元的商品或服务。一般说来，当CPI＞3%的增幅时我们称为Inflation，就是通货膨胀；而当CPI＞5%的增幅时，我们把它称为Serious Inflation，就是严重的通货膨胀。

通货膨胀影响着每一个人，它决定着消费者花费多少钱来购买商品和服务，左右着商业经营的成本，极大地破坏着个人或企业的投资，影响着退休人员的生活质量。而CPI是判断通货膨胀的重要指标，它的重要性不言而喻。

（资料来源：国家统计局　http://www.stats.gov.cn）

三、工业生产者出厂价格指数

根据国际货币基金组织（IMF）《生产者价格指数手册》，生产者价格指数（producer price index，PPI），理论上应涵盖所有产业的生产者价格指数，即包括农业生产者价格指数、工业生产者价格指数和服务业生产者价格指数。工业生产者价格指数是其中的重要组成部分，由于历史及技术原因，目前许多国家编制和发布的PPI仅指工业生产者出厂价格指数。工业生产者出厂价格指数是反映工业生产企业产品出厂价格水平变动程度的相对数，PPI报告期为月度。

知识拓展

PPI与CPI

PPI分为生产资料和生活资料两大类，包含了42个工业行业大类以及1 300多个基本分类的工业产品价格。生产资料一般指的是用于工业生产活动的中间消耗品，比如煤炭、石油、有色金属等。之后又细分为三大类：采掘、原材料、加工业。生活资料则是指用于人民生活的消费品，比如衣服、汽车等，可以细分为四大类：食品、衣着、一般日用品和耐用消费品。

PPI与CPI分别显示着生产领域与消费领域商品与服务的价格变动，即PPI反映的是生产环节价格水平，CPI反映的是消费环节价格水平。由此可见，PPI是CPI的上游环节，根据价格传导规律，PPI对CPI有一定的影响。一方面，PPI中的生产资料变动必然带动CPI中任何一个权重因子的变化。比如，作为生产资料的原油价格上涨，就会增加CPI中权重因子里的猪肉、蔬菜等运输成本，从而使这些商品的价格上涨；另一方面，PPI中的生活资料的变动必然带动CPI的变化，比如PPI上涨后通过成本推动的形式传导到CPI，CPI价格也会上涨。

从生产成本的上涨到出厂价格的上涨，再到老百姓买到的实实在在商品价格的上涨，都是息息相关的。所以，很多时候，我国在公布一些宏观市场数据时，这两项指标往往一起公布。

（资料来源：百度百科）

四、股票价格指数

股票价格指数是反映某一股票市场上多种股票价格变动趋势的一种相对数，简称股价指数，其单位一般以“点”（point）表示，即将基期指数作为100，每上升或下降一个单位称为“1点”。股票的“1点”意思就是1%，表示的是股票的价格指数，通常是用来形容股票的价格涨跌幅度的一种约定俗成的口头说法，几个点就代表百分之几。如××股上涨了5个点，那意思就是××股当前上涨了5%。

股票价格指数是由证券交易所或金融服务机构编制的表明股票行市变动的一种供参考的指示数字。由于股票价格起伏无常，投资者必然面临市场价格风险。对于具体某一种股票的价格变化，投资者容易了解，而对于多种股票的价格变化，要逐一了解，既不容易，也不胜其烦。为了适应这种情况和需要，一些金融服务机构就利用自己的业务知识和熟悉市场的优势，编制出股票价格指数，公开发布，作为市场价格变动的指标。投资者据此就可以检验自己投资的效果，并用以预测股票市场的动向。同时，新闻界、企业管理层乃至政界领导人等也以此为参考指标，来观察、预测社会政治、经济发展形势。

（一）股票价格指数编制方法

股票价格指数的编制方法有很多，综合指数是其中的一种重要编制方法，即以发行量为权数进行加权综合，其公式为：

$$\overline{K}_p=\frac{\sum p_{1i}q_i}{\sum p_{0i}q_i}$$

式中，p_{1i}为第i种股票报告期价格，p_{0i}为第i种股票基期价格，q_i为第i种股票的发行量，它可以固定在基期，也可以固定在报告期，但大多数股价指数是以报告期发行量为权数计算的。

【例6-5-2】 设有3种股票的价格和发行量资料如表6-5-2所示，试计算股票价格指数。

表6-5-2 3种股票的价格和发行量资料

股票名称	基期价格/元	本日收盘价/元	报告期发行量/万股
A	25	26.5	3 500
B	8	7.8	8 000
C	12	12.6	4 500

【解】

根据公式，股价指数为

$$\overline{K}_p=\frac{\sum p_{1i}q_i}{\sum p_{0i}q_i}=\frac{26.5\times3\ 500+7.8\times8\ 000+12.6\times4\ 500}{25\times3\ 500+8\times8\ 000+12\times4\ 500}=\frac{211\ 850}{205\ 500}\times100\%=103.09\%$$

即股价上涨了3.09%。

（二）常见的股价指数

1. 道琼斯股价指数

道琼斯指数最早是在1884年由道琼斯公司的创始人查尔斯·亨利·道（Charles Henry Dow 1851—1902年）开始编制的，道琼斯指数亦称$US30，即道琼斯股票价格平均指数，是世界上最有影响、使用最广的股价指数。它以在纽约证券交易所挂牌上市的一部分有代表性的公司股票作为编制对象，由四种股价平均指数构成。

这四种股价平均指数分别是：

①以30家著名的工业公司股票为编制对象的道琼斯工业股价平均指数。

②以20家著名的交通运输业公司股票为编制对象的道琼斯运输业股价平均指数。

③以15家著名的公用事业公司股票为编制对象的道琼斯公用事业股价平均指数。

④以上述三种股价平均指数所涉及的65家公司股票为编制对象的道琼斯股价综合平均指数。

在四种道琼斯股价指数中，以道琼斯工业股价平均指数最为著名，它被大众传媒广泛地报道，并作为道琼斯指数的代表加以引用。道琼斯指数由美国报业集团——道琼斯公司负责编制并发布，登载在其属下的《华尔街日报》上。

2. 纳斯达克指数

纳斯达克指数是反映纳斯达克证券市场行情变化的股票价格平均指数，基本指数为100。纳斯达克的上市公司涵盖所有新技术行业，包括软件和计算机、电信、生物技术、零售和批发贸易等，主要由美国的数百家发展最快的先进技术、电信和生物公司组成，包括微软、英特尔、美国在线、雅虎这些家喻户晓的高科技公司，因而成为美国"新经济"的代名词。

纳斯达克指数是代表各工业门类的市场价值变化的晴雨表。因此，纳斯达克综合指数相比道琼斯工业指数（它仅包括30个著名大工商业公司，20家运输业公司和15家公用事业大公司）更具有综合性。纳斯达克指数包括5 000多家公司，超过其他任何单一证券市场。因为它有如此广泛的基础，已成为较有影响力的证券市场指数之一。

3. 香港恒生指数

香港恒生指数是香港股票市场上历史最久、影响最大的股票价格指数，由香港恒生银行于1969年11月24日开始发表。

恒生股票价格指数包括从香港500多家上市公司中挑选出来的33家有代表性且经济实力雄厚的大公司股票作为成分股，分为四大类——4种金融业股票、6种公用事业股票、9种地产业股票和14种其他工商业（包括航空和酒店）股票。这些股票占香港股票市值的63.8%，因该股票指数涉及香港的各个行业，具有较强的代表性。

4. 上证综合指数

上海证券综合指数简称"上证指数"或"上证综指"，它是上海证券交易所编制的，反映上海证券交易所上市股票价格的变动情况。这一指数自1991年7月15日起开始实时发布，基日定为1990年12月19日，以在上海证券交易所上市的全部股票（包括A股和B股）为计算范围，以报告期股票发行量为权数进行编制，计算公式为

$$\text{今日股价指数}=\frac{\text{今日市价总值}}{\text{基日市价总值}}\times 100\%$$

由于采取全部股票进行计算，"上证指数"可以较为贴切地反映上海股价的变化情况，是国内外普遍采用的反映上海股市总体走势的权威统计指标。

思政微议

中国与股市握手

股票，是企业所有权的证明，与私有产权紧密相关。股票在中国大陆最早出现还要追溯到1872年也即晚清洋务运动时期，此后伴随着晚清民国时期的社会及金融领域的动荡，股票

也沦为了欺诈、恶炒的筹码，成为权势阶层剥削中下层人民的工具。对于这段历史，茅盾先生在其所著的小说《子夜》中有非常形象的描述。

1949年上海解放后，上海市政府为了制止猖狂的金融投机活动、捍卫人民币的权威，采取了多种多样的措施，其中最为突出的就是对上海证券交易大楼的查封，自此之后股票从中国大陆消失了长达40年之久。直到改革开放之后，私有产权的概念再次出现在中国大陆，才使得股票重新回到人民的视野当中。

中国股市自诞生之日起就饱受争议，关于股市是姓资还是姓社的问题，在20世纪80年代的经济管理政策制定领域始终争论不休，最终还是依靠着邓小平的“不管黑猫还是白猫，能抓耗子就是好猫”的指导思想，中国股市才本着尝试的态度走上中国经济的舞台；与之相伴的则是，最初的中国股市定位也仅仅是尝试，以至于在此后很长的一段历史时期内，“试得好就上、试不好就停”的理念成为限制股市快速发展的阴云。

1984年7月，北京天桥股份有限公司和上海飞乐音响股份有限公司经中国人民银行批准向社会公开发行股票，这标志着股票正式进入了中国改革开放后的市场经济活动当中。1986年9月26日，中国第一个证券交易柜台——静安证券业务部的开张，标志着新中国从此有了股票交易。

1986年11月14日，邓小平会见纽约证交所董事长约翰·范尔霖，并向其赠送了中国第一股——飞乐音响股股票，让世界见证了新中国的股票诞生成为具有划时代意义的改革象征，国际社会因此发出了“中国与股市握手”的惊呼。

（资料来源：田刚. 激荡四十年·中国股市的腾飞［EB/OL］. 2018-05-25）

议一议

结合我国股市的实际状况，谈谈股票市场对我国经济的影响。

任务六 运用 Excel 进行统计指数的编制

任务导入

前段时间，小王听取了老赵的建议，店里的生意明显得到了好转，销售额一路攀升，但每次烦琐的计算让他苦不堪言。有没有一种既免费又能让自己迅速了解小店销售情况的软件呢？

在Excel中，没有专门用于指数计算和因素分析的工具和统计函数，但利用Excel，使用公式并结合填充柄功能进行操作，也能满足一般对统计指数分析的基本要求。本任务中的案例仅说明如何在Excel中实现综合指数及其有关数值的计算，其他指数分析中的计算都与此大同小异，没有特别的技巧，不再赘述。

【例6-6-1】 某商场2月份三种商品的销售情况如表6-6-1所示。

表6-6-1　某商场2月份三种商品的销售情况表

商品名称	计量单位	销售量		销售价格/元	
		基期（q_0）	报告期（q_1）	基期（p_0）	报告期（p_1）
手机	部	120	150	4 000	4 200
电脑	台	150	210	5 000	4 800
花生油	千克	500	350	100	125

要求：运用Excel对该商场三种商品销售额的变动进行因素分析。

具体操作过程：

第一步，将表6-6-1的数据录入Excel工作表，增加一列“销售额”，并按照惯用的格式对表格进行设置，如图6-6-1所示。

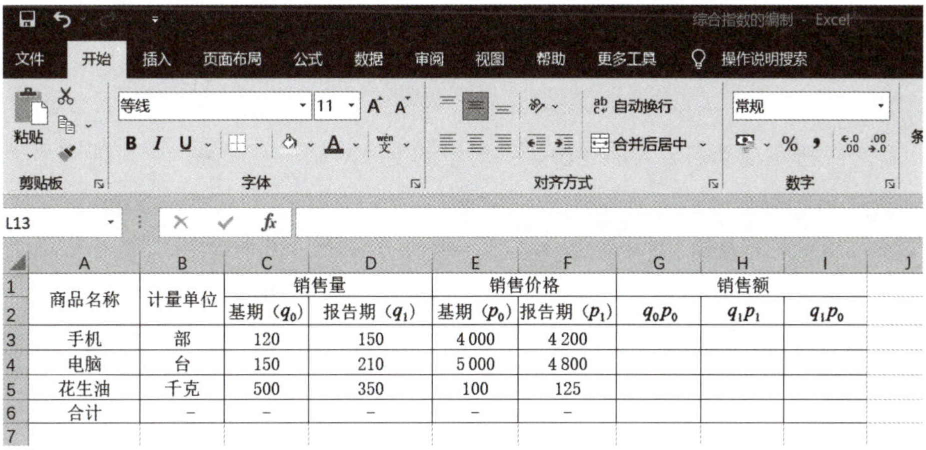

	A	B	C	D	E	F	G	H	I
1	商品名称	计量单位	销售量		销售价格		销售额		
2			基期（q_0）	报告期（q_1）	基期（p_0）	报告期（p_1）	q_0p_0	q_1p_1	q_1p_0
3	手机	部	120	150	4 000	4 200			
4	电脑	台	150	210	5 000	4 800			
5	花生油	千克	500	350	100	125			
6	合计	–	–	–	–	–			

图6-6-1　某商场2月份三种商品销售情况

第二步，计算表中各商品的销售额及销售总额。

（1）计算三种商品基期销售额及销售总额。单击单元格G3，输入公式“=C3*E3”，按下Enter键，并用鼠标拖曳填充柄至单元格G5；选定G3:G5区域，单击工具栏上的按钮“Σ自动求和”，在单元格G6中出现该列的求和值。

（2）计算三种商品报告期销售额及销售总额。单击单元格H3，输入公式“=D3*F3”，按下Enter键，并用鼠标拖曳填充柄至单元格H5；选定H3:H5区域，单击工具栏上的按钮“Σ自动求和”，在单元格H6中出现该列的求和值。

（3）计算三种商品的“q_1p_0”和“$\sum q_1p_0$”；单击单元格I3，输入公式“=D3*E3”，按下Enter键，并用鼠标拖曳填充柄至单元格I5；选定I3:I5区域，单击工具栏上的按钮“Σ自动求和”，在单元格I6中出现该列的求和值。

以上计算结果如图6-6-2所示。

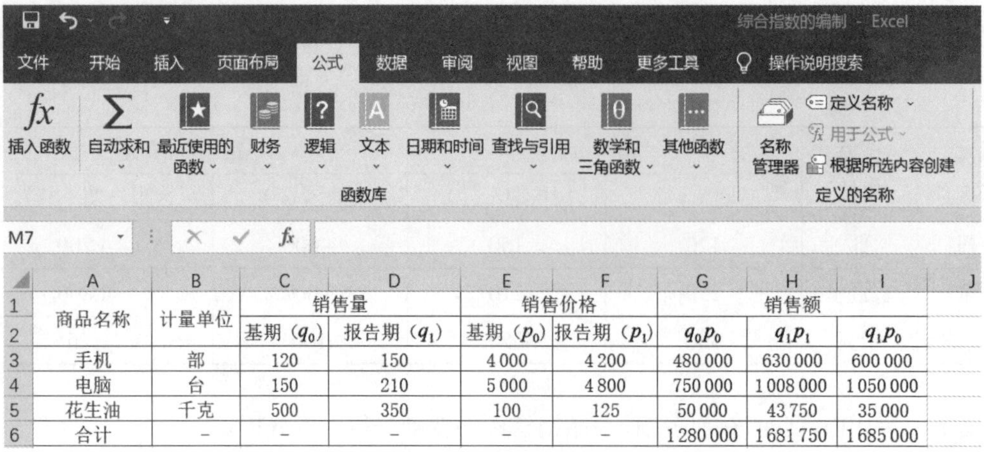

商品名称	计量单位	销售量		销售价格		销售额		
		基期（q_0）	报告期（q_1）	基期（p_0）	报告期（p_1）	q_0p_0	q_1p_1	q_1p_0
手机	部	120	150	4 000	4 200	480 000	630 000	600 000
电脑	台	150	210	5 000	4 800	750 000	1 008 000	1 050 000
花生油	千克	500	350	100	125	50 000	43 750	35 000
合计	–	–	–	–	–	1 280 000	1 681 750	1 685 000

图6-6-2 各商品的销售额及销售总额计算结果

第三步，分别计算各个综合指数及其分子分母之差额

（1）计算销售额指数、销售量指数和销售价格指数。在单元格B8中输入公式"=H6/G6"，按下Enter键，即可求得销售额指数；在单元格B9中输入公式"=I6/G6"，按下Enter键，即可求得销售量指数；在单元格B10中输入公式"=H6/I6"，按下Enter键，即可求得销售价格指数。

（2）计算销售额变动的绝对值、由于销售量的变动对销售额影响的绝对值和由于价格的变动对销售额影响的绝对值。在单元格E8中输入公式"=H6–G6"，按下Enter键，即可求得销售额变动绝对值；在单元格E9中输入公式"=I6–G6"，按下Enter键，即可求得由于销售量的变动对销售额影响的绝对值；在单元格E10中输入公式"=H6–I6"，按下Enter键，即可求得由于价格的变动对销售额影响的绝对值。

以上计算结果如图6-6-3所示。

商品名称	计量单位	销售量		销售价格		销售额		
		基期（q_0）	报告期（q_1）	基期（p_0）	报告期（p_1）	q_0p_0	q_1p_1	q_1p_0
手机	部	120	150	4 000	4 200	480 000	630 000	600 000
电脑	台	150	210	5 000	4 800	750 000	1 008 000	1 050 000
花生油	千克	500	350	100	125	50 000	43 750	35 000
合计	–	–	–	–	–	1 280 000	1 681 750	1 685 000
销售额指数	1.313 867		销售额变动绝对值	401 750				
销售量指数	1.316 406		销售量影响绝对值	405 000				
销售价格指数	0.998 071		销售价格影响绝对值	-3 250				

图6-6-3 相关指数、影响数计算结果

思考与练习

一、单项选择题

1. 统计指数按其所反映指数化指标的性质不同，分为（　　）。
   A．个体指数和总指数　　B．定基指数和环比指数
   C．数量指标指数和质量指标指数　　D．综合指数和平均数指数
2. 统计指数划分为个体指数和总指数的依据是（　　）。
   A．指数化指标的性质不同　　B．采用的同度量因素不同
   C．反映的对象范围不同　　D．指数的对比性质不同
3. 甲产品报告期产量与基期产量的比值是110%，这是（　　）。
   A．综合指数　　B．总指数　　C．个体指数　　D．平均数指数
4. 下列指数中属于数量指标指数的是（　　）。
   A．物价指数　　B．平均工资指数　　C．销售量指数　　D．销售额指数
5. 下列指数中属于质量指标指数的是（　　）。
   A．物价指数　　B．产量指数　　C．销售量指数　　D．销售额指数
6. 数量指标指数的同度量因素一般是（　　）。
   A．基期质量指标　　B．报告期质量指标
   C．基期数量指标　　D．报告期数量指标
7. 质量指标指数的同度量因素一般是（　　）。
   A．基期质量指标　　B．报告期质量指标
   C．基期数量指标　　D．报告期数量指标
8. 如果用p表示商品价格，用q表示商品销售量，则公式$\frac{\sum q_1p_0}{\sum q_0p_0}$（　　）。
   A．综合反映多种商品销售量的变动程度
   B．综合反映商品价格和商品销售量的变动
   C．全面反映商品销售额的变动
   D．反映由于商品销售量的变动对价格变动的影响程度
9. 如果用p表示商品价格，用q表示商品销售量，则公式$\frac{\sum q_1p_1}{\sum q_1p_0}$（　　）。
   A．综合反映多种商品销售价格的变动程度
   B．综合反映商品价格和商品销售量的变动
   C．全面反映商品销售额的变动
   D．反映由于商品销售价格的变动对销售量变动的影响程度
10. 公式$\sum q_1p_0-\sum q_0p_0$的经济意义为（　　）。
    A．反映价格综合变动的绝对额
    B．反映销售量综合变动的绝对额

C．反映由于价格变化影响销售额的增减额

D．反映由于销售量变化影响销售额的增减额

11．公式$\sum q_1p_1-\sum q_1p_0$的经济意义为（　　）。

A．反映价格综合变动的绝对额

B．反映销售量综合变动的绝对额

C．反映由于价格变化影响销售额的增减额

D．反映由于销售量变化影响销售额的增减额

12．综合指数变形为加权算术平均数形式，其权数是（　　）。

A．该综合指数的分子　　B．该综合指数的分母

C．固定权数　　D．视具体情况而定

13．报告期价值总量为权数的加权平均指数在计算形式上采用（　　）。

A．算术平均数形式　　B．加权调和平均数指数

C．数量指标综合指数　　D．固定加权算术平均数指数

14．已知某工厂生产3种产品，在掌握其基期、报告期生产费用和个体产量指数时，编制3种产品产量总指数应采用（　　）。

A．加权算术平均数指数　　B．调和平均数形式

C．综合指数形式　　D．几何平均形式

15．某企业总成本报告期比基期增长30%，产量增长20%，则单位成本增长（　　）。

A．10%　　B．8.33%　　C．50%　　D．80%

16．某企业产品销售量增长，销售额持平，则价格指数（　　）。

A．上涨　　B．下降　　C．不变　　D．不能确定

17．同一数量货币，报告期只能购买基期商品量的90%，这是因为物价（　　）。

A．上涨10%　　B．下降10%　　C．上涨11.1%　　D．下降11.1%

18．某地区生活品零售价格上涨6%，生活品销售量增长8%，那么生活品销售额（　　）。

A．下降114.48%　　B．下降14.48%　　C．增长114.48%　　D．增长14.48%

19．我国商品零售价格指数采用的计算方法是（　　）。

A．平均指数　　B．综合指数

C．固定权数平均指数　　D．实际权数平均指数

20．居民消费价格指数反映了（　　）。

A．商品零售价格的变动趋势和程度

B．居民购买生活消费品价格的变动趋势和程度

C．居民购买服务项目价格的变动趋势和程度

D．居民购买生活消费品和服务项目价格的变动趋势和程度

二、多项选择题

1．某企业甲产品报告期单位成本为基期的120%，这个指数是（　　）。

A．个体指数　　B．数量指标指数　　C．质量指标指数　　D．动态指数

2. 指数的作用有（　　）。
A. 综合反映现象的变动程度
B. 研究现象的内部结构
C. 据以进行因素分析
D. 研究现象长时期的综合变动趋势

3. 下列属于质量指标指数的有（　　）。
A. 产品产量总指数
B. 销售量总指数
C. 平均成本指数
D. 劳动生产率指数

4. 综合指数是（　　）。
A. 总指数的一种形式
B. 由两个总量指标对比形成的指数
C. 可变形为平均指数
D. 由两个平均指标对比形成的指数

5. 指数体系的作用有（　　）。
A. 对现象进行综合评价
B. 进行指数之间的相互推算
C. 对现象的总变动进行因素分析
D. 可以测定复杂现象的综合变动

6. 某商业企业今年与去年相比，各种商品的价格总指数为117.5%，这一结果说明（　　）。
A. 商品零售价格平均上涨了17.5%
B. 商品零售量平均上涨了17.5%
C. 由于价格提高使零售额增长了17.5%
D. 由于零售量提高使零售额增长了17.5%

7. 某市商品物价指数为108%，其分子与分母之差为100万元，这表明（　　）。
A. 该市所有商品的价格平均上涨8%
B. 该市由于物价上涨使销售额增加100万元
C. 该市商品物价上涨108%
D. 该市由于物价上涨使商业多收入100万元

8. 2023年某厂三种产品的价格比去年分别增长5%、8%和−2%，2023年三种产品总产值分别为10万元、14万元、6万元，则（　　）。
A. 三种产品价格指数为104.895%
B. 三种产品价格平均增长4.895%
C. 三种产品价格平均增长3.67%
D. 三种产品价格指数为109%

9. 某商店今年商品销售额比去年增加16.48%，是由于商品销售量和价格两个因素综合变动影响的结果，这两个因素的变动可能为（　　）。
A. 商品销售量未变，价格上涨16.48%
B. 价格未变，商品销售量增加16.48%
C. 价格上涨4%，商品销售量增加12.48%
D. 价格下降4%，商品销售量增加12.48%

10. CPI指数（　　）。
A. 是消费者价格指数
B. 是零售物价指数
C. 通常采用固定加权算术平均指数形式计算
D. 通常采用固定加权调和平均指数形式计算

三、判断题

1. 按反映时间状况不同，指数分为广义指数和狭义指数两种。（　　）
2. 综合指数是计算总指数的基本形式。（　　）
3. 编制数量指标综合指数，选择质量指标作同度量因素，并将其固定在基期。（　　）
4. 编制质量指标综合指数，选择数量指标作同度量因素，并将其固定在报告期。（　　）

5. 已知销售量指数是100%，销售额指数是108%，则价格指数是8%。 ( )
6. 在两因素指数的分析中，两个指标一个是数量指标，一个是质量指标。 ( )
7. 某地某年物价指数为108.5%，则同样多的人民币比上年少购买7.83%的商品。( )
8. 某厂单位成本今年比去年上升5.8%，而产量下降4%，则总成本下降2.57%。( )
9. 在特定的权数下，综合指数和平均指数之间有变形关系。 ( )
10. 利用CPI指数可以衡量通货膨胀率的高低。 ( )

四、计算题

1. 某企业A、B、C三种产品产量及出厂价格资料如下表所示。

产品名称	计量单位	产量		出厂价格/元	
		基期（q_0）	报告期（q_1）	基期（p_0）	报告期（p_1）
A	吨	4 200	4 500	30	28
B	台	2 400	2 200	40	45
C	套	1 800	2 000	20	22

试计算：（1）三种产品产量和价格的个体指数。
（2）三种产品产量总指数和由于产量变动所增加或减少的产值。
（3）三种产品的出厂价格总指数和由于出厂价格变动所增加或减少的产值。
（4）三种产品的总产值指数和报告期比基期增加或减少的总产值。

2. 已知某商场三种商品基期销售额和销售量变动资料如下表所示。

商品名称	基期销售额/万元	销售量变动率/%
	p_0q_0	
甲	100 000	+8
乙	100 000	–5
丙	60 000	+6

要求计算：销售量总指数，以及由于销售量变动而使销售额增加或减少的绝对值。

3. 某商场三种商品有关资料如下：

商品名称	销售额/万元		价格上涨（+）或下降（–）%
	基期（p_0q_0）	报告期（p_1q_1）	
甲	360	400	+10
乙	500	600	+2
丙	40	45	–4

试计算：（1）三种商品销售额总指数。

（2）三种商品价格总指数及价格变动增减的销售额。

（3）计算销售量总指数及销售量变动增减的销售额。

4. 某企业出口两种不同种类的产品，有关资料如下表所示。

产品名称	计量单位	出口量		出口价格/元	
		基期（q_0）	报告期（q_1）	基期（p_0）	报告期（p_1）
甲	件	4 200	4 500	30	28
乙	台	1 800	2 000	20	22

要求：（1）计算该企业出口额总指数及出口变动额。

（2）从相对数和绝对数两方面对出口额变动进行因素分析。

（3）用文字说明分析结果。

5. 已知某地区2022年的农副产品收购总额为360亿元，2023年比2022年的收购总额增长12%，农副产品收购价格总指数为105%。试考虑，2023年与2022年对比：

（1）农民因出售农副产品共增加多少收入？

（2）由于农副产品收购价格提高5%，农民又增加了多少收入？

（3）农副产品收购量增加了百分之几？农民因此增加了多少收入？

（4）验证以上三方面的分析结论能否保持协调一致。

• 项目实训 •

1. 实训目的

（1）使学生进一步理解并掌握综合指数的编制方法。

（2）使学生能运用指数进行因素分析。

（3）了解学生运用Excel进行统计指数的编制与分析水平。

（4）提高学生运用所学知识解决实际问题的能力。

2. 实训任务

为分析降价对销售额带来的影响，以本校京创超市为平台，收集“双十一”降价前一周和降价后一周的三种商品的销售数据，分析商品销售额、价格、销售量的总体变动情况，并对销售额变动情况做因素分析。

3. 实训要求

全班学生分组，组内同学合理进行任务分工。

4. 实训成果

每组同学将整个实训内容整理成实训报告，教师在课堂上对各组进行点评及成绩评定。

（资料来源：本项目实训由本校京创超市提供）

项目七　抽样推断分析

•学习目标•

【知识目标】

- 熟悉抽样推断的含义与特点。
- 理解抽样推断中的基本概念。
- 掌握抽样误差的计算方法。
- 掌握抽样估计的计算方法。

【能力目标】

- 能够运用简单随机抽样方法计算抽样误差。
- 能够运用抽样推断法对现象变动的区间进行估计。
- 能够正确合理地确定样本单位数。
- 能够用 Excel 进行抽样推断分析。

【素质目标】

- 具备一定的沟通能力和组织调查能力。
- 具备运用抽样推断理论解决社会经济现象实际问题的能力。
- 树立运用抽样推断参与管理的意识。
- 培养学生严谨的工作作风和耐心细致的工作态度。

【实例先导】

某调查公司对新产品的抽样调查

某调查公司接受一家食品公司委托，需要在一个城市中抽选1 000户居民开展市场调查，在每户居民中，选择1名家庭成员作为受访者，以了解普通居民对其新上市的某种产品的接受程度。该调查公司经过多次讨论，决定按照以下步骤进行。

一、总体抽样设计

由于一个城市中居民的户数可能多达数百万，除了一些大型的市场研究机构和国家统计部门之外，大多数企业都不具有这样庞大的居民户名单。这种情况决定了抽样设计只能采取多阶段抽选的方式。根据调查要求，抽样分为两个阶段进行，第一阶段是从全市的居委会名单中抽选出50个样本居委会，第二阶段是从每个被选中的居委会中，抽选出20户居民。

二、对居委会的抽选

从统计或者民政部门，可以获得一个城市的居委会名单。将居委会编上序号后，用计算机产生随机数的方法，可以简单地抽选出所需要的50个居委会。

如果在居委会名单中还包括了居委会户数等资料，则在抽选时可以采用不等概率抽选的方法。如果能够使一个居委会被抽中的概率与居委会的户数规模成正比，这种方法就是所谓PPS（probability proportional to size）抽样方法。PPS抽样是一种“自加权”的抽样方法，它保证了在不同规模的居委会均抽选20户样本的情况下，每户样本的代表性是相同的，从而最终的结果可以直接进行平均计算。当然，如果资料不充分，无法进行PPS抽样，那么利用事后加权的方法，也可以对调查结果进行有效推断。

三、在居委会中的抽样

在选定了居委会之后，对居民户的抽选将使用居委会地图来进行操作。此时，需要派出一些抽样员，到各居委会绘制居民户的分布图，抽样员需要了解居委会的实际位置、实际覆盖范围，并计算每一幢楼中实际的居住户数。然后，抽样员根据样本量的要求，采用等距或者其他方法，抽选出其中的若干户，作为最终访问的样本。

四、确定受访者

访问员根据抽样员选定的样本户，进行入户访问。以谁为实际的被调查者，是抽样设计中最后一个问题。如果调查内容涉及的是受访户的家庭情况，则对受访者的选择可以根据成员在家庭生活中的地位确定，例如，可以选择使用计算机最多的人、收入最高的人、实际负责购买决策的人，等等。

如果调查内容涉及的是个人行为，则家庭中每一个成年人都可以作为被调查者，此时就需要进行第二轮抽样，因为如果任凭访问员人为确定受访者，最终受访者就可能会偏向某一类人，例如家庭中比较好接触的老人、妇女等。

在家庭中进行第二轮抽样的方法是由美国著名抽样调查专家Leslie Kish发明的，一般称为KISH表方法。访问员入户后，首先记录该户中所有符合调查条件的家庭成员的人数，并按年龄大小进行排序和编号。随后，访问员根据受访户的编号和家庭人口数的交叉点，在表中找到一个数，并以这个数所对应的家庭成员作为受访者。

上述案例是一个典型的两阶段入户调查的现场抽样设计，从设计的全过程可以看到，随机性原则分别在选择居委会、选择居民户和入户后选择受访者等环节中得到体现。在任何一个环节中，如果随机原则受到破坏，都有可能对调查结果造成无法估计的偏差。

（资料来源：百度文库）

任务一 认识抽样推断

任务导入

在纷繁的社会经济活动中，人们常常会遇到一些统计资料很难全面收集的问题，如要测试一批某品牌电视机开箱合格率，能一箱一箱去进行开箱测试吗？显然不行。再如，要了解某城市居民家庭收支的情况，要求每户每日记录家庭的收支账目，然后上报，这是根本办不到的，怎么办呢？如何才能了解总体情况？抽样推断就能科学地只通过样本资料，无须全面调查，便可估计总体的数量特征，并且其可靠程度有一定的概率保证。那么什么是抽样推断，它有哪些基本的概念，有哪些抽样方式？这就是本任务所要研究的问题。

一、抽样推断的概念和特点

（一）抽样推断的概念

抽样推断是在抽样调查的基础上利用样本的实际资料计算出的样本数据，并运用概率估计方法，推算总体相应的数量指标的一种统计分析方法。如从全国所有股份制企业中，抽取一部分企业，详细调查其生产经营状况，根据这一部分企业的调查资料，来推算所有股份制企业的生产经营状况，这就属于抽样推断。

抽样推断，从其内涵来说，包括抽样调查和抽样推断两部分，前者着重调查，后者着重推断。具体地说，所谓抽样调查，是指按照随机原则从调查对象的全部单位中抽取部分单位，进行调查，取得各项准确的数据；所谓抽样推断，是指运用数理统计原理，根据抽样调查资料，对研究对象全体的数量特征，作出具有可靠程度的估计和判断，以达到对现象总体正确认识的目的。

总之，抽样推断，不仅是一种科学的非全面的调查方法，而且是一种根据非全面调查资料，推算全面情况的统计研究方法。

（二）抽样推断的特点

（1）按随机原则从总体中抽取调查单位。所谓随机原则是指在抽选调查单位时，保证总体中每个单位都有相等的中选可能性，所以随机原则又称同等可能性原则。这样，按随机原则抽取部分单位，就有更大的可能性使抽取出来的部分单位所构成的样本总体结构与调查总体结构相似，因而使样本总体对调查总体具有充分的代表性，抽样误差也就更小了。按随机原则抽取调查单位是进行抽样推断的基本要求。

（2）根据被抽取的调查单位，计算各种抽样指标数值，并对总体相应的指标数值做出估计。这是抽样调查区别于其他非全面调查的特点之一。其他非全面调查如重点调查、典型调查等一般不具备推断的条件。虽然抽样调查与全面调查的目的都是达到对总体数量特征的认识，但抽样调查能够节约人力、物力和时间，且比较灵活。

（3）抽样推断中的抽样误差可以事先计算并加以控制，从而保证抽样推断的结论符合预定的精确度和可靠度要求。

以样本指标估计相应的总体指标，肯定会存在一定的误差。但抽样误差的范围，可以事先通过有关资料加以计算，并可采取必要的组织措施来控制这一误差范围，保证抽样推断的结果达到一定的可靠程度。这是其他的估算方法所不能做到的。

二、抽样推断的作用

抽样推断在社会经济统计中，有其独特的重要作用。

（1）对有些不可能或不必要进行全面调查，但又需要了解其全面情况的社会经济现象，可以运用抽样推断。例如，在工业生产中检验某些产品的质量时，常常具有破坏性。如灯泡的寿命检验，棉纱的拉力检验等，不可能对全部产品进行检验，而必须采用抽样，以样本资料推断总体的质量状况。又例如有些现象总体过大，单位过于分散，进行全面调查实际上是不可能的。如检验水库的鱼苗数，森林的木材积蓄量等，也必须采用抽样推断。又有些社会经济现象，从理论上说，可以进行全面调查，但调查范围太广、单位太大，因而不必要进行全面调查，采用抽样推断便可节省人力、费用、时间，并可提高资料的准确性。

（2）对于需要及时了解情况的现象，也经常采用抽样推断方式。因为全面调查浪费人力、物力和财力，资料也不易及时取得，而抽样推断方式不仅节省人力、资金，且时间快，方式灵活，能够及时满足了解情况的需要。

（3）抽样调查与全面调查同时进行，可以发挥互相补充和检查调查质量的作用。全面调查由于范围广、工作量大、参加人员多，往往容易发生登记性误差和计算误差。如果在全面调查后，随机抽取一部分单位重新调查一次，将这些单位两次调查的资料，进行对照，加以比较，计算其差错率，并据以对全面资料加以修正，可以进一步提高全面调查资料的准确性。

（4）抽样推断可以用于工业生产过程的质量控制。抽样推断法可以有效地应用于对成批或大量连续生产的工业产品在生产过程中进行质量控制，检查生产过程是否正常，及时提供有关信息，便于采取措施，防止废品的发生。

课程思政

中国家庭财富调查报告 2019

改革开放40多年来，我国城乡居民可支配收入大幅增长，同时资本市场发展迅速，资产配置成为家庭投资决策的重要内容。

调查报告显示，2018年我国家庭人均财产为208 883元，比2017年的194 332元增长了7.49%，增长速度高于人均GDP增速（6.1%）。城乡家庭财产差距较大，2018年城镇和农村家庭人均财产分别为292 920元和87 744元，城镇家庭人均财产是农村的3.34倍，且城镇家庭人均财产增长速度快于农村。

城乡居民在财产构成方面存在一定差异。从我国居民家庭财产结构来看，房产占七成，城镇居民家庭房产净值占家庭人均财富的71.35%，农村居民家庭房产净值占比为52.28%。93.03%的居民家庭拥有1套住房，拥有两套及以上住房的家庭占比为3.82%，没有住房的家庭仅占3.14%。全国家庭平均自有住房套数为1.02套，即每个家庭平均拥有1套住房。

调查报告显示，居民家庭的金融资产分布依然集中于现金、活期存款和定期存款，占比高达88%，接近九成。从调查结果来看，全国家庭储蓄的主要原因依次是："应付突发事件及医疗支出"占48.19%，"为养老做准备"占36.78%，"为子女教育做准备"占23.97%，"其他原因"占20.57%，"不愿承担投资风险"占13.82%。城乡家庭储蓄的主要原因先后位次基本一致。为医疗、养老和子女教育预防性储蓄成为储蓄的主要动因，这在一定程度上体现出，我国社会保障制度有待完善，以降低居民对预防性储蓄的需求。较高的预防性储蓄导致金融资产结构单一化，同时也不利于扩大国内消费需求。

（资料来源：经济日报社中国经济趋势研究院. 中国家庭财富调查报2019［R］. 2019-10-30）

议一议

你认为文章中的数据是用什么调查方法得到的？谈谈你对我国家庭财富调查结果的看法。

三、抽样推断中的几个基本概念

（一）总体和样本

总体又称全及总体。它是根据研究目的，由全部调查单位所组成的集合体。总体的单位数通常都是很大的，甚至是无限的，这样才有必要组织抽样调查，进行抽样推断。总体单位数一般用符号N表示。

样本又称子样。它是从总体中随机抽取出来的部分调查单位所组成的集合体。样本的单位数是有限的。样本单位数一般用符号n表示，也称样本容量。在抽样推断实践中，一般样本单位达到或超过30个称大样本，在30个以下的称小样本。社会经济统计中的抽样推断，一般采用大样本。样本总体的单位数相对全及总体的单位数是很少的。以很小的样本来推断很大的总体，是抽样推断法的重要特点。

对于某一特定研究问题来说，作为推断对象的总体是确定的，而且是唯一的。但由于从一个总体中可以抽取许多个样本，所以作为观察对象的样本，不是唯一的，而是可变的。明白这一点对于理解抽样推断原理是很重要的。

（二）总体指标和样本指标

1. 总体指标

总体指标又称参数。它是根据总体各个单位的标志值或标志属性计算的，反映总体某种属性或数量特征的综合指标。常用的总体指标有总体平均数、总体方差（或标准差）、总体成数和总体成数的方差（或标准差）。

设总体变量X的取值为：X_1，X_2，$\cdots X_N$，则

$$\text{总体平均数}\quad \bar{X}=\frac{\sum X}{N}\text{或}\bar{X}=\frac{\sum XF}{\sum F}$$

$$总体方差 \quad \sigma^2 = \frac{\sum (X-\overline{X})^2}{N} 或 \sigma^2 = \frac{\sum (X-\overline{X})^2 F}{\sum F}$$

对于总体中的品质标志，由于各单位品质标志不能用数量来表示，因此，可以计算的总体指标有总体成数$\overline{X}_P$、总体成数方差σ_P^2或总体成数标准差。

设P表示总体中具有某种性质的单位数在总体单位数中所占的比重，Q表示总体中不具有某种性质的单位数在总体单位数中所占的比重。在总体N个单位中，有N_1个单位具有某种性质，N_0个单位不具有某种性质，$N=N_1+N_0$。则

$$P = \frac{N_1}{N}，Q = \frac{N_0}{N} = \frac{N-N_1}{N} = 1-P$$

如果总体中的品质表现只有“是”“非”两种，例如，产品质量的标志表现为合格和不合格，人口性别的标志表现为男性和女性，则可以把“是”的标志表现表示为1，而“非”的标志表现表示为0。那么成数P就可以视为（0，1）分布的平均数，并可以计算相应的方差（或标准差）。

$$总体成数的平均数 \quad \overline{X}_P = \frac{\sum XF}{\sum F} = \frac{0 \times N_0 + 1 \times N_1}{N_0 + N_1} = \frac{N_1}{N} = P$$

$$总体成数的方差 \quad \sigma_P^2 = \frac{(0-P)^2 N_0 + (1-P)^2 N_1}{N_0 + N_1} = \frac{P^2 N_0 + Q^2 N_1}{N}$$

$$= P^2 Q + Q^2 P = PQ(P+Q) = P(1-P)$$

在抽样推断中，总体指标的意义和计算方法是明确的，但总体指标的具体数值事先是未知的，需要用样本指标来估计它。

2. 样本指标

样本指标又称统计量。它是根据样本各单位的标志值或标志特征计算的、用来估计总体指标的综合指标。常用的样本指标有样本平均数、样本方差（或标准差）、样本成数的平均数和样本成数的方差（或标准差）。样本指标与总体指标计算原理相同，为了与总体指标相区别，用小写字母表示。

设样本变量x的取值为x_1，x_2，…，x_n，则

$$样本平均数 \quad \overline{x} = \frac{\sum x}{n} 或 \overline{x} = \frac{\sum xf}{\sum f}$$

$$样本方差 \quad s^2 = \frac{\sum (x-\overline{x})^2}{n} 或 s^2 = \frac{\sum (x-\overline{x})^2 f}{\sum f}$$

$$样本成数的平均数 \quad \overline{x}_p = \frac{n_1}{n} = p$$

$$样本成数的方差 \quad s_p^2 = p(1-p)$$

在抽样推断中，样本指标的计算方法是确定的，但它的取值随着样本的不同有不同的样本变量。所以，样本指标本身是随机变量，用它作为总体指标的估计值，有时误差大些，有时误差小些；有时产生正误差，有时产生负误差。

想一想

1. 总体指标和样本指标（　　）。

A. 都是随机变量　　　　B. 都是确定性变量

C. 前者是唯一确定的，后者是随机变量　　　　D. 前者是随机变量，后者是唯一确定的

2. 我校后勤管理人员对食堂新进的一批食品进行抽检，在100件样本中，有98件是合格的，试计算这批食品的合格率和食品合格率的方差。

（三）重复抽样和不重复抽样

在抽样调查中，从总体中抽取样本单位的方法有两种：重复抽样和不重复抽样。

1. 重复抽样

重复抽样也称重置抽样、放回抽样、回置抽样等。它是指从总体N个单位中随机抽取容量为n的样本时，每次抽取一个单位，把结果登记下来后，重新放回，再从总体中抽取下一个样本单位。在这种抽样方式中，同一单位可能有被重复抽中的机会。

用重复抽样的方法从总体N个单位中抽取n个单位组成样本，可能得到的样本总数为N^n个。如总体中有a、b、c、d四个字母，要从中以重复抽样的方法随机抽取两个字母构成样本。先从4个字母中抽取1个字母，共有4种取法，登记结果后再放回，然后再从这4个字母抽取1个，也有4种取法，前后两个构成一个样本，全部可能抽取的样本数目为$4^2=16$个，即aa，ab，ac，ad，ba，bb，bc，bd，ca，cb，cc，cd，da，db，dc，dd。

2. 不重复抽样

不重复抽样也称不重置抽样、不放回抽样、不回置抽样等。它是指从总体N个单位中随机抽取容量为n的样本时，每次抽取一个单位后，不再放回去，下一次则从剩下的总体单位中继续抽取，如此反复，最终构成一个样本。也就是说，每个总体单位至多只能被抽中一次，所以从总体中每抽取一次，总体就少一个单位。因此，先后抽出来的各个单位被抽中的机会是不相等的。

用不重复抽样的方法从总体N个单位中抽取n个单位组成样本，可能得到的样本总数为$N(N-1)(N-2)\cdots(N-n+1)$。如总体中有a、b、c、d四个字母，要从中以不重复抽样的方法随机抽取两个字母构成样本。先从4个字母中取1个，共有4种取法，登记结果后不再放回，然后再从留下的3个字母中取1个，也有3种取法，前后两个构成一个样本，全部可能抽取的样本数目为$4\times3=12$个，即ab，ac，ad，ba，bc，bd，ca，cb，cd，da，db，dc。

可见，在相同样本容量的要求下，不重复抽样可能得到的样本个数比重复抽样可能得到的样本个数少。当采用不重复抽样、而总体所包含的单位数又不多时，越到后来，留在总体中的单位就越少，被抽中的机会就越大。不过当总体单位数很多、样本总体单位数所占的比

重很小时，则对先后抽出来的各个单位被抽中的机会影响不大。由于不重复抽样简便易行，所以在实际工作中经常被采用。

练一练

在某班40名学生中，随机抽取5名学生了解其学习状况。在重复抽样条件下的样本个数为________个，不重复抽样条件下的样本个数为________个。

四、抽样组织方式

（一）简单随机抽样

简单随机抽样又称纯随机抽样。它是对总体中的所有单位不进行任何分组、排队，而是完全随机地直接从总体N个单位中抽取n个单位，作为一个样本进行调查。在抽样中保证总体中每个单位都有同等的被抽中的机会。简单随机抽样是抽样中最基本、最单纯的组织形式，它适用于均匀总体，即具有某种特征的单位均匀地分布于总体的各个部分，使总体的各个部分都是同等分布的。

简单随机抽样的具体做法主要有以下两种。

（1）抽签法。抽签法就是将总体各单位编号，以抽签的方式从中任意抽取所需样本单位的方法。

（2）随机数表法。所谓随机数表是指含有一系列组别的随机数字的表格。表中数字的出现及其排列是随机的。查随机数表时，可以竖查、横查、顺查、逆查；可以用每组数字左边的头几位数，也可以用其右边的后几位数，还可以用中间的某几位数字。这些都需要事先定好。但一经决定采用某一种具体做法，就必须保证对整个样本的抽取完全遵从同一规则。

简单随机抽样在理论上最符合随机原则，但在实际应用中有很大的局限性。

第一，无论用抽签法还是用查随机数表法取样，均需对总体各个单位逐一编号。而抽样推断中的总体单位数很多，编号查号的工作量很大。第二，当总体各单位标志变异程度较大时，简单随机抽样的代表性就比较差。第三，对某些事物根本无法进行简单随机抽样，如对正在连续生产的大量产品进行质量检验，就不可能对全部产品进行编号抽检，所以简单随机抽样适用于所调查的总体单位数不多，且各单位标志变异程度较小的情况。

（二）类型抽样

类型抽样亦称分类抽样或分层抽样。它是先将总体各单位按主要相关标志分组（或分类），然后在各组（或各类）中再按随机原则抽取样本单位的组织形式。例如进行星级宾馆入住情况调查时，先将各宾馆按星级标准分为五星、四星、三星、二星和一星五类，然后再在各类宾馆中抽取若干个调查单位。

类型抽样实质上是分组法和随机抽样法相结合的产物。先划分出性质不同的各个组，以减少组内标志值之间的变异程度；然后按照随机原则，从各组中抽取调查单位。所以，类型抽样所抽取的样本代表性较高，抽样误差小，能够以较少的样本单位数获得比较准确的推断结果。特别是当总体各单位标志值相差很大，各组间标志值变异程度很大时，类型抽样则更为优越。

经过划类分组后，确定各类型组样本单位数一般有两种方法。

（1）等比例抽样。即按各类型组的单位数占总体单位数的比重进行抽样。

（2）不等比例抽样。即各类型组所抽取的单位数，按各类型组标志值的变异程度来确定，变异程度大则多抽一些单位，变异程度小则少抽一些单位。这种方法又称为类型适宜抽样或称一般抽样。

在实际工作中，由于事先很难了解各组的标志变异程度，因此，大多数类型抽样采用等比例抽样。

【例7-1-1】 对某地区10 000个商场、超市进行调查，按规模进行分类，分为大、中、小型，其单位数分别为1 000、2 000、7 000个，拟随机抽取200个单位进行调查，若用等比例抽样应从各类中抽多少样本？

【解】

大型百货商店：$n_1=\dfrac{1\ 000}{10\ 000}\times 200=20$（个）

中型百货商店：$n_2=\dfrac{2\ 000}{10\ 000}\times 200=40$（个）

小型百货商店：$n_3=\dfrac{7\ 000}{10\ 000}\times 200=140$（个）

（三）等距抽样

等距抽样亦称机械抽样。它是先把总体各单位按照某一标志排队，然后按相等的距离抽取样本单位的组织形式。排队的标志可以是与调查标志有关的，也可以是与调查标志无关的。按有关标志排队，是指排队时采用与调查项目有关的标志进行。例如，对我国城市职工进行居民家庭收支调查，是按职工平均工资排队的。按有关标志排队，能使被研究对象标志值的变动均匀地分布在总体中，保证样本具有较高的代表性；按无关标志排队，是指排队时采用与调查项目无关的标志进行。例如，按姓氏笔画多少排队、按地名笔画排队、按人名册、户口簿及按地图上的地理位置排队等，也可以按时间顺序排队。

等距抽样在按无关标志排队、等距抽取样本单位时，实质上仍是简单随机抽样，其抽样平均误差的计算公式与简单随机抽样相同。在按有关标志排队、等距抽取样本单位时，实质上就成为类型抽样的特例。因此，抽样平均误差的公式与类型抽样公式相同。但按有关标志排队的等距抽样与类型抽样略有不同，等距抽样只在各组中抽取一个单位，而类型抽样是在各组中抽取若干个单位。

（四）整群抽样

整群抽样亦称成组抽样，是指将总体各单位分成若干群，然后以群为单位，按随机原则抽取一些群，并将所有抽中群的所有单位组成一个样本，并对样本进行全面调查的一种抽样组织方式。前面介绍的三种抽样组织形式，都是一个一个地抽取样本单位，故称为个体抽样。整群抽样则是一批一批地抽取样本单位，每抽取一批时，对其中所有的单位都进行登记调查。抽取的形式，既可以用简单随机抽样形式，也可以用等距抽样形式，一般常用后者。例如，对饭店餐具进行卫生检验，可每隔5小时从已消毒的餐具中抽取一次消毒过的全部产品作为一群对其进行逐个检验。

整群抽样容易组织，多用于进行产品的质量检查。缺点是由于样本在总体中太集中，分布不均匀，与其他几种抽样方式比较，误差较大，代表性较差。但是如果群内差异大而群间差异小，即群内方差大，群间方差小，则可使样本代表性提高，使抽样误差减少。

（五）阶段抽样

当总体很大时，抽样调查直接抽选总体单位，在技术上有很大的困难，一般可以分阶段进行抽样。例如，我国农产量的抽样调查，第一阶段是从省抽县，第二阶段是从中选县抽乡，第三阶段是从中选乡抽村，第四阶段是从中选村抽地块，最后还可以从地块抽具体的样本点，并以样本点的实际资料推算平均亩产和总产量。

想一想

1. 按地理区域划分后抽取某一区域进行调查，这种抽样方法属于（　　）。

A. 简单随机抽样　　B. 等距抽样　　C. 类型抽样　　D. 整群抽样

2. 连续生产的电子管厂，产品质量检查是这样安排的：在一天中，每隔半个小时抽取一件产品进行检验，这是（　　）。

A. 简单随机抽样　　B. 等距抽样　　C. 类型抽样　　D. 整群抽样

任务二 抽样误差的计算与分析

任务导入

某保险公司采用随机抽样组织形式从10 000名投保人中随机抽取200名，得出200名投保人的平均年龄是36.5岁，能否由此推断全部投保人平均年龄一定为36.5岁？若不能，误差是怎么产生的？该误差能否计算出来？计算出来以后，怎么推断全部投保人的平均年龄？推断的精确度、把握程度如何？

一、抽样误差的概念及产生原因

（一）抽样误差的概念

抽样误差也称随机抽样误差或实际抽样误差，是指在遵守随机原则的条件下，用抽样指标代表总体指标不可避免的误差，具体指所有样本平均数与总体平均数之差$|\bar{x}-\bar{X}|$，所有样本成数与总体成数之差 $|p-P|$ 。

必须指出，抽样误差是抽样所特有的误差。凡进行抽样就一定会产生抽样误差，为此，必须搞清楚抽样误差产生的原因。

（二）抽样误差产生的原因

在抽样推断中，用样本指标推断总体指标，总会存在一定的误差，其误差来源主要有两个方面。

1. 登记性误差

即在调查和整理资料的过程中，由于主、客观因素的影响而引起的误差，如重复登记、遗漏、计算错误、弄虚作假等。

2. 代表性误差

即由于样本的结构情况不足以代表总体特征而导致的误差。代表性误差的产生又有两种情况：一种是违反了抽样推断的随机原则，如调查者有意地多选较好的单位或多选较差的单位来进行调查，这样计算出来的样本指标必然出现偏高或偏低的情况，造成系统性误差，也称为偏差。另一种情况是遵守了抽样推断的随机原则，但由于从总体中抽取样本时有多种多样的可能，当取得一个样本时，只要被抽中样本的内部结构与被研究总体的结构有所出入，就会出现或大或小的偶然性的代表性误差，也称为随机误差。

系统性误差和登记性误差都是由于抽样工作组织不好而导致的，应该采取预防措施避免发生，而偶然性的代表性误差是无法消除的。抽样误差就是指这种偶然性的代表性误差，抽样误差是抽样推断所固有的，虽然它无法避免，但可以运用大数定律的数学公式加以精确地计算，确定其具体的数量界限，并通过抽样设计加以控制，所以这种抽样误差也称为可控制误差。

想一想

抽样误差是（　　）。

A. 样本数目过少引起的　　B. 观察、测量、计算的失误引起的

C. 抽样过程中的偶然性因素引起的　　D. 抽样推断中产生的系统性误差

二、抽样平均误差

（一）抽样平均误差的含义

抽样误差描述了样本指标与总体指标之间的离差绝对数，在用样本指标估计相应的总体指标时，它可以反映估计的准确程度。但是由于抽样误差是随机变量，具有取值的多样性和不确定性特点，因而就不能以它的某一个样本的具体误差数值来代表所有样本与总体之间的平均误差情况，所以应该用抽样平均误差来反映抽样误差的一般水平。

由于每个样本指标与总体指标之间的离差有正有负，相加之和永远等于零，因而抽样平均误差是指所有可能的样本指标与总体指标之间离差平方的算术平均数的平方根，即所有样本指标与总体指标之间的标准差。我们所说的抽样误差可以事先计算和控制，就是针对抽样平均误差而言的。抽样平均误差是用样本指标推断总体指标时，计算抽样误差范围的基础。

（二）抽样平均误差的计算

从理论上说，抽样平均误差可由抽样平均数的标准差（或抽样成数的标准差）来反映，其公式为：

$$\mu_{\bar{x}}=\sqrt{\frac{(\bar{x}-\bar{X})^2}{M}} \qquad \mu_p=\sqrt{\frac{(p-P)^2}{M}}$$

式中，$\mu_{\bar{x}}$——平均数的抽样平均误差；

μ_p——成数的抽样平均误差；

$\bar{x}$、p——各样本指标；

$\bar{X}$、P——总体指标；

M——所有可能样本数目。

不难看出，抽样平均误差反映的是所有可能样本的指标值与总体指标值的平均差异程度，揭示了所有可能样本的实际抽样误差的一般水平，可用来衡量样本对总体的代表性大小。抽样平均误差越小，则样本对总体的代表性越大；反之，则越小。

上述公式从理论上说明了抽样平均误差的计算，但由于总体平均数和总体成数是未知的，而且也不可能计算出全部的样本指标，所以按上述公式来计算抽样平均误差是不可能的。在实际工作中，通常采用以下计算公式来计算抽样平均误差（以简单随机抽样为例）。

1. 平均数的抽样平均误差的计算

（1）在重复抽样的条件下，平均数的抽样平均误差的公式。

$$\mu_{\bar{x}}=\sqrt{\frac{\sigma^2}{n}}=\frac{\sigma}{\sqrt{n}}$$

式中，$\mu_{\bar{x}}$——平均数的抽样平均误差；

σ^2——总体方差；

σ——总体标准差；

n——样本单位数。

（2）在不重复抽样的条件下，平均数的抽样平均误差的公式。

$$\mu_{\bar{x}}=\sqrt{\frac{\sigma^2}{n}\left(1-\frac{n}{N}\right)}\text{（当}N\text{很大时）}$$

重要提示

应用上述公式时应注意：公式中的σ是总体指标的标准差。事实上，总体指标标准差是未知的，所以通常都用样本的标准差来代替。实践证明，用样本的标准差来代替总体的标准差，只要组织工作得当，抽样数目足够，一般都能获得满意的效果。

2. 成数的抽样平均误差的计算

（1）在重复抽样的条件下，成数的抽样平均误差的公式。

$$\mu_p=\sqrt{\frac{P(1-P)}{n}}$$

式中，μ_p——成数的抽样平均误差；

$\sqrt{P(1-P)}$——总体标准差；

n——样本单位数。

（2）在不重复抽样的条件下，成数的抽样平均误差的公式。

$$\mu_p = \sqrt{\frac{P(1-P)}{n}\left(1-\frac{n}{N}\right)}$$

重要提示

总体成数方差有一个特点，就是它的最大值是$P(1-P)=0.5\times0.5=0.25$，也就是说，当两类总体单位各占一半时，它的变异程度最大，方差为0.25，因此，在总体成数方差值未知时，可用0.25来代替。

【例7-2-1】 某商场对新进的一批10 000只灯泡进行使用寿命检验，随机抽取2%样本进行测试，所得资料如表7-2-1所示。

表7-2-1　200只灯泡使用寿命抽样测试表

使用时间/小时	抽样检查电灯泡数/个
900以下	2
900 ~ 950	4
950 ~ 1 000	11
1 000 ~ 1 050	71
1 050 ~ 1 100	84
1 100 ~ 1 150	18
1 150 ~ 1 200	7
1 200以上	3
合计	200

按照质量规定，电灯泡使用寿命在1 000小时以上者为合格品，按以上资料计算灯泡使用时间和灯泡合格率的抽样平均误差。

【解】

（1）计算灯泡平均使用时间、标准差和灯泡合格率（样本）。

因为这是一个组距式变量数列，所以要计算这批灯泡的平均使用寿命，各组应该用该组的组中值来代表这一组的一般使用寿命，计算如表7-2-2所示。

表7-2-2　200只灯泡使用寿命抽样测试表

使用时间/小时	使用时间组中值/小时	抽样检查电灯泡数/个
900以下	875	2
900 ~ 950	925	4
950 ~ 1 000	975	11
1 000 ~ 1 050	1 025	71

续表

使用时间/小时	使用时间组中值/小时	抽样检查电灯泡数/个
1 050 ~ 1 100	1 075	84
1 100 ~ 1 150	1 125	18
1 150 ~ 1 200	1 175	7
1 200以上	1 225	3
合计	—	200

$$\bar{x}=\frac{875\times2+925\times4+975\times11+1\,025\times71+1\,075\times84+1\,125\times18+1\,175\times7+1\,225\times3}{200}$$

=1 057（小时）

$$s=\sqrt{\frac{\sum(x-\bar{x})^2 f}{\sum f}}\approx 53.63$$

$$p=\frac{200-2-4-11}{200}=91.5\%$$

（2）计算灯泡使用时间抽样平均误差。

重复抽样：$\mu_{\bar{x}}=\frac{\sigma}{\sqrt{n}}=\frac{53.63}{\sqrt{200}}\approx 3.79$（小时）

不重复抽样：$\mu_{\bar{x}}=\sqrt{\frac{\sigma^2}{n}\left(1-\frac{n}{N}\right)}=\sqrt{\frac{(53.63)^2}{200}\times\left(1-\frac{200}{10\,000}\right)}\approx 3.75$（小时）

（3）计算灯泡合格率的抽样平均误差。

重复抽样：$\sigma_p=\sqrt{\frac{P(1-P)}{n}}=\sqrt{\frac{p(1-p)}{n}}=\sqrt{\frac{0.915\times0.085}{200}}\approx 1.972\%$

不重复抽样：$\sigma_p=\sqrt{\frac{P(1-P)}{n}\left(1-\frac{n}{N}\right)}=\sqrt{\frac{0.915\times0.085}{200}\left(1-\frac{200}{10\,000}\right)}\approx 1.952\%$

重要提示

不重复抽样的平均误差和重复抽样的平均误差公式，两者相差的因子$\left(1-\frac{n}{N}\right)$永远小于1。在不重复抽样下，抽中的单位不再放回，总体单位数逐渐减少，余下的每个单位被抽中的机会就会增大，所以不重复抽样的抽样平均误差小于重复抽样的抽样平均误差，这就是用因子$\left(1-\frac{n}{N}\right)$作为调整系数来修正原式的道理。但在抽中单位占全体单位的比重$\frac{n}{N}$很小时，这个因子接近于1，对于计算抽样平均误差所起的作用不大，因而实际工作中不重复抽样有时仍按重复抽样的公式计算。

（三）影响抽样平均误差的因素

1. 样本单位数的多少

在其他条件不变的情况下，样本单位数越多，抽样误差就越小；反之，样本单位数越少，则抽样误差就越大。样本单位数越多，样本就越能反映总体的数量特征，如果样本单位数扩大到接近总体单位数时，抽样调查也就接近于全面调查，抽样误差就缩小到几乎完全消失的程度。

2. 总体各单位标准值的变异程度

在其他条件不变的情况下，总体各单位标志值变异程度越小，则抽样误差也越小，抽样误差和总体变异程度成正比变化。这是因为总体变异程度小，表示总体各单位标志值之间的差异小，则样本指标与总体指标之间的差异也就小。如果总体各单位标志值相等，则标志变异程度等于0，样本指标就完全等于总体指标，抽样误差也就不存在了。

3. 抽样的组织形式和抽样方法

在其他条件不变的情况下，不重复抽样下的样本比重复抽样下的样本代表性强，其抽样误差相应也要小。在不同的抽样组织形式下，抽样误差也不同。

了解影响抽样误差的因素，对于控制和分析抽样误差十分重要。在上述影响抽样误差的三个因素中，标志变异程度是客观存在的因素，是调查者无法控制的，但样本单位数、抽样方法及抽样的组织形式却是调查者能够选择和控制的。因此，在实际工作中，应当根据研究的目的和具体情况，做好抽样设计和实施工作，以获得经济有效的抽样效果。

三、抽样极限误差

抽样极限误差是从另一个角度来考虑抽样误差问题的。用样本指标推断总体指标时，要想达到完全准确和毫无误差，几乎是不可能的。样本指标和总体指标之间总会有一定的差距，所以在估计总体指标时就必须同时考虑误差的大小。我们不希望误差太大，因为这会影响样本资料的价值。误差越大，样本资料的价值便越小，当误差超过一定限度时，样本资料也就毫无价值了，所以在进行抽样推断时，应该根据所研究对象的变异程度和分析任务的需要确定允许的误差范围，在这个范围内的数字就算是有效的。这就是抽样极限误差的问题。

根据概率论，以一定的可靠程度保证抽样误差不超过某一给定的范围。统计上把这个给定的抽样误差范围称为抽样极限误差，也称置信区间。

设$\Delta_{\bar{x}}$、Δ_p分别表示样本平均数的抽样极限误差和样本成数的抽样极限误差，则有：

$$|\bar{x}-\bar{X}|\leqslant\Delta_{\bar{x}}$$

$$|p-P|\leqslant\Delta_P$$

由于总体平均数和总体成数是未知的，它需要用实测的样本平均数和样本成数来估计，因而抽样极限误差的实际意义是希望估计区间$\bar{x}\pm\Delta_{\bar{x}}$能以一定的可靠程度覆盖总体平均数$\bar{X}$，$p\pm\Delta_p$能以一定的可靠程度覆盖总体成数$P$，因而上面的不等式应变换为

$$\bar{x}-\Delta_{\bar{x}}\leqslant\bar{X}\leqslant\bar{x}+\Delta_{\bar{x}}$$

$$p-\Delta_p\leqslant P\leqslant p+\Delta_p$$

即［$\bar{x}-\Delta_{\bar{x}}$，$\bar{x}+\Delta_{\bar{x}}$］为总体平均数的置信区间；［$p-\Delta_p$，$p+\Delta_p$］为总体成数的置信区间。

【例7-2-2】 从1 000件产品中抽取200件，其中有10件不合格品，如果确定抽样极限误差的范围为2%，试估计产品合格率的范围。

【解】

样本合格率 p =190/200=95%

总体合格率下限 = $p-\Delta_p$=95%−2%=93%

总体合格率上限 = $p+\Delta_p$=95+2%=97%

即该批产品合格率在93%～97%。

四、抽样误差的概率度

基于概率估计的要求，抽样极限误差通常需要以抽样平均误差$\mu_{\bar{x}}$或μ_P为标准单位来衡量。把抽样极限误差$\Delta_{\bar{x}}$或Δ_p分别除以$\mu_{\bar{x}}$或μ_P，得相对数t，它表示误差范围为抽样平均误差的t倍，t是测量估计可靠程度的一个参数，称为抽样误差的概率度，在数理统计中常称为置信度。

$$t=\frac{\Delta_{\bar{x}}}{\mu_{\bar{x}}}=\frac{\left|\bar{x}-\bar{X}\right|}{\mu_{\bar{x}}} \text{或} \Delta_{\bar{x}}=t\mu_{\bar{x}}$$

$$t=\frac{\Delta_p}{\mu_p}=\frac{\left|p-P\right|}{\mu_p} \text{或} \Delta_p=t\mu_p$$

抽样误差的概率度是表明样本指标和总体指标的误差不超过一定范围的概率保证程度。由于样本指标随着样本的变动而变动，它本身是一个随机变量，因而样本指标和总体指标的误差仍然是一个随机变量，并不能保证误差不超过一定范围这个事件是必然事件，而只能给予一定程度的概率保证。因此，就有必要计算样本指标落在一定区间范围内的概率，这种概率称为抽样估计的概率保证程度。

根据抽样极限误差的基本公式$\Delta=t\cdot\mu$得出，概率度t的大小要根据对推断结果要求的把握程度来确定，即根据概率保证程度的大小来确定。概率论和数理统计证明，概率度t与概率保证程度$F(t)$之间存在着一定的函数关系，给定t值，就可以计算出$F(t)$来；相反，给出一定的概率保证程度$F(t)$，则可以根据总体的分布，获得对应的t值。

在实际应用中，因为所研究的总体大部分为正态总体，对于正态总体而言，为了应用的方便编有《正态分布概率表》以供使用。根据《正态分布概率表》，已知概率度t可查得相应的概率保证程度$F(t)$；相反，已知概率保证程度$F(t)$也可查得相应的概率度t。表7-2-3为常见的概率度t与概率保证程度（可靠程度）之间的关系。

表7-2-3 常见的概率度t与概率保证程度（可靠程度）之间的关系

概率度t	概率$F(t)$	概率度t	概率$F(t)$
0.5	0.382 9	1.96	0.950 0
1.00	0.682 7	2.00	0.954 5
1.50	0.866 4	3.00	0.997 3

（资料来源：《正态分布概率表》）

【例7-2-3】 某保险公司采用随机抽样组织形式从10 000名投保人中随机抽取200名，得出200名投保人的平均年龄是36.5岁，年龄标准差为8.2岁，若要求推断的可靠程度为99.73%，则在此条件下推断全部投保人平均年龄的最大可能误差有多少?（按重复抽样和不重复抽样两种情况进行计算）

【解】 由题意可知：

$$N=10\ 000;\ n=200,\ \bar{x}=36.5,\ s=8.2$$

由$F(t)=99.73\%$，可得$t=3$。

（1）在重复抽样条件下：

$$\mu_{\bar{x}}=\frac{\sigma}{\sqrt{n}}=\frac{8.2}{\sqrt{200}}\approx 0.58\text{（岁）}$$

$$\Delta_{\bar{x}}=t\mu_{\bar{x}}=3\times 0.58=1.74\text{（岁）}$$

（2）在不重复抽样条件下：

$$\mu_{\bar{x}}=\sqrt{\frac{\sigma^2}{n}\left(1-\frac{n}{N}\right)}=\sqrt{\frac{(8.2)^2}{200}\times\left(1-\frac{200}{10\ 000}\right)}\approx 0.57\text{（岁）}$$

$$\Delta_{\bar{x}}=t\mu_{\bar{x}}=3\times 0.57=1.71\text{（岁）}$$

从以上的计算结果可以看出，在99.73%的可靠程度要求下，由200名投保人的平均年龄推断总投保人的平均年龄，在重复抽样条件下最大误差不超过1.74岁，在不重复抽样条件下最大误差不超过1.71岁。

任务三 抽样估计的计算与分析

任务导入

某快餐店在一个月内随机抽查50名顾客的消费情况，发现50名顾客的平均消费额为32元。如何由50名顾客的平均消费额估计总体顾客平均消费额呢?

抽样估计是指利用实际调查的样本指标的数值来估计相应的总体指标的数值的方法。由于总体指标是表明总体数量特征的参数，例如总体平均数、总体成数等，所以抽样估计也称为参数估计。参数估计有点估计和区间估计两种方法。

一、点估计

点估计的基本特点是，根据样本资料计算样本指标，再以样本指标数值直接作为相应的总体指标的估计值。也就是以样本平均数$\bar{x}$作为总体平均数$\bar{X}$的估计值，样本成数p作为总体成数P的估计值，即：

$$\bar{x}=\bar{X},\ p=P$$

如某高校商学院英语统考，从1 000名学生中随机抽取50名调查其考试成绩，测得平均成绩为82分，运用点估计方法，该商学院1 000名学生的英语平均成绩也为82分。

点估计的优点是原理直观，计算简便，在实际工作中经常采用。不足之处是这种估计方法没有考虑到抽样估计的误差，更没有指明误差在一定范围内的概率保证程度。而另一种估计方法，即区间估计，就能够解决这一问题，所以是更好的估计方法。

知识拓展

点估计及估计量的评价标准

点估计就是直接用样本数据计算出来的统计量当作总体参数的估计值，可用于总体参数点估计的估计量可以有很多。比如，可以用样本均值作为总体均值的估计量，也可以用样本中位数作为总体均值的估计量，等等。那么，用哪种估计量作为总体参数的估计呢？自然要用估计效果最好的那种估计量。什么样的估计量才算是一个好估计量呢？这就需要有一定的评价标准。统计学家给出了评价估计量的一些标准，主要包括下列三个。

（1）无偏性。即要求所有可能样本指标的平均数（样本指标的数学期望）与被估计的总体参数之间没有偏差。虽然每一次的样本指标值和总体指标值之间都可能有误差，但在多次反复的估计中，所有抽样指标值的平均数应该等于所估计的总体指标值本身，即用样本指标去估计总体参数，平均说来是没有偏误的。

（2）一致性。用统计量估计总体参数要求当样本的单位数充分大时，抽样指标也充分地靠近总体指标。就是说，随着样本单位数n的无限增加，统计量和未知的总体参数之差的绝对值小于任意小的数，它的概率也趋近于1，即实际上是几乎肯定的。

（3）有效性。以统计量估计总体参数时，优良估计量的方差应该比其他估计量的方差小。例如用样本平均数或总体某一变量值来估计总体平均数，虽然两者都是无偏的，而且在每一次估计中，两种估计量和总体平均数都可能有离差，但样本平均数更靠近于总体平均数的周围，平均说来其离差比较小。所以对比说来，抽样平均数是更为有效的估计量。

二、区间估计

（一）区间估计的含义

区间估计就是根据样本指标和抽样误差来推断总体指标值的最大可能范围，并同时指出估计的概率保证程度的方法。区间估计是抽样估计的主要方法。

区间估计的基本特点是，根据给定的概率保证程度$F(t)$的要求，利用实际样本资料，给出总体指标估计值的上限和下限，即指出可能覆盖总体指标的区间范围。也就是说，区间估计要解决两个问题：

第一，根据样本指标和误差范围估计出一个可能包括总体指标的区间，即确定出估计区间的上限和下限。

第二，确定出估计区间覆盖总体未知参数的概率保证程度。区间估计的基本公式有

$$\overline{X}=\bar{x}\pm\Delta_{\bar{x}}=\bar{x}\pm t\cdot\mu_{\bar{x}} \qquad \bar{x}-t\cdot\mu_{\bar{x}}\leqslant\overline{X}\leqslant\bar{x}+t\cdot\mu_{\bar{x}}$$

$$P=p\pm\Delta_p=p\pm t\cdot\mu_p \qquad p-t\cdot\mu_p\leqslant P\leqslant p+t\cdot\mu_p$$

从而得到总体平均数的估计区间：$[\bar{x}-t\cdot\mu_{\bar{x}},\ \bar{x}+t\cdot\mu_{\bar{x}}]$

总体成数的估计区间：$[p-t\cdot\mu_p,\ p+t\cdot\mu_p]$

（二）区间估计的模式

在进行区间估计的时候，根据所给定条件的不同，总体平均数和总体成数的估计有以下两种模式可供选择使用。

（1）根据已给定的误差范围，求概率保证程度。具体步骤是：

第一步，抽取样本，计算样本指标，即计算样本平均数$\bar{x}$或样本成数p，作为总体指标的估计值，并计算样本标准差s以推算抽样平均误差。

第二步，根据给定的抽样极限误差Δ，估计总体指标的上限和下限。

第三步，将抽样极限误差Δ除以抽样平均误差μ，求出概率度t，再根据t值查《正态概率表》求出相应的概率保证程度。

【例7-3-1】 对工厂生产设备中某种型号的机械零件进行耐磨性能检验，抽查的样本资料见表7-3-1，要求耐磨时数的允许误差范围为10小时（$\Delta_{\bar{x}}=10$）。试估计这批机械零件的平均耐磨时数。

表7-3-1　某型号机械零件耐磨性能资料

耐磨时数/小时	组中值x/小时	零件数f/个
900以下	875	1
900～950	925	2
950～1 000	975	6
1 000～1 050	1 025	35
1 050～1 100	1 075	43
1 100～1 150	1 125	9
1 150～1 200	1 175	3
1 200以上	1 225	1
合计	—	100

【解】

第一步，计算$\bar{x}$，s，$\mu_{\bar{x}}$

$$\bar{x}=\frac{\sum xf}{\sum f}=\frac{105\ 550}{100}=1\ 055.5\text{（小时）}$$

$$s=\sqrt{\frac{(x-\bar{x})^2 f}{\sum f}}\approx 51.91\text{（小时）}$$

$$\mu_{\bar{x}}=\frac{\sigma}{\sqrt{n}}=\frac{51.91}{\sqrt{100}}=5.191\text{（小时）}$$

注意：总体标准差σ以样本标准差s代替。

第二步，根据给定的$\Delta_{\bar{x}}=10$，计算总体平均数的上、下限：

$$\text{下限}=\bar{x}-\Delta_{\bar{x}}=1\,055.5-10=1\,045.5\text{（小时）}$$

$$\text{上限}=\bar{x}+\Delta_{\bar{x}}=1\,055.5+10=1\,065.5\text{（小时）}$$

第三步，根据$t=\frac{\Delta_{\bar{x}}}{\mu_{\bar{x}}}=\frac{10}{5.191}=1.93$，查《正态概率表》得概率保证程度$F(t)=94.64\%$。

结论：根据要求耐磨时数的允许误差范围为10小时，估计这批机械零件耐磨时数在［1 045.5，1 065.5］之间，其概率保证程度为94.64%。

【例7-3-2】 仍用表7-3-1中的资料，设该种型号零件质量标准规定，耐磨时数达1 000小时以上为合格品，要求合格率估计的允许误差范围不超过4%，试估计该批机械零件的合格率。

【解】

第一步，计算p，s_p^2，μ_p

$$p=\frac{n_1}{n}=\frac{91}{100}=91\%$$

$$s_p^2=p(1-p)=0.91\times0.09=0.081\,9$$

$$\mu_p=\sqrt{\frac{p(1-p)}{n}}=\sqrt{\frac{0.081\,9}{100}}\approx2.86\%$$

第二步，根据给定的$\Delta_p=4\%$，求总体合格率的上、下限：

下限$=p-\Delta_p=91\%-4\%=87\%$

上限$=p+\Delta_p=91\%+4\%=95\%$

第三步，根据$t=\frac{\Delta_p}{\mu_p}=1.4$，查《正态概率表》得概率$F(t)=83.85\%$。

结论：根据要求，合格率允许误差范围不超过4%，估计这批零件的合格率在［87%，95%］之间，其概率保证程度为83.85%。

（2）根据已给定的概率保证程度，求抽样极限误差。具体步骤是：

第一步，抽取样本，计算样本指标，即计算样本平均数$\bar{x}$或样本成数p，作为总体指标的估计值，并计算样本标准差s以推算抽样平均误差。

第二步，根据给定的概率保证程度$F(t)$，查概率表求得概率度t值。

第三步，根据概率度t和抽样平均误差μ推算出抽样极限误差Δ，并根据抽样极限误差求出被估计总体指标的上限和下限。

【例7-3-3】 对我国某中等城市进行居民家庭年人均旅游消费支出调查，随机抽取400户居民家庭，调查得知居民家庭年人均旅游消费支出额为400元，标准差为100元，要求以

95%的概率保证程度，估计该市年人均旅游消费支出额。

【解】

第一步，根据已知资料算得：

年人均消费支出额$\bar{x}$=400（元）

样本标准差s=100（元）

$$\mu_{\bar{x}}=\frac{\sigma}{\sqrt{n}}=\frac{100}{\sqrt{400}}=5\text{（元）}$$

注意：总体标准差σ以样本标准差s代替。

第二步，根据给定的概率保证程度$F(t)$=95%，查《正态概率表》得t=1.96。

第三步，计算$\Delta_{\bar{x}}=t\mu_{\bar{x}}$=1.96×5=9.80，则该市居民家庭年人均旅游消费支出额：

$$\text{下限}=\bar{x}-\Delta_{\bar{x}}=400-9.80=390.20\text{（元）}$$

$$\text{上限}=\bar{x}+\Delta_{\bar{x}}=400+9.80=409.80\text{（元）}$$

结论：在95%的概率保证程度下，估计该市居民家庭年人均旅游消费支出额在［390.20，409.80］之间。

【例7-3-4】为了解国内旅游人数情况，在一些地区随机调查5 000人，结果发现800人有当年国内旅游计划，要求以95%的概率保证程度，估计国内旅游人数比率的可能范围。

【解】

第一步，根据已知资料算得：

样本国内旅游人数比率$=\frac{n_1}{n}=\frac{800}{5\ 000}=16\%$

样本方差$s_p^2=p(1-p)=0.16\times0.84=0.134\ 4$

抽样平均误差$\mu_p=\sqrt{\frac{p(1-p)}{n}}=\sqrt{\frac{0.134\ 4}{5\ 000}}=0.518\%$

注意：$P(1-P)$用$p(1-p)$代替。

第二步，根据给定的概率保证程度$F(t)$=95%，查《正态概率表》得概率度t=1.96。

第三步，计算$\Delta_p=t\mu_p$=1.96×0.518%≈1.015%，则总体比率的上、下限为：

$$\text{下限}=p-\Delta_p=16\%-1.015\%=14.985\%$$

$$\text{上限}=p+\Delta_p=16\%+1.015\%=17.015\%$$

结论：在95%的概率保证程度下，估计国内旅游人数的比率在［15%，17%］之间。

任务四　必要样本容量的确定

任务导入

某大学要了解在校学生每天的上网时间，然而在校学生共5 200人，数量很大，很难一一调查，所以计划采用抽样调查的方式。为保证调查精确度，规定了最大允许误差。在这种情况下，既要考虑估计的可靠性，又要照顾到调查的成本，确定多少样本单位比较合适呢？

在统计调查过程中，样本容量的大小直接影响到抽样估计的效果。如果样本容量太小，样本对总体的估计缺乏代表性，难以保证分析结果的可信度；但如果样本量过大，又会浪费人力物力，增加不必要的工作量。因此，选择合适的样本容量非常重要。数理统计证明，可用$F(t)$保证抽样误差不超过$\Delta=tu$。因此，在抽样调查中，可以用决定抽取多少样本单位数的方法来保证抽样误差不超过预定的范围。下面以简单随机抽样为例说明必要抽样单位数的计算方法。

一、必要抽样单位数的计算

（一）根据平均数抽样极限误差确定样本单位数

1. 重复抽样条件下

$$n=\frac{t^2\sigma^2}{\Delta x^2}$$

2. 不重复抽样条件下

$$n=\frac{Nt^2\sigma^2}{N\Delta x^2+t^2\sigma^2}$$

（二）根据成数抽样极限误差确定样本单位数

1. 重复抽样条件下

$$n=\frac{t^2P(1-P)}{\Delta P^2}$$

2. 不重复抽样条件下

$$n=\frac{t^2NP(1-P)}{N\Delta P^2+t^2P(1-P)}$$

【例7-4-1】 从某年级学生中按简单随机抽样方式抽取40名学生，对公共理论课的考试成绩进行检查，得知其平均分数为78.75分，样本标准差为12.13分。试以95.45%的概率保证程度推断全年级学生考试成绩的区间范围。如果其他条件不变，将允许误差缩小一半，应抽取多少名学生？（用重复抽样方法）

【解】 据题意知：$n=40$，$\bar{x}=78.75$分，$\sigma=12.13$分，$F(t)=95.45\%$，$t=2$

（1）
$$\mu_{\bar{x}}=\frac{\sigma}{\sqrt{n}}=\frac{12.13}{\sqrt{n}}\approx 1.92\text{（分）}$$

$$\Delta_x=t\times\mu_{\bar{x}}=2\times 1.92=3.84\text{（分）}$$

全年级学生考试成绩的区间范围为：

$$\bar{x}-\Delta_x\leqslant\bar{X}\leqslant\bar{x}+\Delta_x$$

$$78.75-3.84\leqslant\bar{X}\leqslant 78.75+3.84$$

即
$$74.91\leqslant\bar{X}\leqslant 82.59$$

（2）将允许误差缩小一半，则应抽取的学生数为：

$$n=\frac{t^2\sigma^2}{\left(\frac{\Delta x}{2}\right)^2}=\frac{2^2\times 12.13^2}{\left(\frac{3.84}{2}\right)^2}\approx 160\text{（人）}$$

重要提示

在利用上述公式确定必要抽样数目时，要用到总体标准差和成数的数值，而这在抽样以前是不知道的。因此在实际中需要加以估计。主要方法有：

第一，通过试点调查，以试点中样本的方差和成数来代替，或者用以往进行的类似调查的标准差和成数来代替，或者用样本方差和成数来代替。在无法得到P值时，可以用P=0.5来计算。

第二，如果同时计算平均数和成数的样本单位数，所得到的必要样本数目又不相同，即$n_x \neq n_p$，此时可取其中较大的值，作为必要抽样数目。

【例7-4-2】某公司对其生产的彩电在某地区的市场占有率及使用寿命进行调查。根据该公司在其他地区的调查情况，彩电使用寿命的标准差为3 000小时，要求以95%的可靠程度保证彩电平均使用寿命的极限误差不超过800小时，对市场占有率的极限误差不超过10%，那么应该抽取多少样本单位数？

【解】已知：Δ_x=800小时，σ=3 000小时，$F(t)$=95%，查表知t=1.96

$$n_x=\frac{t^2\sigma^2}{\Delta x^2}=\frac{1.96^2\times 3\,000^2}{800^2}\approx 54\text{（台）}$$

因P值未知，可采用P=0.5，计算必要的样本单位数。

$$n_p=\frac{t^2P(1-P)}{\Delta P^2}=\frac{1.96^2\times 0.5(1-0.5)}{10\%^2}\approx 96\text{（台）}$$

因为$n_P>n_x$，为保证平均使用寿命和市场占有率的抽样误差都控制在允许范围内，应取其中的最大值，即必要抽样数目为96台。

二、影响抽样数目的因素

（一）标志变异程度

若变异程度大，则需多抽取一些样本单位；若变异程度小，则可少抽取一些。可以想象，如果总体各单位标志值相等，只抽一个样本单位即可。

（二）抽样极限误差的大小

即抽样推断的精确程度。抽样极限误差是指估计值的误差范围。如极限误差小，即允许误差小，则需多抽取样本单位。如果不允许有抽样误差，就只能进行全面调查，才能保证有较高的准确度。

（三）概率度的大小

若要求抽样的可靠程度较高，那么t值也较大。这样抽样的数目就要多些；若可靠程度要求不高，那么t值也较小，这样抽样的数目就要少些。

（四）抽样组织方式和抽样方法

一般在同样的条件下，重复抽样需要多抽取样本，此外，抽样单位数目的多少还取决于不同的组织方式。一般分层抽样和等距抽样可以比纯随机抽样需要的样本单位数少，整群抽样比纯随机抽样需要的单位数多。

任务五 运用 Excel 进行抽样推断

任务导入

小王是一家连锁教培公司的职员，为了吸引顾客，经常对学员的成绩进行抽样调查并进行区间估计，以反映该公司的优良教学水平。但每次的手工计算让其不胜其烦，有没有一种方法能简化这项工作呢？

利用Excel进行抽样推断，有两种方法可以选择：一种是直接打开工具栏中“插入”菜单，选中其中的“函数”命令，然后选择不同的函数进行操作；另一种是利用“分析工具库”。单击“工具”菜单中的“数据分析”命令，可以浏览已有的分析工具。如果在“工具”菜单中没有“数据分析”命令，应在“工具”菜单上运行“加载宏”命令，在“加载宏”对话框中选择“分析工具库”。利用“分析工具库”进行总体方差估计时还需要用到函数。下面将以具体的实例说明这两种方法的操作过程。

（一）利用“函数”进行总体均值的区间估计

【例7-5-1】 假设一个班级有200名学生，随机抽取20名学生的会计学课程期末考试成绩，得到的成绩如下：80，92，85，74，63，94，96，81，86，73，83，91，72，82，84，79，87，91，64，75。已知学生成绩服从正态分布，总体标准差为10分，置信水平为90%。要求应用Excel进行总体均值的区间估计。具体步骤如下：

第一，打开一个新的Excel工作表，在单元格A1中键入“20名学生的统计学期末考试成绩”，从单元格A2到A21分别键入“80，92，…，75”。

第二，选中单元格B1，键入“样本均值”，选中单元格C1，键入“=”，然后单击工具栏中“插入”选项卡，选中打开的菜单中的“函数”，单击其中的函数“AVERACE”，如图7-5-1所示。

在“数值1”行中键入“A2:A21”，然后单击“确定”按钮，即可得到样本均值81.6。

第三，选中单元格B2，键入“极限误差”，选中单元格C2，键入“=”，然后单击工具栏中“插入”选项卡，选中打开的菜单中的“函数”，选中函数“CONFIDENCE”，如图7-5-2所示。

在“显著水平参数”一行中键入“0.10”，在“总体标准偏差”一行中键入“10”，在“样

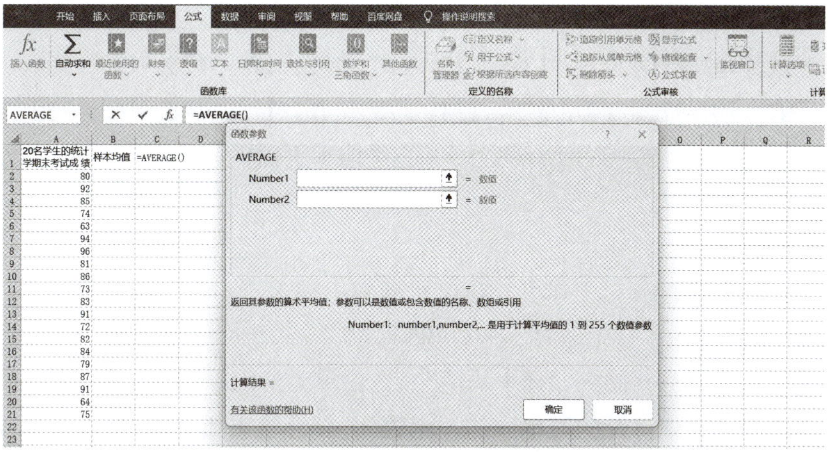

图7-5-1　样本20名学生考试平均成绩的计算

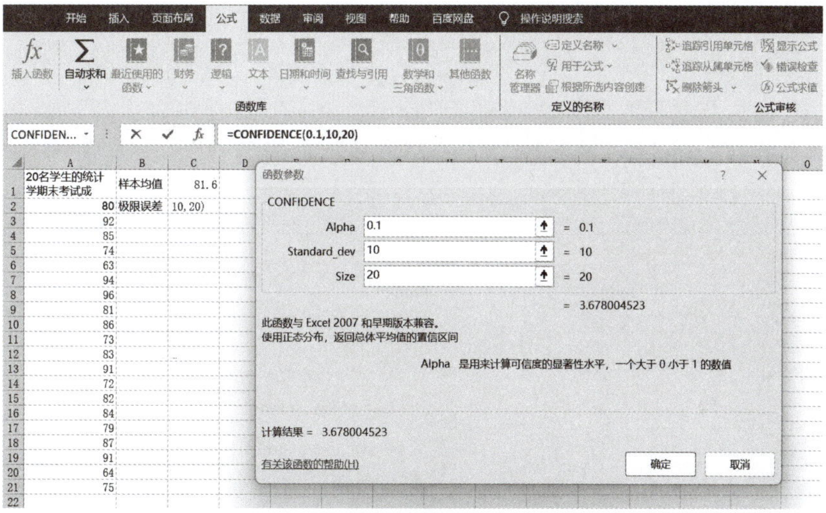

图7-5-2　样本20名学生考试成绩极限误差的计算

本容量”一行中键入“20”，就可以得到极限误差3.678。

第四，选中单元格B3，键入“置信区间下限”，选中单元格C3，键入“=”，然后单击单元格C1，键入“–”，单击单元格C2，按Enter键，就可以得到置信区间下限77.922；选中单元格B4，键入“置信区间上限”，选中单元格C4，键入“=”，然后单击单元格C1，键入“+”，单击单元格C2，按Enter键，就可以得到置信区间上限85.278，因此置信区间为（77.922，85.278）。完成后的工作表如图7-5-3所示。

20名学生的统计学期末考试成绩	样本均值	81.600
80	极限误差	3.678
92	置信区间下限	77.922
85	置信区间上限	85.278
74		
63		
94		
96		
81		
86		
73		
83		
91		
72		
82		
84		
79		
87		
91		
64		
75		

图7-5-3　总体均值的区间估计计算

（二）利用“函数”进行总体方差的区间估计

在估计总体方差时，要用到函数CHIINV，它的格式为CHINV（$a/2$或$1-a/2$，自由度$n-1$）。

【例7-5-2】假设已知大学新入学的男生身高服从正态分布，随机抽取某大学新入学的男生30名，测试其身高数据如下：180，175，176，182，172，173，170，166，174，175，181，180，179，178，173，170，172，174，178，176，178，172，182，180，179，175，174，176，173，185。要求应用Excel以95%的置信水平估计该校新入学男生身高方差的置信区间。

具体步骤如下：

第一，打开一个新的Excel工作表，在单元格A1中键入“30名男生身高”，然后从单元格A2到单元格A31分别键入“180，175，…，185”。

第二，选中单元格B1，键入“样本均值”，选中单元格C1，键入“=”，然后单击工具栏中“公式”选项卡，选中打开的菜单中的“函数”，就会跳出相应的对话框，单击其中的函数“AVERAGE”，在“数值1”行中键入“A2:A31”，然后单击“确定”按钮，即可得到样本均值175.933 3，如图7-5-4所示。

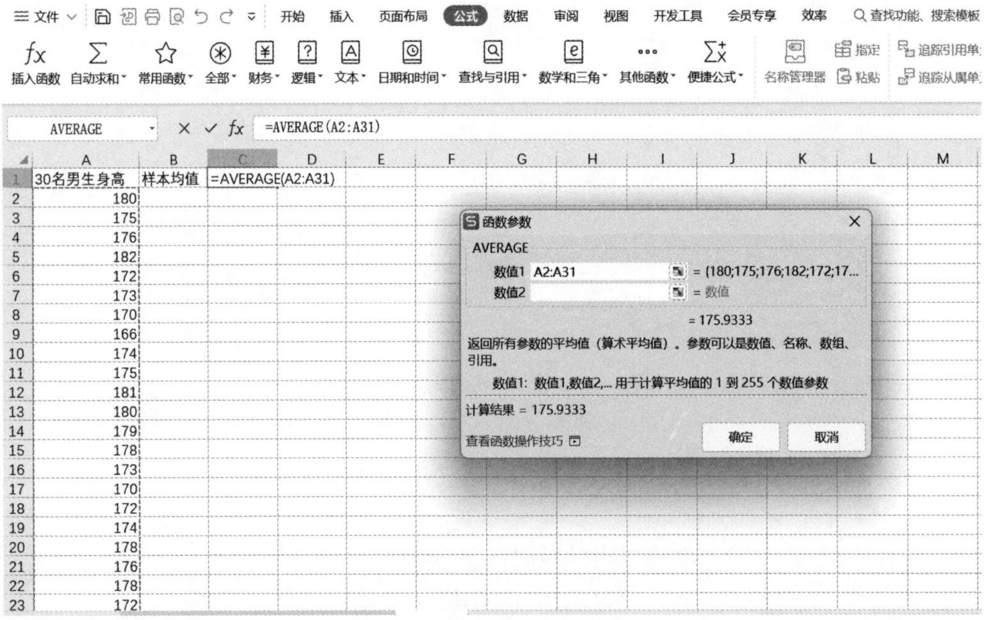

图7-5-4 样本平均数的计算

第三，选中单元格B2，键入“样本标准差”，选中单元格C2，然后单击工具栏中“公式”选项卡，选中打开的菜单中的“函数”，单击其中的函数“STDEV”。在“数值1”一行中键入“A2:A31”，然后单击“确定”按钮，即可得到样本标准差4.225 810 131，如图7-5-5所示。

第四，选中单元格B3，键入“左侧卡方值”，选中单元格C3，然后单击工具栏中“公式”选项卡，选中打开的菜单中的“函数”，单击其中的函数“CHIINV”，就会跳出如图7-5-6所示的对话框。

在“分布概率”一行中键入“0.975”，在“自由度”行中键入“29”（即$n-1$），然后单击“确定”按钮，即可得到左侧卡方值=16.047 07。选中单元格B4，键入“右侧卡方值”，选中单元格C4，按照同样的方法，在“分布概率”一行中键入“0.025”，在“自由度”一行中键入“29”（即$n-1$），然后单击“确定”按钮，即可得到右侧卡方值=45.722 285 8。

第五，选中单元格B5，键入“总体方差置信区上限”，选中单元格C5，键入“=29*C2^2/

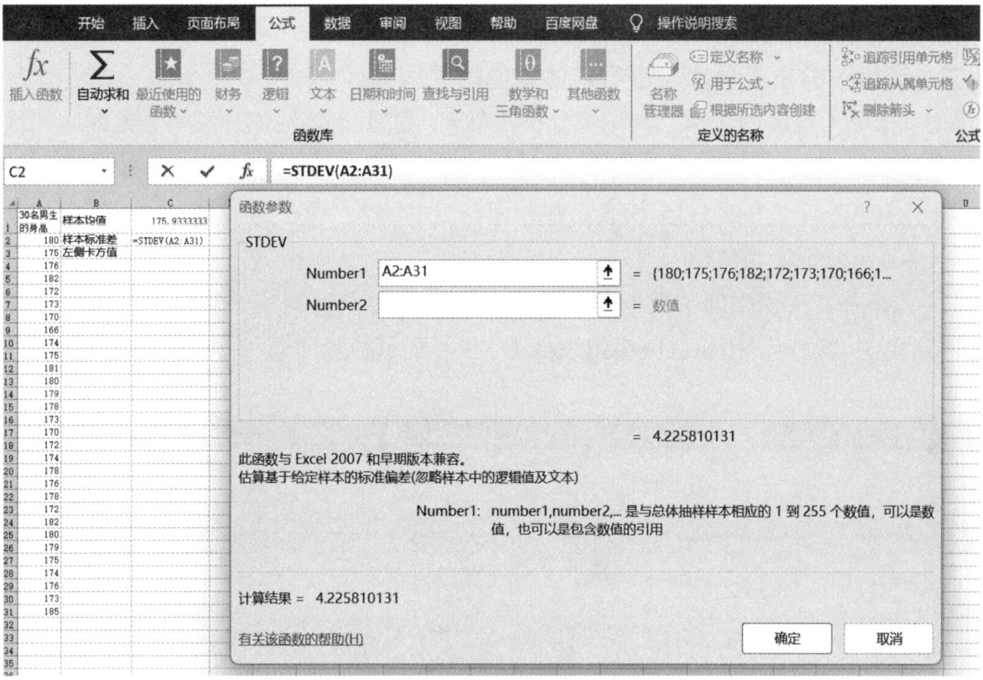

图7-5-5　样本标准差的计算

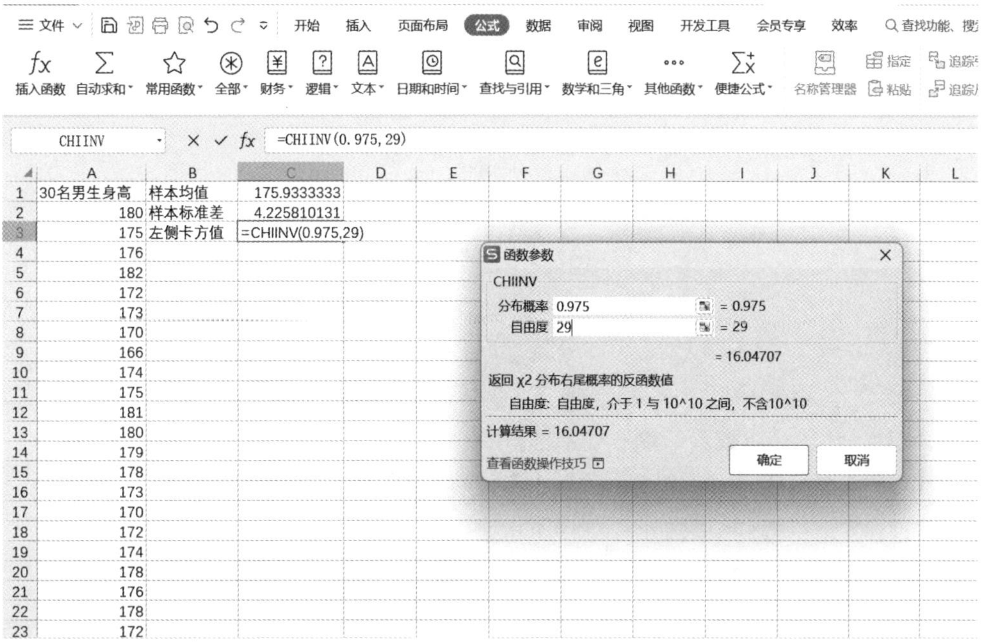

图7-5-6　左侧卡方值计算

C3”，然后按Enter键，即可得32.271 723 87。选中单元格B6，键入“总体方差置信区下限”，选中单元格C6，键入“=29* C2^2/C4”，然后按Enter键，即可得11.326 351 2，因此总体方差的置信区间为［11.326 351 2，32.271 723 87］。完成后的Excel工作表如图7–5–7所示。

30名男生身高	样本均值	175.9333333
180	样本标准差	4.225810131
175	左侧卡方值	16.0470717
176	右侧卡方值	45.7222858
182	总体方差置信区上限	32.27172387
172	总体方差置信区下限	11.3263512
173		

图7–5–7　总体方差的置信区间的计算

（三）利用“分析工具库”进行总体均值的区间估计

仍用大学男生身高的资料，利用“分析工具库”进行总体均值和总体方差的区间估计。具体步骤如下：

第一，打开一个新的Excel工作表，在单元格Al中键入“30 名男生身高”，然后从单元格A2到单元格A31分别键入“180，175，…，185”。

第二，单击工具栏中的“数据分析”选项卡，就会出现相应的对话框，选择“描述统计”，然后单击“确定”按钮，就会出现如图7–5–8所示的对话框。

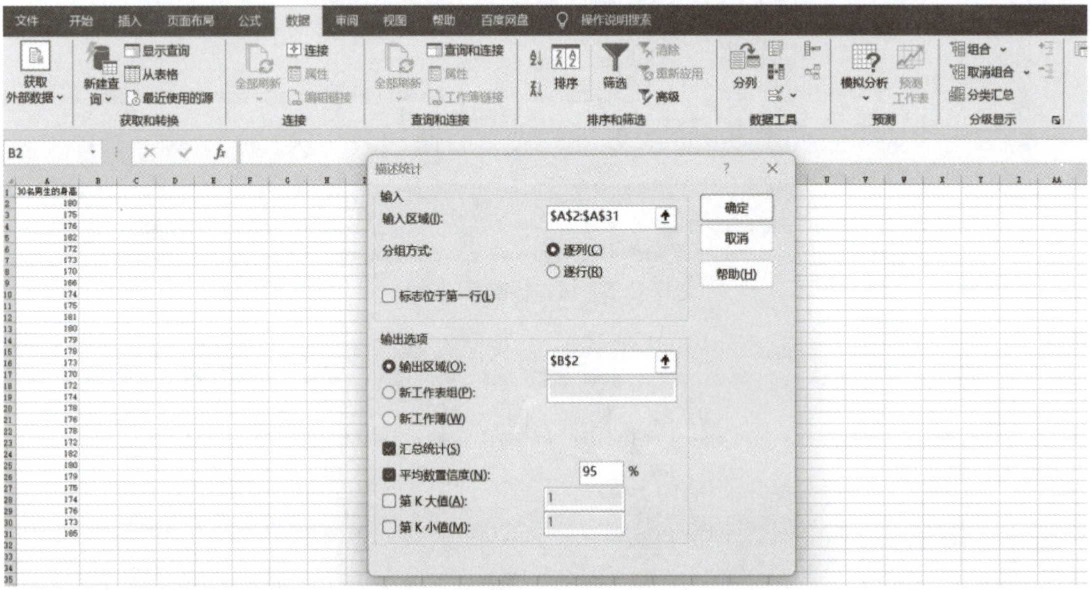

图7–5–8　数据分析

在“输入区域”填写“$A$2：$A$31”；分组方式为“逐列”；“标志位于第一行”复选框不打“√”；选中“输出区域”，填写“$B$2”；将“汇总统计”和“平均数置信度”复选框打“√”；“平均数置信度”填写“95”；“第K大值”和“第K小值”复选框不打“√”。完成后单击“确定”按钮，得到结果如图7–5–9所示。

列1	
平均	175.9333333
标准误差	0.771523844
中位数	175.5
众数	180
标准差	4.225810131
方差	17.85747126
峰度	-0.094642269
偏度	-0.035455244
区域	19
最小值	166
最大值	185
求和	5278
观测数	30
置信度(95.0%)	1.577943436

图7–5–9　数据分析

第三，选中单元格D8，键入“置信区间上限值”，选中单元格E8，键入“=C4+TINV（0.05，29）*C8/SQRT（C16）”，然后按Enter键，即可得到总体均值的置信区间上限177.511 276 8。选中单元格E9，键入“=C4–TINV（0.05，29）*C8/SQRT（C16）”，按Enter键，则可得到总体均值的置信区间下限174.355 389 9。因此可知，总体均值的置信区间为（174.355 389 9，177.511 276 8），结果如图7–5–10所示。

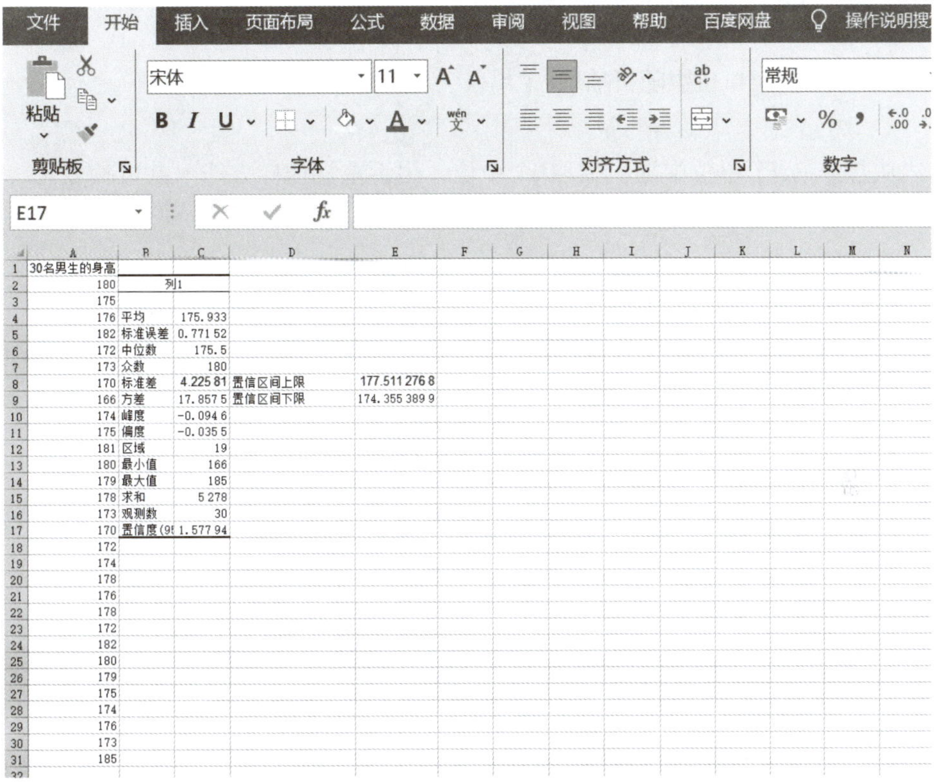

图7–5–10　总体均值和总体方差的区间估计

• 思考与练习 •

一、单项选择题

1. 抽样推断是建立在（　　）基础上的。

A. 有意抽样　　B. 随意抽样

C. 随机抽样　　D. 任意抽样

2. 抽样推断的目的是（　　）。

A. 以样本指标推断总体指标　　B. 取得样本指标

C. 以总体指标估计样本指标　　D. 以样本的某一指标推断另一指标

3. 样本指标和总体指标（　　）。

A. 前者是个确定值，后者是个随机变量

B. 前者是个随机变量，后者是个确定值

C. 两者均是确定值

D. 两者均是随机变量

4. 大数定律证明，随着样本容量n的增加，抽样平均数$\bar{x}$（　　）。

A．有远离于总体平均数$\bar{X}$的趋势　　B．与总体平均数$\bar{X}$若即若离

C．有接近于总体平均数$\bar{X}$的趋势　　D．其数值是固定的

5. 所谓大样本是指样本容量必须大于等于（　　）。

A．30　　B．50　　C．80　　D．100

6. 从总体的N个单位中随机抽取n个单位，用重复抽样方法共可抽取（　　）个样本。

A．P_N^n　　B．p^n　　C．N^n　　D．C_{N+n-1}^n

7. 从总体的N个单位中随机抽取n个单位，用不重复抽样方法一共可抽取（　　）个样本。

A．P_N^n　　B．p^n　　C．N^n　　D．C_{N+n-1}^n

8. 不重复抽样的抽样平均误差公式比重复抽样多了一个系数（　　）。

A．$\sqrt{\dfrac{N-1}{N-n}}$　　B．$\sqrt{\dfrac{N+n}{N+1}}$　　C．$\sqrt{\dfrac{N-n}{N-1}}$　　D．$\sqrt{\dfrac{N+1}{N+n}}$

9. 在抽样组织形式中，最简单和最基本的一种是（　　）。

A．类型抽样　　B．等距抽样

C．简单随机抽样　　D．整群抽样

10. 先将总体各单位按主要标志分组，再从各组中随机抽取一定单位组成样本，这种抽样形式被称为（　　）。

A．简单随机抽样　　B．等距抽样　　C．类型抽样　　D．整群抽样

11. 在抽样调查中（　　）。

A．既有登记误差，也有代表性误差

B．既无登记误差，也无代表性误差

C．只有登记误差，没有代表性误差

D．没有登记误差，只有代表性误差

12. 在抽样调查中，无法避免的误差是（　　）。

A．登记误差　　B．系统性误差　　C．计算误差　　D．抽样误差

13. 抽样平均误差反映了样本指标与总体指标之间的（　　）。

A．可能误差范围　　B．平均误差程度

C．实际误差　　D．实际误差的绝对值

14. 在同等条件下，重复抽样与不重复抽样相比较，其抽样平均误差（　　）。

A．前者小于后者　　B．前者大于后者

C．两者相等　　D．无法确定哪一个大

15. 在其他条件保持不变的情况下，抽样平均误差（　　）。

A．随着抽样数目的增加而加大

B．随着抽样数目的增加而减小

C．随着抽样数目的减少而减小

D．不会随抽样数目的改变而变动

16. 对两工厂工人工资做纯随机不重复抽样调查，调查的工人数一样，两工厂工资方差一样，但第二个工厂工人数是第一个工厂的一倍，则抽样平均误差（　　）。
    A. 第一个工厂大　　B. 第二个工厂大
    C. 两个工厂一样大　　D. 不能做结论
17. 抽样标准误差μ_x、抽样极限误差Δ_x和概率t三者之间，成反比关系的是（　　）。
    A. μ_x与Δ_x　　B. t与Δ_x
    C. t与μ_x　　D. 没有
18. 在抽样调查中，要提高推断的可靠程度即提高概率度，必须（　　）。
    A. 缩小误差范围　　B. 确定总体指标所在的范围
    C. 扩大误差范围　　D. 扩大绝对可靠的范围
19. 对某行业职工收入情况进行抽样调查，得知其中80%的职工收入在800元以下，抽样平均误差为2%，则概率为95.45%时，该行业职工收入在800元以下所占比重是（　　）。
    A. 等于78%　　B. 大于84%
    C. 在76%与84%之间　　D. 小于76%
20. 用简单随机抽样（重复）方法抽取样本单位，如果要使抽样平均误差降低50%，则样本容量需扩大为原来的（　　）。
    A. 2倍　　B. 3倍
    C. 4倍　　D. 5倍

二、多项选择题

1. 抽样推断的特点是（　　）。
    A. 随机取样　　B. 有意选取有代表性的单位进行调查
    C. 以部分推断总体　　D. 抽样误差可以计算和控制
2. 在重复抽样中（　　）。
    A. 每个单位在每次抽样都有相同被抽中的概率
    B. 每个单位都有可能在样本中出现n次
    C. n次抽样之间相互独立
    D. 可以形成N^n个可能样本
3. 从一个全及总体中可以抽取许多个样本，因此（　　）。
    A. 抽样指标的数值不是唯一确定的
    B. 抽样指标是用来估计总体参数的
    C. 总体指标是随机变量
    D. 样本指标是随机变量
4. 常用的抽样组织形式包括（　　）。
    A. 类型抽样　　B. 简单随机抽样
    C. 等距抽样　　D. 整群抽样

5. 抽样误差包括（　　）。
A．系统性误差　　B．登记性误差
C．偶然性误差　　D．技术性误差
6. 抽样估计中的抽样误差（　　）。
A．是不可避免要产生的　　B．是可以通过改进调查方法来消除的
C．只能在调查结束之后才能计算　　D．其大小是可以控制的
7. 影响抽样误差的因素有（　　）。
A．样本容量n　　B．概率保证程度
C．抽样方法　　D．抽样组织形式
8. 抽样估计的方法有（　　）。
A．点估计　　B．区间估计
C．推算估计　　D．等比估计
9. 在一定条件下，置信度、概率度和精确度关系表现在（　　）。
A．概率度增大，估计的可靠性增大　　B．概率度增大，估计的可靠性下降
C．概率度缩小，估计的精确度提高　　D．概率度缩小，估计的精确度下降
10. 重复抽样下，影响本样本容量的因素有（　　）。
A．概率度　　B．抽样极限误差
C．总体方差　　D．总体单位数

三、判断题

1. 抽样的随机原则，就是要保证总体各单位有同等被抽中的机会，而不受人们主观因素的影响。（　　）
2. 总体参数虽然未知，但具有唯一性。（　　）
3. 类型抽样适用于被研究标志的取值存在明显差异的总体。（　　）
4. 等距抽样中的无关标志排队等距抽样，可视同于简单随机抽样。（　　）
5. 某企业在调查本厂的产品质量时，有意把管理较差的某车间的产品不算在内，这种做法必将导致系统性偏差。（　　）
6. 系统性误差和登记误差是可以加以防止避免的，而偶然性误差是不可避免的。（　　）
7. 抽样平均误差反映抽样的可能误差范围，实际上每次的抽样误差可能大于抽样平均误差，也可能小于抽样平均误差。（　　）
8. 在总体方差一定的条件下，样本单位数越多，则抽样平均误差越大。（　　）
9. 在其他条件不变的情况下，提高抽样估计的可靠程度，可以提高抽样的估计精确度。（　　）
10. 在简单随机抽样中，如果重复抽样的抽样极限误差增加40%，其他条件不变，则样本单位数只需要原来的一半左右。（　　）

四、计算题

1. 从某市400户个体饮食店中抽取10%进行月营业额调查，样本资料如下：

月均营业额/万元	户数
10以下	2
10～20	4
20～30	10
30～40	16
40～50	6
50以上	2
合计	40

试计算：（1）月营业额的抽样平均误差。

（2）在95%的概率保证下，全体个体饮食店月均营业额的置信区间。

2. 一个电视节目主持人想了解观众对某个电视专题的喜欢程度，他选取了500名观众作样本，结果发现喜欢该节目的有175人。试以95%的概率估计观众喜欢这一专题节目的区间范围。若该节目主持人希望估计的极限误差不超过5.5%，问有多大把握程度？

3. 某学校进行一次英语测验，为了解学生的考试情况，随机抽选部分学生进行调查，所得资料如下：

考试成绩	60分以下	60～70分	70～80分	80～90分	90～100分
学生人数	10	20	22	40	8

试以95.45%的可靠性估计该校学生英语考试的平均成绩的范围及该校学生成绩在80分以上的学生所占的比重的范围。

4. 某电子元件厂日产10 000只，经多次一般测试一等品率为92%，现拟采用随机抽样方式进行抽检，如要求误差范围在2%之内，可靠程度95.45%，试求需要抽取多少只电子元件？

5. 某公司新推出一种营养型豆奶，为做好促销工作随机地抽取顾客作为样本，并问他们是否喜欢此豆奶，如果要使置信度为95%，抽样误差不超过0.05，假如初步估计，约有60%的顾客喜欢此豆奶，你建议样本的容量为多大？

• 项目实训 •

1. 实训目的

（1）能根据调查目的和任务，设计调查问卷。

（2）依据调查问卷，组织实施抽样调查。

（3）能根据样本指标，对总体指标作出估计。

（4）培养学生严谨的工作作风和耐心细致的工作态度。

2．实训任务

请你以调查人员的身份，对学校京创超市的服务进行抽样调查（评分）。

3．实训要求

全班学生分组，组内同学合理进行任务分工。具体要求：

（1）设计调查问卷（调查评分表）。

（2）确定抽样调查的组织方式、抽样方法、样本容量。

（3）先组织一个小型抽查，由抽查结果（分值）测得标准差。

（4）计算抽样平均误差。

（5）以一定的概率保证程度，估计全校学生对超市服务评分的可能范围。

4．实训成果

每组同学将整个实训内容整理成实训报告，教师在课堂上对各组进行点评及成绩评定。

（资料来源：本项目实训由本校京创超市提供）

项目八 相关与回归分析

• 学习目标 •

【知识目标】

- 掌握相关关系的定义，了解不同的相关关系类型。
- 掌握判定变量之间相关关系的指标。
- 掌握回归分析的定义及回归分析的理论基础。
- 掌握回归分析的步骤，了解回归分析的检验方法。

【能力目标】

- 能够判定变量之间的相关程度，并对现实数据进行相关分析的操作。
- 能够建立一个基本的回归模型，并进行检验。
- 能够用 Excel 进行相关分析及回归分析的操作并进行相应的回归检验。

【素质目标】

- 培养和提高学生利用所学理论解决实际问题的能力。
- 培养和提高学生的逻辑思维分析能力。
- 培养学生的团队合作精神。

【实例先导】

如何寻找超市销售额的影响因素

光明超市是某市的一个较大型的连锁超市。超市的总经理希望了解超市的总销售额受哪些因素的影响，进而决定应采取哪些措施来提高超市的销售额和提高超市的竞争力，达到战胜竞争对手的目的。总经理组织人员收集了该超市的各个连锁营业点在某周六的销售额、该营业点经营面积及上周花费的促销费用等信息，总经理希望数据分析人员通过对这些数据的分析，找到该超市销售额的影响因素，为今后的决策提供必要的帮助。收集的各个营业点的数据如表8-1所示。

表8-1 光明超市各营业点的数据

营业点编号	销售额/万元	促销费用/万元	面积/百平方米
1	2	0.8	1.2
2	2.5	1	1.5

续表

营业点编号	销售额/万元	促销费用/万元	面积/百平方米
3	5	2.2	1.3
4	5	2	1.3
5	10	2	1.5
6	10	2.3	1.5
7	22	2.5	2
8	22	2.5	2.5
9	21	2.4	2
10	21	2.6	2
11	28	2.5	3
12	22	2.5	2.6
13	41	4	4
14	42	4.1	3.5
15	44	4	3.5
16	45	4.3	3.5
17	48	4.5	5.5
18	46	4.4	5
19	47	4	6
20	48	4.1	7

（资料来源：本案例由本校京创超市提供）

问题：（1）影响该超市销售额的影响因素有哪些？

（2）根据这些影响因素，你能做出相应的相关分析和回归分析吗？

任务一 相关分析

任务导入

现实生活中，许多事物之间都是相互联系的。比如学生的学习成绩与学习的时间、企业的利润与投入的成本、商品的广告支出与销售收入、居民的消费支出与收入……，都在相互制约、相互影响。如何认识上述现象之间的关系？它们之间联系的密切程度有多大？我们在实际中又如何根据这些现象之间的关联程度作出相应的决策呢？

一、变量间的关系

世界是普遍联系的有机整体，现象之间存在着相互依存、相互制约的关系，每一个现象的运动、变化和发展，都与其周围的现象相互联系和相互影响着。比如销售规模扩大了，相应地会降低产品的销售成本；价格的上升将导致供应量的增加，但与此同时可能会压制消费水平；降低储蓄的利率，可能会引起存款量的减少；一个人接受教育的程度，与他的劳动效率有着千丝万缕的联系。通过对现象之间的这些关系的研究，可以帮助人们找到现象变化内在与外在的影响因素及其发生机制，进而达到认识规律的目的。如果能够准确地把握住这些规律，借以估计、预测和控制，就可以对决策活动和科学研究给予帮助与指导。

现象之间存在的数量关系可以归纳为两种类型：函数关系和相关关系。

（一）函数关系

当一个变量或几个变量取一定的值时，另一个变量有确定的值与之对应，称这种关系为函数关系。例如，在价格p一定的情况下，某种商品的销售额y与该商品的销售量x之间的关系可用$y=px$表示，当销售量取一定的值时，销售额有确定的值与之对应，这就是函数关系。一般把作为影响因素的变量称为自变量，把发生对应变化的变量称为因变量。

（二）相关关系

当一个变量或几个变量取一定的值时，与之对应的另一个变量的取值不确定，但它仍然按照某种规律在一定的范围内变化，这种变量之间非严格的依存关系称为相关关系，如人们的收入和消费、劳动生产率与工资水平、商品流通规模与流通费用、企业的产值与投入的原材料、劳动力、资金等之间都存在着相互依存关系，但却不是绝对的唯一确定关系，它们都属于相关关系。

本章要讨论的是现象之间的相关关系。

思政微议

新活力新气象，中国旅游市场加速回暖

2023年“五一”假期，文化和旅游行业复苏势头强劲。经文化和旅游部数据中心测算，全国国内旅游出游合计2.74亿人次，同比增长70.83%，按可比口径恢复至2019年同期的119.09%；实现国内旅游收入1 480.56亿元，同比增长128.90%，按可比口径恢复至2019年同期的100.66%。“五一”假期全国旅游出游人次超过2019年同期水平，中国旅游研究院院长戴斌直呼：“旅游业迎来了从市场复苏到高质量发展的战略转折点。”

随着淄博、洛阳、西安、大理等网红城市的兴起，越来越多的旅游目的地开始关注流量在旅游经济中的角色与作用，希望通过专题策划、节事活动、文艺演出打造爆款项目，甚至文化和旅游局长短视频出圈方面也越来越“卷”。

一段时间以来，各地文旅局长纷纷“变装”为本地旅游代言，依靠“反差”的短视频火出圈，努力让流量变“留量”、让过客变常客。

2023年以来，深谙“真诚是必杀技”的淄博，依靠烧烤频登热搜，彻底火遍全国，淄博一举成为网红城市，甚至吸引了联合国前副秘书长兼环境规划署前执行主任埃里克·索尔海

姆来打卡。

中国社会科学院旅游研究中心秘书长金准认为，淄博烧烤“出圈”，显示了烟火气所能产生的巨大吸引力。旅游业所需要的文化，并不只局限于庙堂之上的典雅需求。生活中随处可见的烟火气，一样可以和城市吸引力紧密结合在一起。政府搭台、小老板唱戏，一样能产生现象级的产品。

（资料来源：李金磊. 新活力新气象，中国旅游市场加速回暖[EB/OL]. 2023-05-19）

议一议

促进中国旅游市场加速回暖的相关因素有哪些？

二、相关关系的种类

相关关系以不同的方向、不同的程度相互作用，可作如下的分类。

（一）根据自变量的多少可以分为单相关、复相关

只有两个变量之间的相关关系，称为单相关，如成本与利润、消费与收入等都是单相关；三个或三个以上变量之间的相关关系称为复相关。例如，企业的产值与投入的原材料、劳动力、资金等变量之间的关系就是一种复相关。

（二）根据相关关系的形态不同分为线性相关和非线性相关

当一个变量X发生变动，另一个变量Y随之发生大致均等的变动，从图像上近似地表现为直线形式，这种相关称为线性相关或直线相关。例如，在一定的范围内，人均消费水平与人均收入水平之间通常表现为直线相关关系。若变量之间的相关关系呈曲线形式则称为非线性（或曲线）相关。例如：从人的生命全过程看，年龄与医疗费支出呈非线性相关关系。

（三）根据变量间变化方向的不同分为正相关和负相关

若变量之间的变化方向一致，即一个变量的值增加（或减少），另一个变量的值也随之增加（或减少），这样的关系称为正相关。例如一个家庭的消费支出和它的收入即为正相关。若变量之间变化方向相反，即一个变量的数值增大（或减小），另一个变量的数值却减小（或增大），这样的关系称为负相关。例如商品价格上升，需求量就会出现下降，产品成本降低则企业利润增加等即为负相关。

（四）根据相关的密切程度分为完全相关、不完全相关和不相关

当两个变量之间有确定的函数关系，即当一个变量或几个变量取一定的值时，另一个变量有确定的值与之对应，称为完全相关；当两个变量之间数量各自独立，互不影响时，称为不相关；若两个变量之间的关系介乎完全相关与不相关之间称为不完全相关。

三、相关分析的方法

相关分析是根据已有的数据确定变量之间是否存在相关关系以及相关关系的密切程度。相关分析的方法主要有两种，即定性分析和定量分析两类。

（一）定性分析

定性分析就是从定性角度分析和判断现象之间是否具有相关关系以及相关关系的类型。

这种分析和判断所依据的是对现象的了解和对有关的理论知识、专业知识的掌握，以及一定的社会实践经验。

（二）定量分析

定量分析就是在定性分析的基础上，通过编制相关表、绘制相关图、计算相关系数与判定系数等方法，来判断现象之间相关的方向、形态及密切程度。

1. 相关表

相关表是一种反映变量相关关系的统计表。将某一变量按其取值的大小排列，然后再将与其相关的另一变量的对应值平行排列，便可得到简单的相关表，如表8-1-1所示。

表8-1-1　产品产量与生产费用

序号	产品产量（千吨）x	生产费用（万元）y
1	1.2	62
2	2.0	86
3	3.2	98
4	4.1	110
5	5.0	118
6	6.2	130
7	7.3	135
8	8.4	161
合计	37.4	900

从表8-1-1中可以明显看出，随着产品产量的增加，生产费用也有增长的趋势，尽管两者之间的关系不是十分严格，但可以看出关系比较密切。

2. 相关图

以变量X为横轴，Y为纵轴建立的直角坐标系，将相关表上每一对应的具体数值（x，y）用散点标出来而形成的图称为相关图或散点图。利用散点图，可以直观、形象地表现变量之间的相互关系。图8-1-1是表明现象间不同关系的散点图。

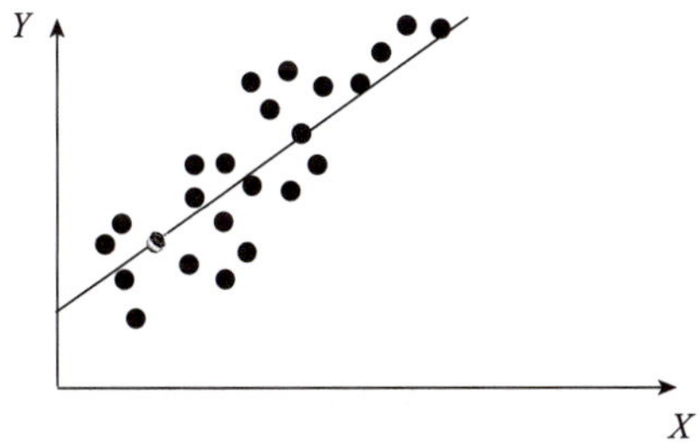

（a）正的线性相关

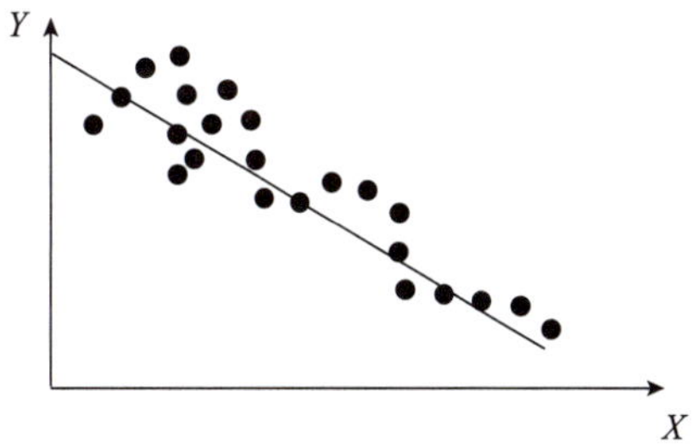

（b）负的线性相关

图8-1-1　不同关系形态的散点图

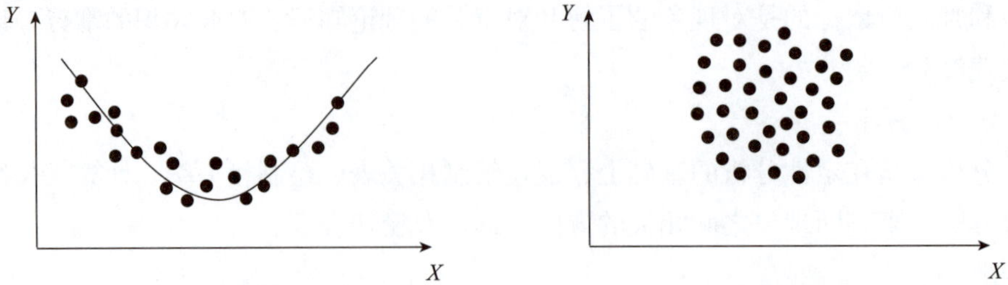

（c）曲线相关　　（d）不相关

图8-1-1　不同关系形态的散点图（续）

练一练

请以表8-1-1产品产量与生产费用的资料绘制散点图。

3. 相关系数

通过相关图表可以直观地判断两个变量之间有无相关关系，并对变量间的关系类型有大致的了解，但散点图不能准确反映变量之间的关系密切程度。当变量之间呈线性关系时，其相关关系的密切程度就需要引入相关系数来衡量。

（1）相关系数的定义。相关系数是用来反映现象之间关联程度的统计指标，常用符号r表示，两变量之间的相关关系的计算定义公式为：

$$r=\frac{\sum_{i=1}^{n}(x_i-\overline{x})(y_i-\overline{y})}{\sqrt{\sum_{i=1}^{n}(x_i-\overline{x})^2\cdot\sum_{i=1}^{n}(y_i-\overline{y})^2}}$$

$$=\frac{n\sum_{i=1}^{n}x_iy_i-\sum_{i=1}^{n}x_i\cdot\sum_{i=1}^{n}y_i}{\sqrt{n\sum_{i=1}^{n}x_i^2-\left(\sum_{i=1}^{n}x_i\right)^2}\sqrt{n\sum_{i=1}^{n}y_i^2-\left(\sum_{i=1}^{n}y_i\right)^2}}$$

公式可化简为：

$$r=\frac{n\sum xy-\sum x\sum y}{\sqrt{n\sum x^2-\left(\sum x\right)^2}\cdot\sqrt{n\sum y^2-\left(\sum y\right)^2}}$$

（2）相关系数的性质。

r具有以下特性：

①相关系数取值范围为$-1\leqslant r\leqslant 1$。

②相关系数r反映变量间的相关方向。当r为正值时，变量间的线性相关关系为正相关，这时y随着x增加而线性增加；当r为负值时，变量间的线性相关关系为负相关，这时y随着x增加而线性减少。

③若相关系数$|r|$越接近1时，两个变量间的线性相关程度越高；若相关系数$|r|$越接近0时，两个变量间的线性相关程度越低。通常当$|r|=0$时，变量间无线性相关关系，但可能存在其他非线性关系；当$|r|=1$时，变量之间存在完全确定的线性相关关系。

也就是说，当$0<|r|<1$时，称x与y存在一定的线性相关关系，其线性相关的密切程度由$|r|$的大小说明。一般>0.8为高度线性相关密切程度；$0.3<|r|\leqslant 0.8$为中度线性相关密切程度；$|r|\leqslant 0.3$为低度线性相关密切程度，如图8-1-2所示。

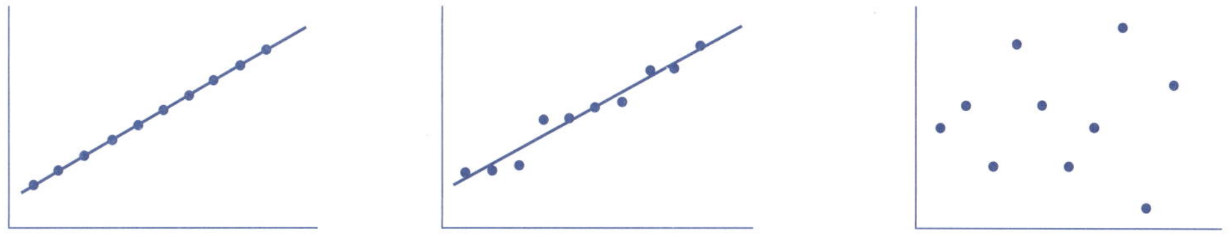

（a）完全相关　（b）高度相关、线性相关、正相关　（c）弱线性相关关系

图8-1-2　线性相关关系

如果能够确定变量之间存在相关关系，那么就可以进一步进行回归分析，为得到变量之间的明确关系奠定基础。

【例8-1-1】 根据表8-1光明超市各营业点的数据资料，计算该超市销售额与促销费用的相关系数。

【解】

根据表8-1，假设销售额为x，促销费用为y，得出表8-1-2。

表8-1-2　超市销售额与促销费用相关系数计算表

营业点编号	销售额/万元（x）	促销费用/万元（y）	xy	x^2	y^2
1	2	0.8	1.6	4	0.64
2	2.5	1	2.5	6.25	1
3	5	2.2	11	25	4.84
4	5	2	10	25	4
5	10	2	20	100	4
6	10	2.3	23	100	5.29
7	22	2.5	55	484	6.25
8	22	2.5	55	484	6.25
9	21	2.4	50.4	441	5.76
10	21	2.6	54.6	441	6.76
11	28	2.5	70	784	6.25
12	22	2.5	55	484	6.25
13	41	4	164	1 681	16
14	42	4.1	172.2	1 764	16.81
15	44	4	176	1 936	16
16	45	4.3	193.5	2 025	18.49

续表

营业点编号	销售额/万元（x）	促销费用/万元（y）	xy	x^2	y^2
17	48	4.5	216	2 304	20.25
18	46	4.4	202.4	2 116	19.36
19	47	4	188	2 209	16
20	48	4.1	196.8	2 304	16.81
合计	531.5	58.7	1 917	19 717.25	197.01

由上表可知，

n=20，$\sum x$=531.5万元，$\sum y$=58.7万元，$\sum xy$=1 917，$\sum x^2$=19 717.25，$\sum y^2$=197.01，根据相关系数公式，

$$r=\frac{n\sum xy-\sum x\sum y}{\sqrt{n\sum x^2-\left(\sum x\right)^2}\cdot\sqrt{n\sum y^2-\left(\sum y\right)^2}}$$

$$=\frac{20\times 1\,917-531.5\times 58.7}{\sqrt{20\times 19\,717.25-(531.5)^2}\times\sqrt{20\times 197.01-(58.7)^2}}\approx 0.96$$

任务二 线性回归分析

任务导入

通过相关关系的测定，我们认识到很多现象之间存在着密切甚至是高度相关的关系。那么，我们如何进一步测定现象之间具体数值上的变化规律？如何根据一个现象的变化去推测另一个现象的变化呢？

一、回归分析概述

（一）回归分析与相关分析

回归分析是在相关分析的基础上进行的进一步统计分析，两者存在着千丝万缕的联系。

1. 回归分析与相关分析的区别

①相关分析说明的是两个变量之间的相互依存关系，因为它只是变量间相关关系的反映和描述性解释；而回归分析带有平均、期望的含义。举个例子，父辈身高会影响子女的身高，究竟二者的关系有多大，计算相关系数就可以得到说明。回归的意思是指，高个子父辈其子女的身材也高，但高过父辈身高的情况普遍比较少，矮个子父辈的子女的身高相对较矮，但他们的子女的身高又有普遍超过他们身高的倾向，人的身高总是趋向某个平均数。据此不难看出，相关与回归的原始含义是不同的。

②相关分析一般要求变量x与y的地位对等，而且都是随机变量；而回归分析中需要根据现象之间客观存在的依存关系的逻辑顺序区分哪一个是解释变量（自变量），哪一个是被解释变量（因变量），即探究自变量对因变量的影响。

③在相关分析中，要求变量x和变量y皆服从正态分布；可是在回归分析中，仅要求给定x时，y的条件分布是正态分布。

④相关分析仅限于两个变量间的相关关系的场合，回归分析可以对多个变量之间的关系进行分析。

2. 回归分析与相关分析的联系

①相关分析是回归分析的前提和基础。通常在确定了现象之间存在的相关关系及其形式后，才好有针对性地进入回归分析。如果相关关系不显著，就没有必要进行回归分析，即使勉强进行回归分析，其实际意义也不大。

②回归分析是相关分析的继续和深入。相关分析的结果仅能说明现象之间相关关系的大小和有无，了解这一点还远远不够。在相关分析的基础上进行回归分析，可以进行估计、预测和控制，二者结合起来，才能够发挥相关分析更大的作用。

③回归分析与相关分析存在数量上的等价关系。利用回归分析求出相关关系，是相关系数的一种计算方法；反之，从相关系数出发也可方便地计算出回归系数。在统计检验方面，凡是回归模型代表性强的，相关系数就显著；若是回归模型代表性差，相关关系就不显著。如果相关系数通过了显著性检验，那么回归方程的代表性就好，相关系数的值越大，回归分析的效果越理想；否则回归方程的代表性和回归分析的效果就较差，甚至毫无价值。

以上所述的相关分析和回归分析的关系，主要是从狭义的相关与回归概念方面来讲的，而且仅着眼于现象之间简单的线性关系。

（二）一元线性回归模型

影响市场变化的因素虽然是多方面的，但存在一个因素是最基本的、起决定作用的，而且自变量与因变量之间的数据分布成线性（直线）趋势，那么就可以运用一元线性回归模型进行预测。模型的数学表达式为：$\hat{y}=a+bx$。

其中$\hat{y}$是因变量的估计值，x是自变量的观测值。b为回归系数，由因变量和自变量的观测数据估计得到。b表示当自变量x每增加一个单位时，因变量的估计值$\hat{y}$的平均增加数量。

当因变量、自变量间变化呈现线性关系时，就可以用一条直线来表示它们的线性关系，以便于分析预测。但对于这种线性关系，可以用很多条直线来描述，每条线对变量之间关系的拟合程度是不同的，要从所有直线中找到一条最具有“代表性”的直线，常用的确定直线方程的方法是最小二乘法，也就是说用最小二乘法估计模型的参数。它是指使因变量的观测值与估计值之间的离差平方和达到最小来估计参数系数，因此也称为参数的最小二乘估计。

（三）多元线性回归模型

实际上一元回归只不过是回归分析中的特例，是对客观经济现象的高度抽象与简化。然而在复杂的经济现象中，某一个经济变量的主要影响因素通常不止一个。例如，消费总额和货币供应量以及国民生产总值等都有关；某种商品的销售量不仅与居民的收入水平有关，而且与该商品的价格、替代品的价格或互补品的价格以及储蓄金额等有关。这就涉及多元回归问题。

多元回归分析是利用统计资料，建立起多元回归模型，以已知两个或两个以上的自变量代入方程，来估测另一个因变量（预测目标）的定量分析方法。多元是指两个或两个以上自变量对因变量有影响。多元回归模型是用来表达一个因变量与多个自变量之间的相关关系及其变动规律性的一种数学模型。若经过定性分析，影响因素自变量x_i（$1 \leqslant i \leqslant m$）与预测目标因变量之间确实存在线性因果关系，则多元线性回归方程式为：

$$\hat{y}=b_0+b_1x_1+b_2x_2+b_3x_3+\cdots+b_mx_m$$

式中，因变量$\hat{y}$即预测目标。自变量x_1，x_2，$x_3\cdots$，x_m是影响预测目标的诸因素；b_1，b_2，$b_3\cdots$，b_m为参数，统称待定回归参数。

二、回归分析步骤

回归模型的建立过程，需要经历以下几个步骤。

（一）在定性和定量分析的基础上，确定变量以及它们之间的相关关系

定性分析是指根据相关学科的理论、专业知识和经验，对现象与现象之间的内在联系所做的研究。定量分析是指依据大量的统计数据，对现象之间客观存在的数量关系和数量表现规律进行反映和发现。现象之间的联系往往是比较复杂的，那么通过定性和定量研究能帮助人们对问题有深入的了解和掌握，从而有利于正确地提出合适的数学模型。

（二）建立回归分析模型

利用模型进行研究是许多学科经常用到的方法。模型是对客观现象的本质特征及其变化规律的一种描述、模仿或抽象。模型的种类很多，回归分析模型属于数学模型，而且是一个随机数学模型，形式上表现为函数方程式，结构上由变量和参数组成。建立回归模型，需要处理好两个方面的问题：一是模型描述的精确性：二是模型描述的简洁性。追求模型的精确性，势必要引进许多变量，这将导致模型的复杂化和表述上的困难；如果追求模型的简洁性，虽然有利于求解，但由此会造成模型精确度的降低。好的回归分析模型，需要将二者兼顾起来。

重要提示

回归建模注意要点

一元线性回归模型建立要依据一定数量的观察值（x_i，y_i），（$i=1, 2, \cdots, n$），首先绘制散点图，判定变量间存在线性相关关系，然后根据给出的数据资料估计参数，参数的估计用最小二乘法，也就是选择一条直线，使其残差平方和达到最小值的方法。当求出模型参数a，b之后，就可以建立一元线性回归分析模型。在统计分析软件中，都设定了回归系数的最小二乘估计法的计算，选择相应的功能后就可以迅速地得到分析结果。

建立一个具有良好预测效果的多元回归模型，必须慎重地筛选自变量。如果不加鉴别，把所有自变量选入回归模型，不但会加大工作量，而且会出现自变量之间高度线性相关的情况，以致降低预测结果的准确性。筛选自变量应当注意掌握好以下几点：①所选自变量必须对因变量有显著的影响；②所选自变量应该具有完整的统计数据资料，而且自变量本身的变动有一定的规律性，能够取得准确性较高的预测值，难以定量的因素在多元回归方程中一般不宜选入；③所选的自变量与因变量之间具有较强的相关性，具有经济意义和内在因果联系，而不是形式上的相关；④所选的自变量之间的相关程度不应高于自变量与因变量之间的相关程度，应当尽可能避免自变量之间高度线性相关，不致发生多重共线性问题。

（三）参数的求解

对模型中的参数进行求解，是模型进一步具体化的过程。对于同类性质的问题，都可以用一个一般的回归方程来描述，只有在根据特定问题的资料求出模型的参数之后，该模型才适用对这个问题的研究。回归分析中，模型求解常用的方法包括最小二乘估计、极大似然估计等。

（四）回归模型的显著性检验

回归模型初步确立后，在利用它进行估计、预测和控制之前，还需要对它的代表性强弱程度进行分析。如果解释变量与被解释变量的相关关系不明显，实际中的解释变量与被解释变量的关系形式与提出的模型存在较大的差异等，表明回归模型的代表性不理想。用这样的模型进行估计、预测和控制，效果肯定不会太好。回归模型的显著检验，主要是对回归模型中的参数以及模型的相关关系进行显著性推断。

（五）回归模型的修正和改进问题

如果回归模型没有通过显著性检验，说明拟定的模型存在着问题，因而要重新回过头来，查找原因并进行妥善的修改，直至能确立较为满意或最优的回归模型为止。

建立回归分析模型，不是最终的目的，关键是利用已建立起来的模型达到估计、预测和控制的意图。因此，回归分析模型的应用问题构成回归分析的另一大内容。

1. 回归估计

回归估计的含义是，根据回归分析模型，对于给定的解释变量x的值，去推测被解释变量y的可能取值。经常人们不加区分地使用“估计”与“预测”，事实上细细比较一下，这两个词的词义还是有差别的。一般地，对于横截面样本资料和时间序列的内插问题，要用“估计”一词。回归分析的统计估计，主要研究解释变量的均值估计和点值估计，其中又可细分为均值的点估计和区间估计，点值的点估计和区间估计。

2. 回归预测

时间序列的外推问题，称为回归预测。进行回归预测时，解释变量的值一般在样本数据的范围之外。回归模型主要依据样本确定，因此如果解释变量的值与样本的时间范围相差较大，那么预测结果的可靠性和合理性将大大降低。这是做回归预测研究时，必须要注意的问题。

3. 回归控制

回归控制是回归估计和回归预测的反问题，它主要研究给定解释变量的值，确定解释变量取值的变化范围。

三、回归分析模型的检验方法

通过以上的介绍和步骤，我们对回归分析及建模步骤有了初步的认知，但是回归模型建立以后，并不可以马上就用来解释变量之间的关系。这是因为回归分析的结果必须通过检验，检验符合要求后才能确定模型的解释程度。

在进行一元线性回归分析时，求得分析模型后，需要判定该模型是否能解释自变量和因变量的实际关系，模型对实际数据的拟合程度是否达到要求，模型能否适用于预测的要求。这都需要就模型拟合的“优良性”进行检验。

模型检验是说明模型能否用于预测的分析方法，人们利用各种统计检验方法来检验以下两个问题：模型能否解释预测对象变量之间的实际关系、拟合的程度。常用的检验有：标准离差检验、拟合程度检验、模型整体的显著性检验、单个系数的显著性检验和序列相关检验。

（一）标准离差检验

标准离差S表示因变量的各个观测值与估计值的绝对离差数额，用于检验回归模型的估计精度。标准离差S越小，实际值与估计值的平均误差越小，估计的精度也就越高。同时，为了不同模型的精度进行比较，往往计算离散系数或标准离差系数V，一般希望V不超过10%～15%。

（二）拟合程度检验

因变量的各个观测值点聚集在回归直线$\hat{y}=a+bx$周围的紧密程度，称作回归直线对观测数据点的拟合程度，通常用决定系数来表示。决定系数r^2是检验回归方程拟合优度的一个重要指标，r^2的取值范围是：$0\leqslant r^2\leqslant 1$。

决定系数一般用来测定回归直线对各观测值点的拟合程度。若全部观测值点y_i（i=1，2，…，n）都落在回归直线上，则$r^2=1$；若自变量的观测值完全无助于解释因变量的变差，则$r^2=0$。

显然，r^2越接近于1，用自变量x的变化解释因变量y的变差的部分就越多，表明回归直线与各观测值点越接近，回归直线的拟合度越高。相反地，r^2值较小，说明了回归方程所引入的自变量不是一个好的解释变量，它所能解释的变差占总变差的比例较低。

回归直线拟合优度的另一个测度是线性相关系数r。在一元线性回归中，线性相关系数实际上是决定系数r^2的平方根，即$r=\pm\sqrt{r^2}$。$|r|$越接近于1，表明回归直线拟合优度越高。

在多元线性回归模型中，为消除自变量数目对r^2的影响，常采用调整的（修正）$\bar{r}^2$即复决定系数进行检验，数据取值意义与决定系数类似。

（三）模型整体的显著性检验

模型整体的显著性检验是用以考察回归模型拟合效果是否显著的方法，一般使用F统计量，计算出F检验值后，按照显著水平α查F分布表（第一自由度为m，第二自由度为$n-m-1$），得到临界值F_α。若统计量的值$F>F_\alpha$，则认为回归效果显著；否则即认为回归效果不显著。

（四）单个系数的显著性检验

单个系数的显著性检验用来考察每一个自变量对于因变量的影响程度，有的时候方程的显著性并不意味每个自变量对因变量的影响都是重要的。如果某个自变量并不重要，则应该从方程中把它删除，重新建立更为简单的方程。

一般使用t统计量，t检验的实质是检验每个自变量对因变量的影响是否显著。计算出t检验值后，在给定的显著性水平α下，若$|r|>t_\alpha(n-m-1)$，则拒绝原假设H_0，说明自变量对因变量有显著影响；反之，接受原假设H_0，说明自变量对因变量无显著影响，则应删除该因素。

在一元线性回归分析模型的检验中，F检验和t检验的功效是相同的，但是多元回归问题中，两种检验各有用途。

（五）序列相关检验

实际经济关系中会存在这样的现象，国内生产总值、国民收入等，宏观经济从谷底开始上升时，一般会持续增大；从高涨的峰顶开始紧缩下降时，一般会持续减小或增幅持续减小。这类现象称为序列自相关现象。当存在此类问题时，用回归模型来分析变量间的关系会造成估计的误差较大，也就是说当采用最小二乘法建立回归模型时，a、b的估计不再具有最小方差。

因此，需要进行经济时间序列是否存在自相关现象的检验，这种检验称为序列相关检验。通常使用D-W检验，即Durbin-Watson检验方法。在实际应用中，对于给定的显著性水平以及自变量个数m、样本个数n，使用D-W值进行检验，从D-W检验表中查得相应的临界值下限d_l和上限d_u，然后利用表8-2-1判别检验结论。

表8-2-1给出了检验判别结果。D-W检验存在无结论区城，即当计算的D-W统计量落到无结论区域时，决策者就不能做出回归模型是否存在自相关现象的结论。通常当D-W统计量的值在2左右时，则无须查表检验即可判定回归模型不存在自相关，此时回归模型有效。

表8-2-1　D-W检验判别结果

D-W值	检验结果
$4-d_l<\text{D-W}\leq4$	否定假设，存在负自相关
$0\leq\text{D-W}\leq d_l$	否定假设，存在正自相关
$d_u<\text{D-W}<4-d_u$	接受假设，不存在自相关
$d_l<\text{D-W}\leq d_u$	检验无结论（不能确定）
$4-d_u\leq\text{D-W}\leq4-d_l$	检验无结论（不能确定）

事实上，在线性回归模型的检验中，拟合程度检验、模型整体的显著性检验、单个系数的显著性检验都是检验变量间是否存在线性关系。如果模型没有通过上述检验，应分析其原因，重新加以处理，其原因可能有以下几种。

（1）影响因变量y的因素除了x之外还有其他不可忽略的因素。

（2）变量y与x的关系不是线性的，可能是曲线关系。

（3）变量y与x根本没有关系。

四、预测分析

回归分析技术一个主要的应用是经济预测，回归模型通过各种检验后，说明它是可信的，也就可以用于预测了。利用回归模型进行预测有两种方法：一是点预测法；二是置信区间预测法。

点预测法将自变量的预测值x_0代入预测模型$\hat{y}=a+bx$，求出因变量的预测值$\hat{y}_0$。

考虑到实际情况，可以使用置信区间预测法。在实际工作中，预测对象的实际值不一定恰好就等于预测值$\hat{y}_0$，随着实际情况的变化和各种环境因素的影响，并且由于自变量与因变量是相关关系，对于自变量的每一个值x_i，因变量的值y_i，并不一定等于回归模型计算的预测值$\hat{y}_0$，它一般在$\hat{y}_i$的附近。在实际应用中，希望估计出一个取值范围，掌握实际值落在该范围中的可靠程度，这个取值范围称为置信区间。

若在预测过程中只希望获得置信区域的近似估计，则利用预测点估计值y_0和回归分析的标准差S_x，做出下述不同置信度的结论：

预测值y_0的置信度为68.3%的近似置信区间为：$[\hat{y}_0-S，\hat{y}_0+S]$

预测值y_0的置信度为95.4%的近似置信区间为：$[\hat{y}_0-2S，\hat{y}_0+2S]$

预测值y_0的置信度为99.7%的近似置信区间为：$[\hat{y}_0-3S，\hat{y}_0+3S]$

【例8-2-1】以表8-1光明超市各营业点的数据资料为例，

（1）建立促销费用与销售额之间的回归模型。

（2）假定某周六第10个营业点的促销费用额为5万元，试预测该营业点的销售额。

【解】

①根据表8-1，假设销售额为y，促销费用为x，得出表8-2-2。

表8-2-2　预测分析表

营业点编号	销售额/万元（y）	促销费用/万元（x）	xy	x^2
1	2	0.8	1.6	0.64
2	2.5	1	2.5	1
3	5	2.2	11	4.84
4	5	2	10	4
5	10	2	20	4
6	10	2.3	23	5.29

续表

营业点编号	销售额/万元（y）	促销费用/万元（x）	xy	x^2
7	22	2.5	55	6.25
8	22	2.5	55	6.25
9	21	2.4	50.4	5.76
10	21	2.6	54.6	6.76
11	28	2.5	70	6.25
12	22	2.5	55	6.25
13	41	4	164	16
14	42	4.1	172.2	16.81
15	44	4	176	16
16	45	4.3	193.5	18.49
17	48	4.5	216	20.25
18	46	4.4	202.4	19.36
19	47	4	188	16
20	48	4.1	196.8	16.81
合计	531.5	58.7	1 917	197.01

根据最小二乘法公式：$\hat{y}=a+bx$，

$$b=\frac{n\sum xy-\sum x\sum y}{n\sum x^2-\left(\sum x\right)^2}=\frac{20\times 1\,917-58.7\times 531.5}{20\times 197.01-(58.7)^2}=\frac{7\,140.95}{494.51}\approx 14.44$$

$$a=\frac{\sum y}{n}-b\frac{\sum x}{n}=26.575-14.44\times 2.935\approx -15.81$$

所以得出促销费用与销售额之间的回归模型，$\hat{y}=-15.81+14.44x$。

②将$X=5$代入回归模型，得

$$\hat{y}=-15.81+14.44x=-15.81+14.44\times 5=56.39\text{（万元）}$$

知识拓展

“回归”的由来

“回归”是由英国著名生物学家兼统计学家高尔顿（Francis Galton，1822—1911，生物学家达尔文的表弟）在研究人类遗传问题时提出来的。为了研究父代与子代身高的关系，高尔顿搜集了1 078对父亲及其儿子的身高数据。他发现这些数据的散点图大致呈直线状态，也就是说，总的趋势是父亲的身高增加时，儿子的身高也倾向于增加。但是，高尔顿对实验数据进行了深入的分析，发现了一个很有趣的现象——回归效应。因为当父亲高于平均身高时，他们的儿子身高比他更高的概率要小于比他更矮的概率；父亲矮于平均身高时，他们的儿子身高比他更矮的概率要小于比他更高的概率。它反映了一个规律，即这两种身高父亲的儿子的身高，有向他们父辈的平均身高回归的趋势。对于这个一般结论的解释是：大自然具有一种约束力，使人类身高的分布相对稳定而不产生两极分化，这就是所谓的回归效应。

1855年，高尔顿发表《遗传的身高向平均数方向的回归》一文，他和他的学生卡尔·皮尔逊（Karl Pearson，1857—1936）通过观察1 078对夫妇的身高数据，以每对夫妇的平均身高作为自变量，取他们的一个成年儿子的身高作为因变量，分析儿子身高与父母身高之间的关系，发现父母的身高可以预测子女的身高，两者近乎一条直线。当父母越高或越矮时子女的身高会比一般儿童高或矮，他将儿子与父母身高的这种现象拟合出一种线性关系，分析出儿子的身高y与父亲的身高x大致可归结为以下关系：$\hat{y}=33.73+0.516x$（单位为英寸）。根据换算公式1英寸=0.025 4米，1米=39.37英寸。单位换算成米后：$\hat{y}=0.856\ 7+0.516x$（单位为米）；假如父母辈的平均身高为1.75米，则预测子女的身高为1.759 7米。这种趋势及回归方程表明父母身高每增加一个单位时，其成年儿子的身高平均增加0.516个单位。这就是“回归”一词最初在遗传学上的含义。

有趣的是，通过观察，高尔顿还注意到，尽管这是一种拟合较好的线性关系，但仍然存在例外现象：矮个父母所生的儿子比其父要高，身材较高的父母所生子女的身高却回降到多数人的平均身高。换句话说，当父母身高走向极端，子女的身高不会像父母身高那样极端化，其身高要比父母们的身高更接近平均身高，即有“回归”到平均数去的趋势，这就是统计学上最初出现“回归”时的含义，高尔顿把这一现象叫作“向平均数方向的回归”。虽然这是一种特殊情况，与线性关系拟合的一般规则无关，但“线形回归”的术语却因此沿用下来，作为根据一种变量（父母身高）预测另一种变量（子女身高）或多种变量关系的描述方法。

（资料来源：马树燕，王慧颖. 应用统计学［M］. 北京：北京理工大学出版社，2020.）

任务三 运用 Excel 进行相关回归分析的编制

任务导入

本任务以【实例先导】中表8-1光明超市各营业点的数据为例，运用Excel 进行相关回归分析的编制。

一、相关分析的编制

（一）做变量相关的散点图

以对光明超市统计数据的分析，利用Excel软件绘制销售额与促销费用的散点图、销售额与营业面积的散点图。

第一步，选中表中“销售额”一列与“促销费用”一列。

第二步，选择“插入”中的“图表”一栏，单击“所有图表”中的“散点图”，单击“确定”按钮，如图8-3-1所示。结果如图8-3-2所示。

第三步，选中销售额与营业面积一列，步骤同第二步，结果如图8-3-3所示。

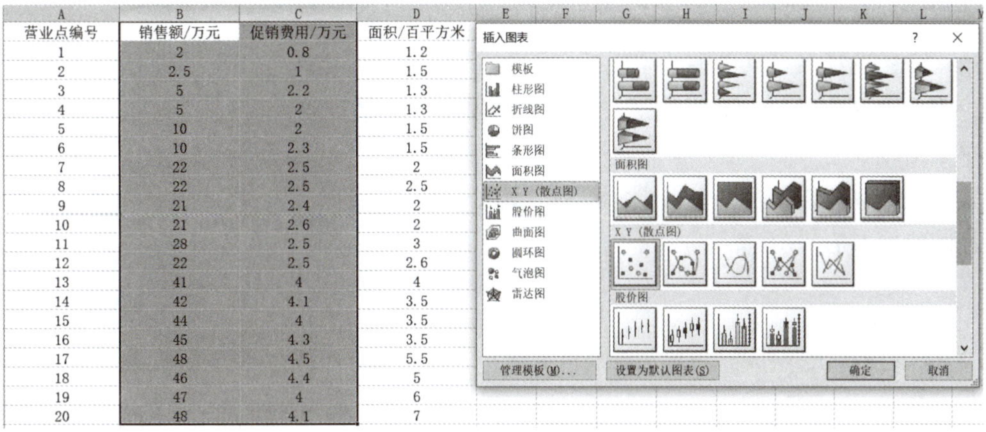

营业点编号	销售额/万元	促销费用/万元	面积/百平方米
1	2	0.8	1.2
2	2.5	1	1.5
3	5	2.2	1.3
4	5	2	1.3
5	10	2	1.5
6	10	2.3	1.5
7	22	2.5	2
8	22	2.5	2.5
9	21	2.4	2
10	21	2.6	2
11	28	2.5	3
12	22	2.5	2.6
13	41	4	4
14	42	4.1	3.5
15	44	4	3.5
16	45	4.3	3.5
17	48	4.5	5.5
18	46	4.4	5
19	47	4	6
20	48	4.1	7

图8-3-1　绘制散点图

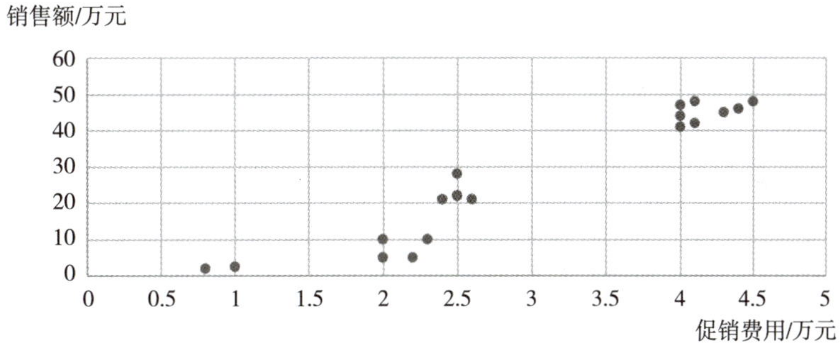

图8-3-2　销售额与促销费用的散点图

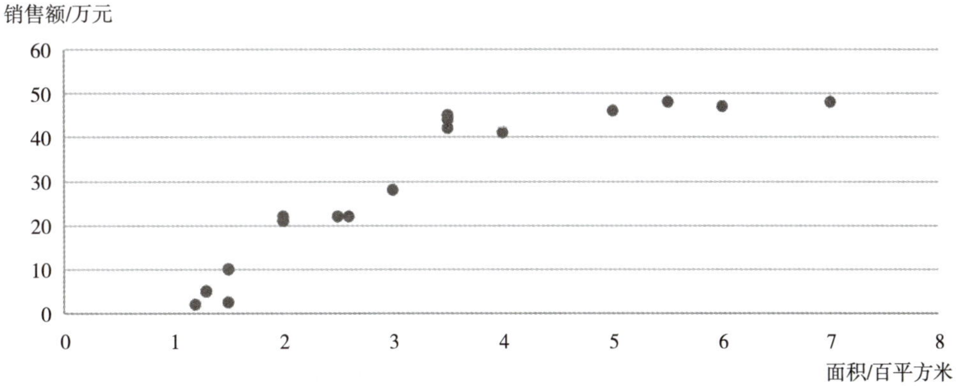

图8-3-3　销售额与营业面积的散点图

从图8–3–2、图8–3–3中可以看出销售额与促销费用、营业面积之间是存在相关关系的：随着促销费用及营业面积的增加，销售额也在增加。而且散点图基本呈现了线性的变化趋势。通过Excel制图，可以确定营业额与促销费用及营业面积之间可以进行相关分析。

（二）确定变量间的密切程度

影响光明超市销售额的有两个自变量：促销费用与营业面积。下面分析它们与因变量销售额的相关性。

第一步，选择工具菜单中的“数据分析”命令，弹出“数据分析”对话框。如果没有该命令，需要通过安装Excel的加载宏之后，对它们进行调用，然后该命令才可以在编辑窗口的菜单中出现。

第二步，在分析工具列表框中，选择“相关系数”工具。这时将出现“相关系数”对话框，如图8–3–4所示。

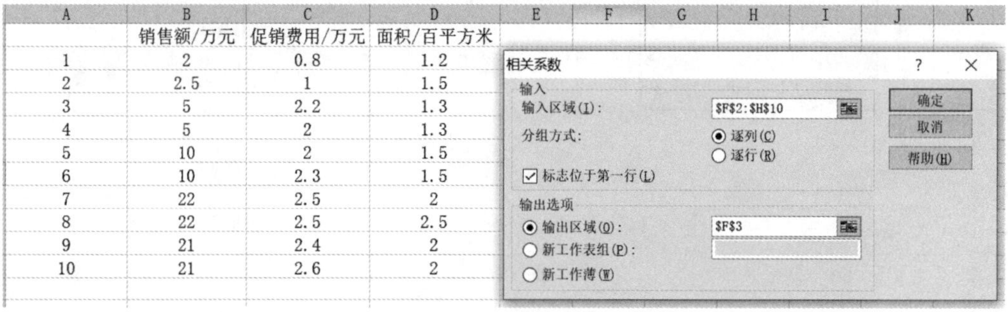

图8–3–4　相关系数对话框

第三步，在输入框中输入参数。在“输入区城”指定数据所在的单元格区域B1:D21；因输入数据是以每列进行排列的，所以在“分组方式”中选择“逐列”；因指定的输入区包含标志行，所以选中“标志位于第一行”复选框。在“输出选项”框中选择“输出区域”，并指定输出到当前工作表以F2为左上角的单元格区域。

第四步，单击“确定”按钮，所得到的相关分析结果如图8–3–5所示。

	销售额/万元	促销费用/万元	面积/百平方米
销售额/万元	1		
促销费用/万元	0.961 633 4	1	
面积/百平方米	0.896 928 625	0.837 078 961	1

图8–3–5　相关分析结果

从图8–3–5中给出的相关系数可以看出，促销费用、营业面积和销售额的相关系数分别约为0.96与0.90，都有较强的正相关性。

另外，也可以运用函数CORREL求出相关系数，CORREL函数的语法格式如下：

Array1是第一组数值单元格区域，Array2是第二组数值单元格区域。输入数据区域后可以得到参数计算结果，如图8–3–6所示。

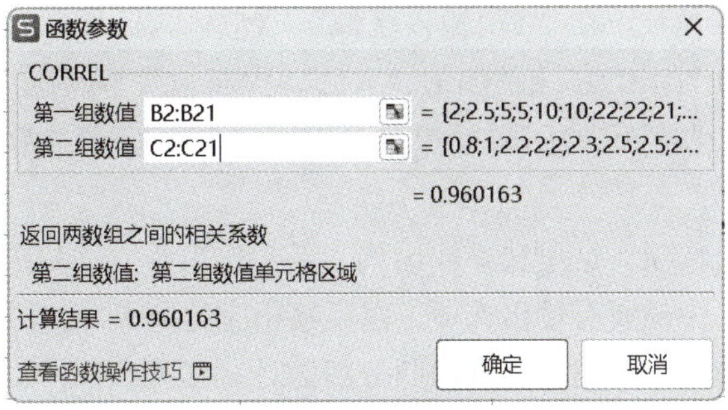

图8-3-6 CORREL函数

二、回归分析

（一）一元回归分析

线性回归模型检验的方法有很多，需要认真记住各种检验方法的作用才能进行回归分析。只要记住了检验的统计量和作用，就能根据软件求解的结果进行分析。

那么，我们都使用哪些工具呢？ Excel中回归分析的函数，比如LINEST函数，可以用于线性估计最小二乘法参数计算，FORECAST函数用于线性趋势预测等。数据分析的结果需要写出估计的模型，陈述检验的结果，计算并分析预测的结果。预测的结果用一个具体的数值表示，也可以用一个区间来表示。

下面给出利用回归工具进行预测分析的实例：建立光明超市销售额与促销费用的回归模型，并对其进行检验，然后利用模型进行预测。

具体步骤如下：

第一步，选择工具菜单中的“数据分析”命令，弹出“数据分析”对话框。在分析工具列表框中，选“回归”工具，这时将弹出“回归”对话框，如图8-3-7所示。

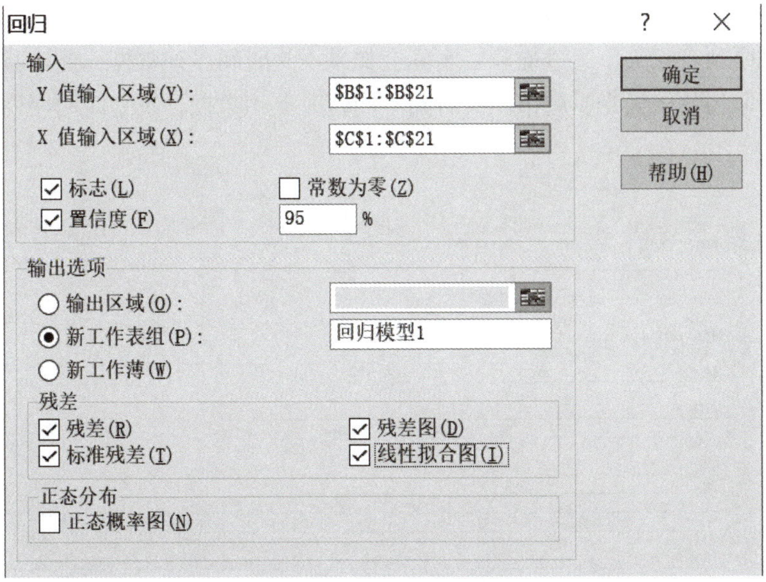

图8-3-7 “回归”对话框

第二步，指定输入参数。在“Y值输入区域”“X值输入区域”，指定相应数据所在的单元格区域，分别指定为“B1:B21”和“C1:C21”。选定“标志”“置信度”复选框，在“置信度”框内键入95%。对于一些特殊的回归模型，可以根据需要指定“常数为零”（即$\alpha=0$），如图8-3-7所示。

第三步，指定输出选项。这里选择输出到“新工作表组”，并指定工作表名称为“回归模型1”，选定“残差”中的所有输出选项，以观察相应的结果，如图8-3-7所示。

第四步，单击“确定”按钮，得到回归分析的计算结果。图8-3-8是有关回归分析的统计量、方差分析表和回归系数及其t检验、预测区间等数据；图8-3-9给出了预测值、残差值以及所计算的D-W统计值；图8-3-10给出了自变量x（促销费用）的残差分析图；图8-3-11给出了自变量与因变量的最佳适配回归线图。

本例中，样本个数$n=20$，解释变量个数$m=1$，给定的显著水平为$\alpha=0.05$。从图8-3-8和图8-3-9的计算结果，可得下述检验结论。

（1）拟合程度检验。在回归分析区域A3:B8中给出的判定系数为0.921 9，比较接近1，说明促销费用与销售额的关系十分密切。

（2）F检验。在方差分析区域A10:F14中，给出了F检验值为212.514。查F分布表得到临界值为$F_{0.05}$（1，20–1–1）=4.41，F检验值远远大于临界值，说明促销费用作为自变量与销售额作为因变量建立的回归是显著的。

（3）t检验。在回归模型区域A16:I18中给出了t检验值，回归系数b的t检验值约为14.577 9，查t分布表得到临界值为$t_{0.025}$（20–2）=2.101，t检验值远远大于临界值，说明促销费用对销售额有显著影响。

（4）D-W检验：在Excel软件中，回归分析结果没有D-W检验值，因此要自行按公式计算。如图8-3-9所示，先要利用公式分别求出$(e_i-e_{i-1})^2$和e^2_i的值，再单击工具栏上的求和按钮进行求和计算，最后将两个求和值相除，便求得D-W=1.266 8。查D-W检验表，表中样本容量n为20时临界值$d_l=1.20$和$d_u=1.41$。可见D-W统计值在$d_l<$D-W$<4-d_u$之间，所以该回归模型不存在序列自相关，通过检验。实际上如果不是时间序列数据，此检验可以省略。对于本例中我们取的数据为光明超市同一时间不同营业点的数据，不是时间序列数据，可以不进行D-W检验。

	A	B	C	D	E	F	G	H	I
1	SUMMARY OUTPUT								
2									
3	回归统计								
4	Multiple R	0.960163							
5	R Square	0.921914							
6	Adjusted R Square	0.917576							
7	标准误差	4.925606							
8	观测值	20							
9									
10	方差分析								
11		df	SS	MS	F	Significance F			
12	回归分析	1	5155.929	5155.929	212.514	2.07627E-11			
13	残差	18	436.7087	24.2616					
14	总计	19	5592.638						
15									
16		Coefficien	标准误差	t Stat	P-value	Lower 95%	Upper 95%	下限 95.0%	上限 95.0%
17	Intercept	-15.8077	3.108968	-5.08456	7.73E-05	-22.33943866	-9.2760393	-22.339439	-9.2760393
18	销售费用/万元	14.44046	0.990574	14.57786	2.08E-11	12.35933646	16.521576	12.3593365	16.521576

图8-3-8　回归分析结果

	A	B	C	D	E	F	G
22	RESIDUAL OUTPUT						
23							
24	观测值	预测 销售额/万元	残差e_i	标准残差		$(e_i-e_{i-1})^2$	e_i^2
25	1	-4.255374007	6.255374007	1.304770575			39.129704
26	2	-1.367282765	3.867282765	0.806653087		5.70297978	14.955876
27	3	15.96126469	-10.96126469	-2.286343807		219.88582	120.149324
28	4	13.07317344	-8.073173444	-1.683934349		8.34107102	65.1761295
29	5	13.07317344	-3.073173444	-0.641014634		25	9.44439502
30	6	17.40531031	-7.405310307	-1.544628822		18.7674098	54.8386207
31	7	20.29340155	1.706598451	0.355969034		83.0268812	2.91247827
32	8	20.29340155	1.706598451	0.355969034		0	2.91247827
33	9	18.84935593	2.150644072	0.44858982		0.19717651	4.62526992
34	10	21.73744717	-0.73744717	-0.153819638		8.34107102	0.54382833
35	11	20.29340155	7.706598451	1.607472691		71.3019064	59.3916597
36	12	20.29340155	1.706598451	0.355969034		36	2.91247827
37	13	41.95408586	-0.954085863	-0.199006991		7.07924102	0.91027983
38	14	43.39813148	-1.398131484	-0.291627778		0.19717651	1.95477165
39	15	41.95408586	2.045914137	0.426744838		11.8614502	4.18576466
40	16	46.28622273	-1.286222726	-0.268285408		11.1031361	1.6543689
41	17	49.17431397	-1.174313967	-0.244943038		0.01252357	1.37901329
42	18	47.73026835	-1.730268346	-0.360906194		0.30908527	2.99382855
43	19	41.95408586	5.045914137	1.052496666		45.9166491	25.4612495
44	20	43.39813148	4.601868516	0.95987588		0.19717651	21.1771938
45					合计	553.240754	436.708712
46					DW=	1.26684158	

图8-3-9　预测值、残差值以及所计算的D-W统计值

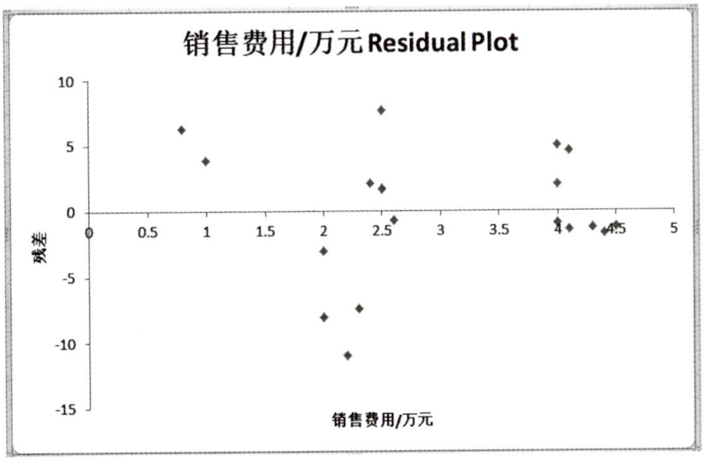

图8-3-10　残差分析

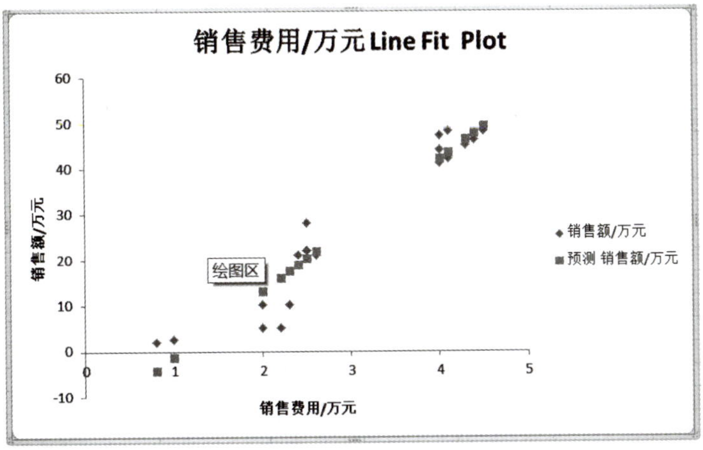

图8-3-11　自变量与因变量的最佳适配回归

综合上述计算结果和检验结果，确定回归模型如下：

$$\hat{y}=-15.81+14.44x$$

$$r^2=0.921\ 9 \qquad n=20$$

$$F=212.514 \qquad S=4.925\ 6 \qquad D\text{-}W=1.266\ 8$$

这是一个较为优良的回归模型。现在利用该回归模型，就可以根据预测期的促销费用预测销售额。假定第20营业点准备花费5万元促销费用，则其销售额预测值为：

$$\hat{y}=-15.81+14.44x=-15.81+14.44\times 5=56.39\text{（万元）}$$

图8-3-8还给出了回归系数a、b的估计值及其标准误差、回归系数估计区间的上下限等。因标准误差S=4.925 6，则在显著水平α=0.05下，第20营业点销售额的预测区间计算如下：

$$\hat{y}\pm t_{\alpha/2}(n-m-1)\cdot S=56.39\pm 2.101\times 4.925\ 6=56.39\pm 10.35$$

（二）多元回归分析应用

下面利用数据分析工具建立光明超市销售额与促销费用和营业点面积的回归模型，并对其进行检验，然后利用模型进行预测。具体操作与一元线性回归分析基本相同。

输入相关参数如图8-3-12所示，系统输出计算结果如图8-3-13所示。图8-3-13显示了有关回归分析的统计量、方差分析表和回归系数及t检验、预测区间等数据。由于取的数据为光明超市同一时间不同营业点的数据，不是时间序列数据，所以可以不进行D-W检验。

本例样本个数n=20，解释变量个数m=2，据分析图8-3-13的计算结果，可得下述检验结论。

（1）拟合程度检验。在回归统计区域A3:B8中给出的r^2约为0.950 9，调整后的r^2约为0.945 2，均很接近1，说明光明超市销售额与促销费用和营业点面积的关系很密切。

（2）F检验。在方差分析区域A10:F14中给出的F检验值为164.733 1，$F_{0.05}$（2，20−2−1）=3.59，F检验值远远大于临界值，说明光明超市销售额与促销费用和营业点面积的回归方程显著。

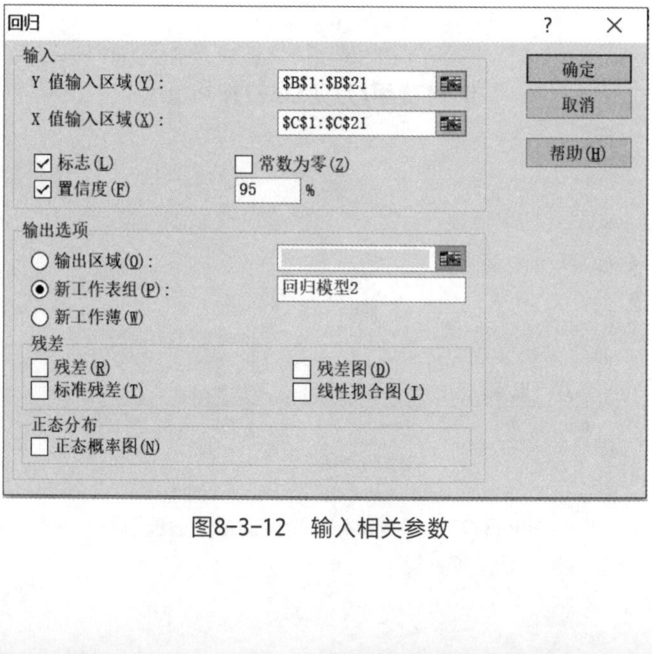

图8-3-12 输入相关参数

	A	B	C	D	E	F	G	H	I
1	SUMMARY OUTPUT								
2									
3	回归统计								
4	Multiple R	0.975158024							
5	R Square	0.950933172							
6	Adjusted R Square	0.945160604							
7	标准误差	4.017703323							
8	观测值	20							
9									
10	方差分析								
11		df	SS	MS	F	gnificance	F		
12	回归分析	2	5318.225	2659.112	164.73313	7.4421E-12			
13	残差	17	274.413	16.14194					
14	总计	19	5592.638						
15									
16		Coefficients	标准误差	t Stat	P-value	Lower 95%	Upper 95%	下限 95.0%	上限 95.0%
17	Intercept	-13.6854408	2.622754	-5.21796	6.963E-05	-19.218969	-8.15191	-19.21897	-8.151913
18	销售费用/万元	10.52037614	1.476906	7.123254	1.707E-06	7.40437706	13.63638	7.4043771	13.636375
19	面积/百平方米	3.106998967	0.979863	3.17085	0.005587	1.03966844	5.174329	1.0396684	5.1743295

图8-3-13　回归分析结果

（3）t检验。在回归模型区域A16:I19中给出了回归系数b_0、b_1，b_2的估计值及其标准误差、检验值和回归系数估计区间的上下限等。b_0=−13.69、b_1=10.52、b_2=3.11，两个回归系数检验值分别为7.12和3.17，$t_{0.025}$（20−2−1）=2.11，t检验值大于临界值，故拒绝原假设，可以断言促销费用和营业点面积对销售额有显著影响。

综合上述计算结果和检验结果，可得如下的回归模型：

$$\hat{y}=-13.69+10.52x_1+3.11x_2$$

$$r^2=0.950\,9 \qquad \overline{r}^2=0.945\,2 \qquad n=20$$

$$F=164.733\,1 \qquad S=4.017\,7$$

通过以上分析我们可以得出结论，在营业面积不变的情况下，每增加10 000元的促销费用，则会增加10.52万元的营销收入；在促销费用固定的情况下，每增加100平方米的营业面积，营业额则会相应增加3.11万元。通过相关分析和回归建模，调查人员很好地为超市经理解决了需求。

• 思考与练习 •

一、单项选择题

1. 当自变量的数值确定后，因变量的数值也随之完全确定这种关系属于（　　）。
   A．相关关系　　B．函数关系
   C．回归关系　　D．随机关系
2. 现象之间的相互关系可以归纳为两种类型，即（　　）。
   A．相关关系和函数关系　　B．相关关系和因果关系
   C．相关关系和随机关系　　D．函数关系和因果关系
3. 相关系数的取值范围是（　　）。
   A．$0<r<1$　　B．$r>1$
   C．$0<|r|<1$　　D．$0\leq|r|\leq1$

4. 变量之间的相关程度越低，则相关系数的数值（　　）。

A. 越小　　B. 越接近于0

C. 越接近于-1　　D. 越接近于1

5. 在价格不变的条件下，商品销售额和销售量之间存在着（　　）。

A. 不完全的依存关系　　B. 不完全的随机关系

C. 完全的随机关系　　D. 完全的依存关系

6. 下列哪两个变量之间的相关程度高？（　　）

A. 商品销售额和商品销售量的相关系数是0.9

B. 商品销售额与商业利润率的相关系数是0.84

C. 平均流通费用率与商业利润率的相关系数是-0.94

D. 商品销售价格与销售量的相关系数是-0.91

7. 回归分析中的两个变量（　　）。

A. 都是随机变量　　B. 关系是对等的

C. 都是给定的量　　D. 一个是自变量，一个是因变量

8. 配合回归方程对资料的要求是（　　）。

A. 因变量是给定的数值，自变量是随机的

B. 自变量是给定的数值，因变量是随机的

C. 自变量和因变量都是随机的

D. 自变量和因变量都不是随机的

9. 相关关系是（指）（　　）。

A. 现象之间客观存在的依存关系

B. 现象之间客观存在的关系数值是固定的依存关系

C. 现象之间客观存在的关系数值是不固定的依存关系

D. 函数关系

10. 判断现象之间相关关系密切程度的主要方法是（　　）。

A. 对客观现象作定性分析　　B. 编制相关表

C. 绘制相关图　　D. 计算相关系数

11. 当变量x按一定数额变化时，变量y也随之近似地按固定的数额变化，那么，这时变量x和y之间存在着（　　）。

A. 正相关关系　　B. 负相关关系

C. 直线相关关系　　D. 曲线相关关系

12. 两个变量间的相关关系称为（　　）。

A. 单相关　　B. 无相关

C. 复相关　　D. 多相关

13. 不计算相关系数，是否也能计算判断两个变量之间相关关系的密切程度（　　）。

A. 能够　　B. 不能够

C. 有时能够，有时不能　　D. 能判断但不能计算出具体数值

14. 每吨铸件的成本y（元）与每一个工人劳动生产率x（吨）之间的回归方程为$\hat{y}$=270–0.5x，这意味着劳动生产率每提高一个单位（吨），成本就（　　）。

A．提高270元　　B．提高269.5元

C．降低0.5元　　D．提高0.5元

15. 一位母亲记录了儿子3～9岁的身高，由此建立的身高与年龄的回归直线方程为$\hat{y}$=5x+95.83，据此可以预测这个孩子10岁时的身高，则正确的叙述是（　　）。

A．身高一定是145.83cm　　B．身高超过146.00cm

C．身高低于145.00cm　　D．身高在145.83cm左右

二、多项选择题

1. 直线回归分析中（　　）。

A．自变量是可控制量，因变量是随机的

B．两个变量不是对等的关系

C．利用一个回归方程，两个变量可以互相推算

D．根据回归系数可判定相关的方向

2. 下列属于正相关的现象是（　　）。

A．家庭收入越多，其消费支出也越多

B．某产品产量随工人劳动生产率的提高而增加

C．流通费用率随商品销售额的增加而减少

D．生产单位产品所耗工时随劳动生产率的提高而减少

3. 计算相关系数时，（　　）。

A．相关的两个变量是对等的关系

B．相关的两个变量一个是随机的，一个是可控制的量

C．相关系数有正负号，可判断相关的方向

D．可以计算出自变量和因变量两个相关系数

4. 在回归分析中，就两个相关变量x与y而言，变量y为因变量x为自变量的回归和变量x为因变量y为自变量的回归所得的两个回归方程是不同的，这种不同表现在（　　）。

A．方程中参数估计的方法不同

B．方程中参数的数值不同

C．参数表示的实际意义不同

D．估计标准误差的计算方法不同

5. 现象之间相互联系的类型有（　　）。

A．函数关系

B．回归关系

C．相关关系

D．随机关系

6. 相关关系种类（　　）。
   A. 从相关方向分为正相关和负相关
   B. 从相关形态分为线性相关和非线性相关
   C. 从相关程度分为完全相关、不完全相关和零相关
   D. 从相关的影响因素多少分为单相关和复相关
7. 下列现象属于相关关系的是（　　）。
   A. 家庭收入越多，则消费也增长　　B. 圆的半径越长，则圆的面积越大
   C. 产量越高，总成本越多　　D. 施肥量增加，粮食产量也增加
8. 据统计资料证实，商品流通费用率的高低与商品销售额的多少有依存关系，即随商品销售额的增加，商品流通费用率有逐渐降低的变动趋势，但这种变动不是均等的，可见这种关系是（　　）。
   A. 函数关系　　B. 相关关系
   C. 正相关　　D. 负相关
9. 直线回归分析的特点是（　　）。
   A. 两个变量不是对等关系　　B. 回归系数只能取正值
   C. 自变量是给定的，因变量是随机的　　D. 可求出两个回归方程
10. 直线相关分析与直线回归分析的区别在于（　　）。
   A. 相关的两个变量都是随机的，而回归分析中自变量是给定的数值，因变量是随机的
   B. 回归分析中的两个变量都是随机的，而相关中的自变量是给定的数值，因变量是随机的
   C. 相关的两个变量是对等关系，而回归分析中的两个变量不是对等关系
   D. 相关分析中根据两个变量只能计算出一个相关系数，而回归分析中根据两个变量可以求出两个回归方程

三、判断题

1. 正相关指的就是自变量和因变量变动方向都是上升的。（　　）
2. 相关系数是测定变量之间相关密切程度的唯一方法。（　　）
3. 只有当相关系数接近于+1时，才能说明两变量之间存在高度相关关系。（　　）
4. 若变量x的值减少时变量y的值也减少，说明变量x与y之间存在正相关关系。（　　）
5. 回归系数b和相关系数r，都可用来判断现象之间相关的密切程度。（　　）
6. 若直线回归方程y=170−2.5x，则变量x和y之间存在负的相关关系。（　　）
7. 由变量y作为因变量x作为自变量的回归模型和由变量x作为因变量y作为自变量的回归模型所得到的回归方程之所以不同，主要是因为方程中参数表示的意义不同。（　　）
8. 在相关分析中，要求两个变量都是随机的；在回归分析中，要求两个变量都不是随机的。（　　）

9. 当变量x按固定数额增加时，变量y按大致固定数额下降，则说明变量之间存在负直线相关关系。 （ ）

10. 相关系数数值越大，说明相关程度越高；相关系数数值越小，说明相关程度越低。 （ ）

四、计算题

1．下表是7个地区2020年的人均国内生产总值（GDP）和人均消费水平的统计数据。

地区	人均GDP/元	人均消费水平/元
北京	167 640	38 903
上海	159 385	42 536
江苏	127 285	26 225
福建	110 506	25 126
浙江	110 450	31 295
广东	96 138	28 492
天津	90 176	28 461

要求：（1）利用Excel绘制散点图，并计算相关关系，说明二者之间的关系。

（2）人均GDP作为自变量，人均消费水平作为因变量，利用Excel求出估计的回归方程，并解释回归系数的实际意义。

（3）利用Excel计算回归方程的拟合优度，并解释其意义。

（4）如果某地区的人均GDP是5 000元，预测人均消费水平。

2．为了研究某社区1 500名居民的受教育年数（x）与收入（y）的关系，随机抽取了20人进行调查，得到下表的结果。

个案编号	1	2	3	4	5	6	7	8	9	10
教育年数（x）	10	9	12	15	14	9	16	5	6	13
收入（y）	1 000	1 000	1 300	2 000	1 900	900	2 100	600	800	1 400
个案编号	11	12	13	14	15	16	17	18	19	20
教育年数（x）	19	12	18	7	5	10	20	11	8	12
收入（y）	3 200	1 500	3 000	800	500	1 100	3 500	1 300	950	1 100

要求：（1）利用Excel画出散点图。

（2）x与y之间是否呈线性关系？求出回归方程。

（3）计算x与y的拟合优度。

•项目实训•

1. 实训目的

（1）使学生进一步理解并掌握相关关系的检验及回归模型的建立。

（2）了解学生运用Excel进行相关回归的运用水平。

（3）提高学生用所学知识分析解决实际问题的能力。

（4）培养学生的团队合作精神。

2. 实训任务

以班级为单位，进行问卷调查，收集500份（男女各250份）的不同专业学生的月生活费用的支出情况（以元为单位）。完成以下任务：

（1）对性别和专业是否与月生活费存在相关关系进行检验。

（2）以月生活费为因变量，建立一元线性回归模型，考察专业对于生活费支出的影响。

（3）建立性别、专业与消费支出的多元线性回归模型，考察性别与所学专业对于大学生月生活费的影响情况。

3. 实训要求

全班学生分组，组内同学合理进行任务分工。

4. 实训成果

每组同学将整个实训内容整理成实训报告，教师在课堂上对各组进行点评及成绩评定。

（资料来源：本项目实训由本校京创超市提供）

参考文献

[1] 赵爱威，陈行. 统计学基础[M]. 北京：中国轻工业出版社，2022.
[2] 王喜英. 统计学原理[M]. 2版. 武汉：华中科技大学出版社，2021.
[3] 刘美芬，丁宁，康旺强. 统计学[M]. 上海：上海大学出版社，2021.
[4] 吴振荣. 统计学[M]. 北京：北京理工大学出版社，2020.
[5] 马树燕，王慧颖. 应用统计学[M]. 北京：北京理工大学出版社，2020.
[6] 房红霞，王广田. 统计学基础[M]. 北京：北京理工大学出版社，2019.
[7] 刘桂荣. 统计学原理[M]. 3版. 上海：华东理工大学出版社，2016.
[8] 李志伟. 统计学原理[M]. 北京：中国财政经济出版社，2016.
[9] 唐芳. 统计学基础[M]. 3版. 上海：上海财经大学出版社，2015.
[10] 张文学，齐海鹏. 中国财政史[M]. 大连：东北财经大学出版社，2015.
[11] 卞毓宁. 统计学概论[M]. 北京：高等教育出版社，2014.
[12] 李洁明. 统计学原理[M]. 6版. 上海：复旦大学出版社，2014.
[13] 周明，张丽颖. 统计学[M]. 上海：上海交通大学出版社，2014.
[14] 王景新. 统计学基础[M]. 上海：上海财经大学出版社，2011.
[15] 韦博成. 漫话信息时代的统计学[M]. 北京：中国统计出版社. 2011.